나는 자유로운
영혼이다—

나는 자유로운 영혼이다

2014년 2월 3일 초판 1쇄 발행. 2014년 12월 10일 초판 2쇄 발행. 신지아가 쓰고, 도서출판 샨티에서 이홍용과 박정은이 펴냅니다. 전태영이 교정을 보고, 이근호가 본문 및 표지 디자인을 하였으며, 문양효숙이 마케팅을 합니다. 인쇄 및 제본은 상지사에서 하였습니다. 출판사 등록일 및 등록번호는 2003. 2. 6. 제10-2567호이고, 주소는 서울시 마포구 성산동 628-5, 전화는 (02) 3143-6360, 팩스는 (02) 338-6360, 이메일은 shantibooks@naver.com입니다. 이 책의 ISBN은 978-89-91075-87-0 03810이고, 정가는 16,000원입니다.

© 신지아, 2014

이 도서의 국립중앙도서관 출판시도서목록(CIP)은 e-CIP홈페이지(http://www.nl.go.kr/ecip)와 국가자료공동목록시스템(http://www.nl.go.kr/kolisnet)에서 이용하실 수 있습니다. (CIP제어번호: CIP2014001996)

나는 자유로운 영혼이다

신지아 지음

【산티】

● 차례

책머리에 9

1부 뜻밖의 방문객

1. 뜻밖의 방문객 20
2. 자네는 곧 결혼하게 될 거야 25
3. 어디로 가야 하는가 29
4. 내게 꽃을 뿌리는 이 누구인가 35
5. 히피가 돌아오다 43
6. "나마스테" 48
7. 땅의 눈, 하늘의 문 54
8. 넌 지금 블랙 매직에 걸렸어 60
9. 어떤 상황에도 개의치 않는 그는 히피였다 67

2부 춤을 만나다

10. 할머니는 왜 나만 보면 한숨을 쉬세요? 76
11. 정신병원에서 받아온 원기소 81
12. 공부보다는 책 읽는 게 좋아요 88
13. 처음 본 춤 공연 95
14. 너는 멀리 떠날 것이다 103
15. 내가 가야 할 곳, 인도 112
16. 모든 것이 나를 위해 준비되어 있었다 119

3부 혼돈의 시간들

17. 윙크가 멋진 남자 126
18. 인도가 불러서 왔습니다 133
19. 엔조이, 비 해피, 돈 워리 142
20. 누군가 나를 두고 도박을 하는 걸까? 149
21. 두 번째 소원 155
22. 제피 향으로 가득한 미국의 첫날밤 165
23. 나는 그런 것을 본 적이 없습니다 174
24. 버터핑거를 쥐고 비행기에 오르다 183
25. 그대는 여기서 무얼 하는가 192

4부 스승을 만나다

26. 다시 기숙사로 204
27. 번뇌는 아름답고 고통은 의미 있게 210
28. 가장 멋진 줄넘기 놀이 217
29. 자네에게 박티가 있다네 225
30. 제 편지를 읽어보셨나요? 232
31. 너는 바보짓을 하고 있어 243
32. 무대는 나의 신전 251
33. 너는 춤의 영혼을 가지고 태어났다 259
34. 나는 누구인가? 267

5부 자유로운 영혼의 길

35. 결혼이라는 새로운 문 274
36. 산드로의 가족, 나의 가족 283
37. 화려한 유배지, 이탈리아 292
38. 명품 옷을 입은 과일 장수 301
39. 지폐가 무엇입니까? 308
40. 마법사 부부가 만드는 빵과 음식 316
41. 고빈다를 안아주세요 324
42. 명상 속에서 나를 다시 만나다 335
43. 춤추는 빵 345
44. 나를 사랑하며 살고 싶어 354
45. 독립, 그리고 참 사랑 361
46. 부부에서 친구로 370
47. 나는 빛과 같은 여자이다 376

책머리에

어느 날 멕시코 우리 집을 다녀간 '유나'라는 한국인 여행자로부터 연말 카드를 받았다. 카드에는 이렇게 씌어 있었다.

"한국에 돌아와서 아줌마가 들려준 얘기를 친구들에게 전하느라 목이 쉬었어요.…… 부탁이니 아줌마, 책을 써주세요."

그날 밤 방에 들어가 내 삶을 돌아보며 펜을 들고 글을 쓰기 시작했다. 그 자리에서 노트 한 권을 다 채웠다. 하루가 꼬박 지난 줄도 몰랐다. 연필을 더 이상 손에 쥘 수 없을 때 방을 나왔다. 연필을 쥔 손가락이 움푹 팬 것을 보고 혼자 웃으며 부엌에 들어가 빵을 만들던 그때가 기억난다. 그것이 이 책의 초고였다. 그로부터 몇 개월 뒤에 병에 걸려 아무 일도 못하고 꼼짝없이 누워 있어야 했다. 그때 초고를 다시 꺼내 읽었다. 그러곤 노트북에 옮기기 시작했다.

내 이야기를 쓰는 데 열정을 보이는 나를 보고 남편 산드로는 못내 불안해했다. 그가 간간이 내게 말했다.

"비상을 하겠구나…… 이번에 비상을 하면 당신이 아주 높이 나는 천상의 새가 될 것 같은 느낌이 들어. 당신을 놓칠 것 같아 불안해."

왜 그런 생각을 하느냐고 물었다. 하루 종일 꼼짝도 하지 않고 손가락이 팰 정도가 되도록 노트 한 권을 다 채운 뒤 웃으며 방을 나오는 내 모습을 보는 순간 그런 생각이 들었다고 했다. 비상하여 어디론가 날아갈 것 같다며 불안해하던 산드로의 말대로 나는 정말 비상을 했다. 산드로로부터 독립해 자유로워진 것이다. 게다가 파란만장한 내 이야기를 고스란히 담은 책도 마침내 출간하게 되었다.

이 책은 태어나서 지금까지 몸부림치며 갈망하던 나의 소망들에 관한 이야기다. 몸에 빨간 점이 가득한 아이로 태어나 대학까지 다니고 인도로 건너가 춤을 배워 나름대로 성공한 이야기, 그리고 운명처럼 만난 히피 청년과 결혼해 이탈리아를 거쳐 멕시코에 정착하게 된 이야기, 채소와 빵을 팔고 자폐아를 낳아 기른 이야기…… 돌아보면 그 긴 시간은 결국 내가 누구인지 묻고 알아가는 과정이었으며, 내가 누구인지 잊게 만든 수많은 제약들을 벗겨내고 자유로운 영혼으로 다시 돌아가는 과정이었다. 때로 그 시간들은 고통스럽기도 했지만, 매순간이 축복임을 나는 알게 되었다. 그리고 그때마다 나는 감사의 눈물을 멈출 수 없었다. 이제 이 자리를 빌려서 어떻게 그 모든 것이 축복이었는지 적어본다.

내게 있어 첫 번째 축복은 내가 한국인이라는 것이다. 많은 나라를 돌아다니며 살았지만 나는 한국인만큼 부지런하고 따뜻하며 배려심과 인정이 많은 사람들을 보지 못했다. 작은 땅에서 사계절의 변화에 민감하게 반응하며 살아온 탓인지 사람들은 개성도 뚜렷하고 의지도 강했다. 외국에서 오래 살다 보니 그런 면에 더 눈에 들어왔겠지만, 그런 한국인의 특성을 그대로 물려받을 수 있었다는 것에 제일 먼저 감사한다.

두 번째 축복은 나의 부모를 만난 것이다. 그분들은 소박하고 따뜻한 마음으로 사랑 안에서 사람들과 돕고 나누며 성장할 수 있도록 도와주셨고, 내가 하고자 하는 모든 것을 믿고 밀어주셨다. 나는 어려서부터 그런 부모님에게서 삶에 필요한 기본적인 태도를 배운 덕분에 장차 스승이나 선배, 그밖에 주변의 모든 사람들로부터 쉽게 가르침을 받고 그들과 더불어 살아가는 법을 익힐 수 있었으며, 그들로부터 받은 배움을 매순간 기억하면서 적절히 활용할 수 있었다.

세 번째 축복은 어린 시절이 가난했다는 것이다. 그러나 어린 시절에 나는 가난이 무엇인지 모른 채 그것을 그저 순수하고 아름답게 받아들였고 그 속에서 실로 많은 것을 배웠다. 전기가 없어 촛불을 켜고 아궁이에 불을 지피면서 뜨거운 열정이란 것을 배웠고, 수돗물이 없어 우물에서 물을 나르며 체력을 키웠다. 어머니가 개울에서 빨래하는 모습이나 이불 홑청을 곱게 접어 두 발로 꼭꼭 밟아 다림질하는 모습, 차분히 앉아 이불을 꿰매는 모습 등을 보며 나는 이미 어린 시절에 부지런히 몸을 놀리고 물자를 아끼며 작은 것에 행복할 줄 아는 삶을 배우고 익힐 수 있었다. 동시에 방에서 장난감으로 노는 대신 밖에 나가 흙장난을 하고 공기놀이를 하고 새끼줄로 팔짝팔짝 줄넘기를 하는 등 땅을 밟으며 건강하게 뛰어놀며 자랐다. 그 어떤 것도 싫은데 억지로 한 것은 없었다. 나 자신은 물론 남을 사랑하는 법을 자연스럽게 익히게 된 것은 아마도 그 덕분인 듯싶다.

　네 번째 축복은 스승을 만난 것이다. 우연찮은 기회에 나는 육체를 가장 아름답게 표현할 수 있는 것이 춤이라는 것을 알게 되었고, 그 뒤 내가 경험한 모든 것을 춤으로 표현할 수 있는 나의 몸을 소중히 여기게 되었다. 그 육체를 통해 내 속마음을 전달하였고, 그 몸짓을 통해 내 아름다운 영혼과 합일하기를 깊이 갈망하였다. 그러한 과정에서 스승을 만나 춤으로 내 영혼을 깊이 표현할 수 있게 된 것은 더없는 축복이었다. 스승은 무엇보다도 춤을 편안하게 느낄 수 있도록 해주셨다. 춤에 대한 갈망이 깊어질수록 춤에 대한 두려움과 스스로에 대한 불신의 마음이 더욱 커져만 가던 나에게 스승은 춤이란 특별한 무엇이 아니라 숨 쉬는 것처럼 자연스러운 것임을 깨우칠 수 있도록 늘 애정 어린 음성으로 나를 끌어주시곤 하셨다. 그렇게 끌어주시는 스승에게 깊은 존경심을 품으며 나는 스승의 가르침을 하나도 소홀함 없이 받아들이고 부족한 나를 채워나갔다.

　다섯 번째 축복은 남편 산드로를 만난 것이다. 산드로는 이탈리아인으로 5대째 내려오는 유명한 요리사 가문에서 태어나 히피가 되어 방랑하다가 인도에서 나와 만났다. 결혼이라는 새로운 삶의 장을 펼치는 과정에서 나는 많은 갈등과 어려움을 겪기도 했지만, 주어진 현실과 힘든 노동일을 거부하지 않고 묵묵히 최선을 다했다. 늘 밝게 웃으며 삶을 즐길 줄 아는 산드로 덕분에 기쁨과 보람도 함께 느낄 수 있었다. 두 사람이 갖고 있는 좋은 에너지를 통해 현실에서 긍

정적이고 진보적인 발걸음을 이뤄내기도 했다. 무엇보다도 나는 요리사 남편 덕분에 맛으로 깨달음을 얻을 수 있었음에 감사한다. 그가 만든 아주 다양한 음식의 깊고 오묘한 맛들은 내 몸속의 잠자고 있던 신경 세포들을 건드리며 나의 감각과 생명력을 깨워냈다. 덕분에 지금은 이름 모를 풀에서도 오묘한 맛과 진귀한 향기를 느낄 수 있을 정도가 되었고, 맛이 없다고 그냥 지나치기 쉬운 온갖 것들에서도 맛과 향기를 찾아낼 수 있을 정도가 되었다. 아울러 수많은 요리를 접하면서 식탐에서도 벗어나고 맛의 유혹에서도 자유를 얻었으니 축복이 아닐 수 없다. 음식의 맛에서 얻은 깨달음이건 춤에서 얻은 깨달음이건 그 모든 것은 삶을 지혜롭고 아름답게 펼쳐가는 데 큰 도움이 되었다. 모든 것에서 맛을 느낄 수 있게 되면서 나는 사람의 경우에도 누구나 자신만의 향기가 있으며 하나같이 아름답고 귀한 존재임을 알게 되었다.

여섯 번째 축복은 딸 아루나와 아들 고빈다를 만난 것이다. 자식을 갖게 된 것은 내가 다른 누군가에게 헌신하며 사랑할 수 있는 계기가 되었다. 특히 자폐아인 고빈다를 기르는 일은 내가 얼마나 미흡하고 불완전한 존재인가를 확인하는 소중한 과정이었다. 아이들은 저절로 커갔으나 정작 나 자신은 그 아이들을 거울처럼 마주하며 성숙을 위한 눈물을 흘려야 했다. 그 눈물은 힘든 순간마다 보석 알처럼 빛을 내며 변함없는 모성애를 발휘할 수 있도록 나를 끌어주었다.

일곱 번째 축복은 어디론가 날아갈 것이라고 불안해하던 산드로의 말대로 내가 비상을 한 것이다. 나는 결혼으로부터 독립을 하게 되었고, 우리는 부부에서 친구가 되었다. 독립하여 자유로운 영혼의 소유자가 된 것이야말로 내 인생에서 가장 의미 있고 아름다운 축복의 경험이었다. 비록 어려움이 없지 않았지만 이제 우리는 서로 웃으며 마주보고 도와가면서 각자의 자유를 누리고 지켜주게 되었다. 이 과정을 잘 극복하고 동의해 준 산드로에게 진심으로 감사한다.

여덟 번째 축복은 수피 춤을 만난 것이다. 나의 모든 삶이 마치 수피 춤에 입문하기 위한 수련 과정이었다는 생각이 들 만큼 수피 춤은 내 심장을 대담하게 열어준 최상의 축복이 아닐 수 없다. 어린 시절부터 지금까지 무소유와 자유를 향해 몸부림쳐 온 삶 자체를 침묵 속에 묻고 자연스럽게 그리고 온전히 미소를 지으며 회전할 수 있는 단계에 들어섰다는 사실만으로도 나는 지금 눈물이 흐른다. 그런 나 자신을 깊이 껴안고 토닥이면서 사랑한다고, 이렇게 내가 나를 만나고 비로소 하나의 의미가 무엇인지 알게 되었다고 말할 수 있다는 것이 축복이 아니고 무엇이겠는가…… 그저 감사할 뿐이다.

나는 한국인이다. 26년 동안 해외에서 살면서 여러 번 다른 국적을 취할 기회가 있었으나 나는 그러지 않았다. 내가 맨 처음 한국을 떠나온 것은 춤으로 육체를 통해 표현할 수 있는 가장 아름다운 것을 표현하고 싶다는 갈망 때문이었다. 그 갈망을 이룰 때까지 한결같은 마음으로 오로지 춤에만 매진했고 시간이 얼마나 걸릴지에는 구애받지 않았다. 그럼에도 그 소망을 이룬 뒤에는 다시 한국으로 돌아온다는 생각을 버린 적이 없었다. 산드로와 결혼하고 외국에 눌러 살게 되면서 나는 결국 그것이 내 운명이라고 받아들였지만, 무의식에서는 늘 길을 잃고 정체성마저 잃게 되지 않을까 두려워했다는 것을 이 원고를 써 내려가면서 알게 되었다.

외국에 오래 살다 보면 대부분 이런 혼란을 겪을 것이라 생각된다. 몸이 아파 자신을 돌아볼 시간이 없었다면 나는 내 정체성이 조금씩 지워지고 사라지는 것을 느끼지도 못한 채 빈 껍질로 계속 살아갔을지도 모른다. 당장 필요한 것들만을 채우고 추구하며 살아가는, 또 다른 형태의 윤회에 갇힌 삶을 보내게 되었을 테니 말이다. 가끔 한국을 방문할 때마다 너무도 변해버린 서울의 모습을 보며 멍하니 두리번대는 내가 마치 외국인처럼 느껴지기도 하고, 젊은 시절 그렇게 헤매고 다니던 인사동이며 종로 거리를 걸을 때면 모든 연결이 끊어진 지금의 나 자신이 더욱 외롭고 낯설어 마치 겨울바람 속에 혼자 서 있는 듯하기도 했다. 그러나 이 책을 쓰면서 내가 살아온 이야기를 한국어로 표현하는 내내 그렇게 행복할 수가 없었다. 책을 쓰는 과정은 다른 문화와 음식을 섭취하면서, 또 내가 하고픈 일을 하지 못하고 살아오면서 병이 든 나 자신을 치유하는 과정이기도 했다.

참으로 많은 것들, 많은 존재들이 나를 지켜주고 도와주었다. 그러나 동시에 나는 늘 모든 것을 민감하게 관찰하고 모든 인연을 소중히 하며 그때그때 최선을 다하였다. 나는 따로이 자유를 추구하지도 않았고, 애써 참 사랑을 알려고 하지도 않았다. 다만 내가 빨갛게 물든 몸으로 태어난 데는 분명히 아름다운 비밀과 의미가 숨어 있을 것이라고 여겼고, 그래서 어떤 상황에서건 나 자신을 사랑하는 것을 잊지 않았을 뿐이다.

돌아보면 지금까지 살아오면서 겪은 모든 것은 참 사랑이라는, 인생에서 가장 아름다운 그것을 알아가는 과정에서 꼭 필요한 것들이었다. 내가 할 수 있는 일은 사랑 앞에 나 자신을 열어두고 매순간 내가 변화하도록 허용하는 것뿐이었다. 결국 이것이 내가 이 책에 담은 이야기의 전부라는 생각이 든다. 그리고 오늘도 매순간이 사랑과 온전히 하나되길 바랄 뿐이다. 어떤 순간에도 스스로를 사랑하기를 놓지 않고 또 그것을 증명하는 것이 내게는 바로 춤이었다. 누구에게나 슬픔이 있고 기쁨이 있고 또 고통도 애절함도 처절함도 간절함도 갈망도 있을 것이다. 나는 그런 것들을 그대로 표현하는 대신 춤으로 표현했고, 그러는 동안 자연과 우주와 내가 하나임을 충분히 만끽했다. 그러기에 늘 춤이 그립고 춤으로 호흡하고자 했다. 그리고 춤의 세상에서 나는 우리가 알고 있는 이 세상의 것들을 뛰어넘어 이곳과 그 너머의 저곳을 자유롭게 마음껏 왔다 갔다 할 수 있었다.

춤은 내게 모든 것이었다. 춤을 배운 것이 얼마나 다행스럽고 올바른 선택이었는지! 춤은 내가 무슨 일을 하고 어떤 사람이 되든 관계없이 나를 늘 행복한 길로 안내해 주었다. 춤 속에서 나 자신을 표현하고 아름다움의 극치에 도달하고 싶다는 갈망은 늘 내게 어려운 숙제를 안겨주었으나, 춤을 통해 영혼과 하나된 경험을 하면서 나는 끝까지 포기하지 말고 노력하자고 다짐할 수 있었다.

춤은 태양빛이고 무한한 에너지의 흐름이며 매직이었다. 그것은 곧 나 자신이고 사랑이었다. 모든 육체의 움직임이 내겐 춤이었다. 춤을 통해서 나는 자신을 사랑하고 당당해졌으며, 타인을 존중할 줄 알게 되고 질서와 약속을 지키게 되었다. 춤을 통해서 아름다움 또한 배워갔으며, 시를 이해하고 음악을 깊이 들을 수 있었다. 음악을 깊게 들으면서는 다른 사람들의 소리에 귀 기울이고 그들의 사연에도 공감하게 되었다. 아무렇게나 거칠게 표현하고 행동하는 것을 자제하고 자상한 사람으로 변해간 것도 춤을 통해서였다. 모든 노동이 기쁘고 즐거워졌는데, 그것 또한 춤이라고 알았기 때문이다. 동시에 춤을 통해서 나는 철저히 격리되어 보호를 받았다. 춤을 통해서 내 안에 누군가 함께함을 알게 되었고, 그때마다 "너는 누구이고, 나는 누구인가?" 자문을 하였다. 그가 사랑이라는 것을 알게 된 것도 춤을 통해서였다. 춤을 통해서 나는 무엇보다도 내가 우주와 연관된 존재임을 확신하게 되었다. 나는 결코 신에게 매달리지 않았다. 오로지 춤을 추며 길을 찾았다. 너무도 많은 사람들이 찾고 매달리는 신에게 부담을 주고 싶지 않아 스스로 선택한 길이 춤이었다.

나는 무엇을 애써 얻으려 한 적도 없었고, 뭔가 대가를 바라며 기다리지도 않았다. 내가 걸어온 길은 특별한 것이 아닌 평범한 길이었다. 누구라도 내 상황이었다면 나처럼 할 수밖에 없었을 것이다. 까닭 없이 기쁨이 밀려오는 날들도 있었고, 거꾸로 눈물로 지새우며 심장이 녹아내리도록 울어댄 날들도 있었다. 단절되며 지내야 했던 외로운 시간도 많았다. 그러나 그런 시간들이 결국은 나 자신을 성숙시키는 시간이 되어주었다.

책을 출간할 것이라고는 한 번도 상상해 본 적이 없다. 더욱이 이렇게 한국말로 내 감정들을 풀어가며 눈물을 글썽이게 되리라고는!

원고를 쓰고 다듬는 과정은 다시금 자신을 돌아보며 성숙할 수 있는 좋은 기회였다. 부디 이 책을 읽는 일이 독자 여러분께도 아름다운 경험이 되고, 가까운 사람들과 참 사랑으로 소통하는 데 도움이 되기를 바랄 뿐이다. 자신을 사랑하지 않고서는 우리는 다른 누구도 사랑할 수 없기 때문이다.

이 책에는 매순간 뜨겁게 살아온 나의 모든 것이 담겨 있다. 춤을 향한 나의 사랑으로부터, 춤이 나를 사랑으로 안아준 것, 그리고 마침내 참 사랑에 이르기까지! 작년 봄, 이 원고를 출판사에 처음 넘겼을 때까지만 해도 결혼으로부터 독립하는 일이 생길 줄은 미처 상상하지 못했다. 마지막 순간까지 나는 늘 변화하게 마련인 삶을 두려워하지 않고 지혜롭게 받아들인다면 기다리고 있던 또 다른 문이 열리게 된다는 진리를 배운 셈이다. 이 책이 나오기까지 적잖은 시간이 걸렸는데, 그것 또한 신지아라는 인간이 이런 배움을 통해 세상과 사랑으로 소통할 수 있기를 누군가 바랐기 때문이 아닐까 싶다.

마지막으로 사진과 그림을 이 책에 쓸 수 있도록 제공해 준 스테판Stephane, 산드로Sandro, 가브리엘Gabriel에게 깊이 감사드립니다. 아울러 이 원고를 기쁘게 받아주고 책으로 엮어주신 샨티출판사 여러분께 진심으로 감사하다는 말씀을 드린다. 옴 샨티, 샨티, 샨티……

모든 이에게 사랑과 존중을 전하며
2013년 12월, 멕시코 오아하카에서
신지아

1부
뜻밖의 방문객

1. 뜻밖의 방문객

어느 날, 뉴델리 하숙집의 잠긴 자물통에 편지 한 장이 매달려 있었다. "만나고 싶음. 연락 바람." 이름과 호텔의 전화번호도 적혀 있었다. 그러나 누군지 도통 알 수가 없었다. 주소는 델리 역 부근 빠하르간지 지역이었다. 빠하르간지는 값싼 호텔과 식당이 많아 여행자의 거리로 불리는 곳이다. 하지만 나는 여행객이 아니므로 그곳을 찾을 일이 거의 없었다. 빠하르간지에 묵으면서 내게 연락할 사람은 아무도 없었다. 그것도 더더구나 외국인 남자라면! 그래서 그 메모지는 자연스럽게 3층 테라스 아래로 멋지게 폼을 잡고 날았고, 나는 그 뒤로 까맣게 잊어버렸다.

그리고 며칠이 지난 뒤였다. 메르체라는 한 스페인 여자 친구가 내게 연락을 해왔다. 남편과 함께 빠하르간지의 한 호텔에 장기 투숙하면서 수공예품을 스페인에 납품하며 생활하는 친구였다. 음악과 무용을 좋아하던 그녀와는 공연장에서 처음 만난 뒤 친하게 지내오던 사이였다. 차를 마시러 오겠다기에 7시에 무용 공연을 보러 갈 예정이니 그 전에 잠깐 보자고 했다. 그녀는 이탈리아 인 친구라며 낯선 남자와 함께 집으로 찾아왔다. 남자는 히피 머리에 마른 몸, 지저분한 얼굴, 헐렁하고 꼬깃꼬깃한 옷에 냄새마저 풍겼다. 하지만 얼굴은 연신 싱글벙글이었다. 그는 '산드로'라고 한다며, 아주 오래 알고 지낸 사이라도 된 듯 환한 얼굴로 인사를 했다.

메르체는 그를 빠하르간지에서 만났다고 했다. 그가 메르체에게 인도 무용을 하는 한국 여자를 아느냐고 물었단다. 그녀는 델리에서 인도 춤을 추는 한국 여자로 자기가 아는 사람은 '지아'뿐이라고 했더니 "이제야 찾았다"며 지아를 꼭 만나야 한다고 해서 데리고 왔다는 것이다. 히피는 내게 편지 하나를 건네주었다. 몇 달 전 워크숍 일로 다녀온 멕시코에서 온 편지였다.

"안녕하세요? 선생님한테서 수업을 받고 춤에 대한 갈망이 나날이 커가고 있는 학생입니다. 제 남편 친구인 산드로가 델리에 갔다가 멕시코로 온다기에 그 사람 편에 제가 꿈꾸는 인도 춤 의상, 아니면 옷감이라도 사 보내주실 수 있나 해서요.…… 덧붙여 무용 장신구도 사서 보내주시면 감사하겠습니다. 현찰을 동봉하니 바쁘시더라도 시간을 내주셨으면 합니다.……"

편지를 읽으며 그 학생이 누구인지 떠올려보았다. 내게서 3개월 워크숍을 받고 벌써 춤 의상을 갖고 싶어 하는 그녀의 심정이 헤아려졌다. 나 또한 춤을 배우기 시작했을 때 그 화려한 의상에 눈이 여러 번 갔으니 말이다. 옷감을 사놓고는 얼마나 설레고 떨렸던가? 언젠가 저 옷감으로 의상을 만들어 입고 무대에 서겠다는 꿈이 있었기에 그 힘든 과정을 잘 견뎌낼 수 있었다. 마치 그때의 내 모습을 보는 듯했다. 그것들을 구해주기로 약속하고 다음날 3시에 히피와 만나기로 했다.

다음날 2시경 누가 문을 두드렸다. 그 히피였다. "내가 너무 일찍 왔지요? 기다릴게요" 하더니 대문 밖에 털썩 주저앉았다. 그런 그를 그냥 둘 수 없어 들어오라고 했다. 그는 제 집인 양 주저 없이 들어와 의자에 앉았다. 얼굴은 여전히 싱글벙글이었다. 날이 더워서 그에게 물을 한 잔 건넸다. 그런데 그가 물을 마시지 않고 그대로 정수리에 쏟아 부었다. 물이 머리를 타고 얼굴로 주르륵 흘러내렸다. 의아한 눈으로 쳐다보는 나에게, 자기가 태어나 이렇게 아름답게 물잔을 건네주는 모습이 처음이라 감동해서 그랬다고 했다. 내가 왼손으로 오른손을 받치고 물잔을 건네준 모습에 감동을 받았다는 것이다.

나는 그의 모든 행동이 감당이 되지 않아 속으로 여러 번 깊은 한숨을 내쉬어야 했다. 외출 준비를 하러 방에 들어서려는 순간 그가 나에게 큰소리로 외쳤다. "부탁이니 나와 너무 대조되는 격조 있는 의상은 고르지 마세요!" 나는 뒤도 돌아보지 않고 방으로 들어왔다. 하지만 얼굴엔 나도 모르게 짧은 미소가 번졌다. 문양이 없이 단순한 순면의 인도 옷을 입고 나섰다. 집을 나서면서도 그는 여전히 싱글벙글 계속 말을 해댔다. 모로코 여행을 했고 멕시코를 좋아한다는 둥, 이 집 저 집 다니며 일을 도와주거나 인도 은제품이나 예쁜 돌 액세서리를 만들어 음식과 바꾸면서 여행한다는 둥, 자기가 시간을 너무

빼앗았으니 식사 대접을 하겠다는 둥······

그 사이 난 오토택시를 잡아타고 아는 옷가게로 가서 몇 분 만에 무대 의상을 사서 건네주었고, 장식품 가게에도 들러 역시 몇 분 만에 물건을 골라주었다. 무슨 물건을 그렇게 빠르게 고르냐고 묻는 그가 귀엽게 느껴졌다. 이곳 상점들을 이미 10년 넘게 드나들었고 그 학생의 얼굴에 어떤 문양과 어떤 색의 옷감, 어떤 장신구가 어울릴지 오랜 시간을 통해 습득된 나의 감각을 그가 알 턱이 없었다.

"계산이나 하세요. 빨리 골랐다고 대충 고른 것이 아닙니다. 지금은 몰라도 멕시코에 가서 보면 알 겁니다. 전 이제 그만 돌아가겠습니다."

짤막하게 말하고 오토택시를 타려 하자 그도 올라타면서 물병을 놓고 왔다며 집까지 따라왔다. 물병이라 해서 특별한 것인 줄 알았더니 그냥 페트병이었다. 그것도 물이 아주 조금 남아 있는. 아마도 내 집에 다시 오려는 속셈이었던 것 같다. 더 이상 낯선 방문객의 수다를 듣고 싶지 않았다. "안녕히 가세요" 하며 문을 닫으려 하자 재빨리 내 발길을 막더니 갑자기 털썩 땅바닥에 앉아 청혼을 하는 것이었다. "나는 당신과 결혼하고 싶습니다."

나는 짧게 "이제 제 공부 시간이에요. 안녕히 가세요" 하고 문을 닫았다. 히피가 어떤 사람인지 대번에 알게 된 듯했다. 닫힌 문 너머로 그가 큰소리로 말했다. "당신과 결혼하러 올 겁니다. 오늘밤 이탈리아로 갔다가 멕시코에 들른 뒤 석 달 후 반드시 찾아올 거예요."

나는 아무 소리도 못 들은 듯 샤워를 했다. 인도가 덥고 먼지 많은 곳이기도 했지만, 샤워를 하고 깨끗하게 다려진 옷을 입고 머리를 단정히 빗은 뒤 연습에 임하는 것이 무용가의 기본이라고 생각하기 때문이었다. 샤워를 하는데 이 뜻밖의 방문객이 남기고 간 "결혼하러 오겠다"는 말에 이상하게 가슴에 진동이 오고 그 여운이 쉬 가시질 않았다.

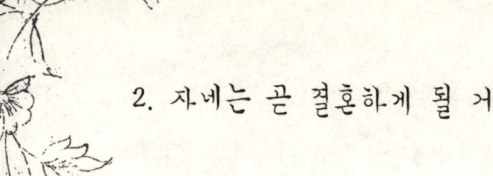

2. 자네는 곧 결혼하게 될 거야

　누군가 문을 다급하게 흔들며 나를 찾고 있을 때 나는 '땃가'를 연습하고 있었다. 땃가란 인도의 전통 무용인 '카탁kathak' 춤의 기본 리듬 동작을 말한다. 발바닥으로 바닥을 쳐서 소리를 내는데, 오른발과 왼발을 번갈아 바닥에 부딪치면서 16박자에 맞춰 소리를 내는 것이다. 그 소리는 발바닥의 진동 소리이기도 하고, 방울들을 실로 엮어 양 발목에 감은 '궁그루Ghungroo'가 발을 칠 때 울리며 내는 소리이기도 하다. 땃가를 할 때, 소리를 내며 천천히 발을 움직이기 시작해 처음 속도의 두 배씩 점점 빠르게 발을 움직인다. 눈은 정면에 고정시키고, 양손을 서로 포갠 채 왼손은 아래로 오른손은 위로 올려놓는데 내 손을 내가 잡는 포즈이다. 리듬과 속도가 정확할 것을 스스로와 다짐한다는 의미가 있다.

　땃가를 훈련하는 이유는 속도에 상관없이 몸을 자유자재로 움직이기 위해서이다. 그렇게 되면 속도감에만 의존한 채 소리와 진동과 리듬 속에 온전히 집중하면서 내 몸의 움직임을 내 눈으로 바라보고, 내가 내는 소리를 스스로 듣고, 내 몸이 진동하는 것을 지속적으로 느낄 수 있다. 어느덧 나의 의지는 사라지면서 내가 커다란 에너지에 의해 움직이고 있음을 깨닫게 된다. 정확한 시간의 분배와 함께 집중력이 중요한데, 나는 그렇게 땃가를 지속할 수 있는 것은 우주의 에너지 덕분이라고 느낀다. 정해진 리듬에서 벗어나면 질서가 깨지고, 질서가 깨지면 혼란스러워지면서 더 이상 땃가를 지속할 수 없다.

그날도 땃가 명상에 집중하고 있었고 발목에 궁그루를 매고 있어서 문 두드리는 소리를 들을 수 없었다. 더욱이 그 속도가 가장 빠른 상태였기 때문에 되돌아오는 데에는 시간이 필요했다. 문을 열자 메르체가 힘없이 서 있었다. 그녀는 온몸이 땀으로 범벅이 된 내게 기대더니 울기 시작했다. 30년을 함께한 남편과 헤어졌다는 것이다. 그들 부부는 한국인의 정서로는 이해하기 힘든 커플이었다. 남편에게 새 여자 친구가 생기거나 메르체에게 남자 친구가 생겨도 그들은 그것을 이해하고 받아들였으며 결혼 관계를 자연스럽게 유지했다. 남편의 여자 친구나 아내의 남자 친구와 함께 식사를 하기도 했다. 그런 것들이 내겐 참 신기했다. 그랬기에 이혼을 했다는 메르체의 말은 나를 혼란스럽게 했다.

남편에게 최근 일본인 여자 친구가 있다는 것은 나도 알고 있었는데, 그 여자 친구가 남편에게 이혼을 하고 자신과 재혼하기를 원했다는 것이다. 메르체는 지금 막 이혼 서류에 사인을 하고 오는 길인데 그렇게 괴로울 수가 없다며 연신 눈물을 흘렸다. 서류라는 게 마치

우리의 '집착 증명서' 같다는 생각이 들었다.

　내가 그녀의 아픈 심정을 받아주어서인지 그날 이후 메르체는 매일 나를 찾아왔다. 나는 그녀가 은연중에 고통을 즐기고 있다는 생각이 들었다. 상대를 탓하고 자신을 책망하면서 괴로움을 당연하게 여기는 것이 그랬다. 우리는 누구나 행복하고 자유롭기 위해 태어났을 텐데, 실제로는 아픔이나 괴로움을 위해 태어난 것처럼 사는 경우가 많다. 메르체에게 땃가 명상과 춤을 권해도 보았지만, 그녀는 그런 건 특별한 사람이나 하는 거라며 하려 들지 않았다.

　나는 그녀를 하누만(원숭이 모습을 한 인도의 신) 사원으로 데려갔다. 그곳에는 여기저기 손금이나 사주를 봐주는 이들이 있었다. 오렌지색 천을 두르고 긴 라스타 머리를 한 그들을 인도인은 '바바'라고 불렀다. 나는 그들 가운데 머리를 삭발하고 커다란 염주를 목에 걸고 있는 한 바바 앞에 눈치를 보고 섰다. 바바는 웃음을 건네며 앉으라고 권하더니 메르체를 보고 말했다.

　"괴롭구먼."

　바바는 의사가 환자를 검진하듯 메르체의 손바닥도 들여다보고 입도 벌려보고 눈꺼풀도 뒤집어 보더니, "이혼했구먼" 하고 말했다. 눈이 둥그레지며 어떻게 아느냐고 묻는 메르체에게는 아무 대답도 하지 않고, 바바가 이번에는 내 얼굴을 들여다보기 시작했다. 나는 어색해서 "친구는 언제쯤 다른 남자를 만나게 되나요?" 하고 물었다.

　"이제는 없어! 마음 수행이나 해야지 뭐! 많이 있었잖아?"

　그러더니 나를 뚫어지게 바라보며 말했다.

"자네는 곧 결혼하게 될 거야. 남자 이름이 S자로 시작하는구먼. 날짜는 4월 24일이야. 결혼을 하면 이 나라 저 나라 다니며 살겠네."

뚱딴지같은 소리에 무슨 말이냐고 반문했더니 바바는 큰소리로 웃고는 "옴 나마 시바, 옴 나마 시바, 옴 나마 시바" 하며 내 눈을 바라보았다. 메르체는 수첩에 '4월 24일'이라고 바바가 말한 날짜를 적으며, "만약 지아가 결혼을 안 하게 되면 나도 크게 절망할 필요 없겠네" 하면서 오랜만에 큰소리로 웃었다.

모처럼 온 김에 우리는 자연스럽게 신전 안으로 들어갔다. 하누만 신은 원숭이 모습을 한 인도의 신인데, 온몸이 짙은 오렌지색 유액으로 칠해져 있고 유난히 까만 눈동자가 눈에 띄었다. 인도에서는 하누만의 형상 앞에 서서 그 검은 눈동자를 직면할 때 두려움이 없어야 한다고 한다. 나는 하누만 신의 검은 눈동자를 똑바로 바라보며 내 안의 두려움을 체크해 보았다. 심장 아래로 야릇한 진동이 느껴지고, 얼굴에는 땀이 솟는 듯하면서 근육이 미세하게 떨리는 것이 느껴졌다.

나는 그의 발밑에 동전을 두고 얼른 자리를 떴다. 두려움 없이 돌진하는 삶처럼 보였지만 내 가슴 밑에는 짙은 두려움이 있었다. '예스'와 '노'를 선택하는 데 주저함이 없었고 일단 선택한 것에는 최선을 다했지만, 두려움이 일 때 걱정을 떨치고 태연해지기가 항상 쉽지만은 않았다. 누군가에게 내 안의 깊은 두려움을 들킨 느낌이었다.

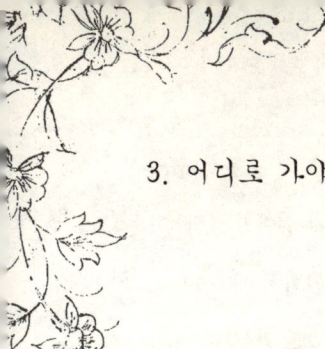

3. 어디로 가야 하는가

그 무렵 나는 춤만을 위해 내달려온 시간의 끝에서 앞으로 계속 춤을 출 것인지 말 것인지 깊은 고민과 갈등에 빠져 있었다. 그동안 국제문화교류센터로부터 학비 보조금을 받고 춤을 배우는 한편 멕시코를 오가며 문화 교류라는 걸 해왔는데, 이제 도쿄와 뉴욕까지 가서 문화 교류를 해야 한다니 마음이 썩 내키지 않았다. 그와 함께 인도 음악을 공부하고 싶다는 생각도 마음 한켠에 있었다. 하지만 공부라는 것이 한도 끝도 없는 것이라 무작정 학생으로 남아 있는 것도 왠지 미성숙한 행위가 아닌지 고민이 되었다.

혼돈과 선택 사이에서 고민하던 나는 매일 사원에 다니며 꽃을 바치기도 했다. 이 모든 생각으로부터 멀어지고 싶기도 했고, 새로운 뭔가를 받아들이려면 몸과 마음을 비울 필요가 있다는 생각도 들었다. 사원에 들어서자 중앙에 있는 신상 앞에서 한 승려가 신도들의 헌화 접시를 받아든 뒤 코코넛을 힘차게 깨는 모습이 보였다. 그리고는 코코넛 주스를 손으로 받아 먼저 신상에 뿌리고 나머지를 신도의 머리 위에 뿌려준 다음 은총이 담긴 꽃을 신도 목에 걸어주었다. 이 모든 것이 아름답고 의미가 있었다. 장미로 만든 헌화가 내 목에도 걸렸다. 장미 향기에 도취될 즈음 향불의 연기가 흘러오면서 내 영혼이 닦이는 듯한 느낌이 들었다. 그때 승려가 엄지손가락에 빨간 '신두'를 묻혀서 내 양 미간에 불꽃처럼 그려주고, 다시 헌화 접시에 코코넛 반쪽과 꽃을 담아 되돌려주었다.

의식이 끝나고 앞사람을 따라 사원을 한 바퀴 돌았다. 사원에는 커다란 원형 안에 시바Shiva(힌두교의 주요 신 중 하나로 창조와 파괴의 신), 파르바띠Parvati(시바의 부인), 가네쉬Ganesh(시바와 파르바띠 사이의 아들로, 코끼리 머리에 인간의 몸을 하고 있다), 난디Nandi(시바가 타고 다니는 신성한 소)가 동서남북의 방향으로 서 있고 그 중앙에 '링감'이 있었다. 링감이란 남녀의 생식기를 상징한 조각으로 생성의 에너지를 뜻한다. 인도인들은 링감에 우유를 붓고 어루만지며 간절한 소망을 빌곤 했다.

내 차례가 되어 준비한 우유를 붓고 대리석으로 조각된 링감을 정성스럽게 쓰다듬는데, 나는 아무런 바람도 청할 수가 없었다. '이제 어디로 가야 합니까?' 하는 물음과, 알 수 없는 어떤 느낌만 가슴속에 눈처럼 소복이 쌓일 뿐이었다.

"옴 나마 시바. 옴 니르띠야 나마하.('오직 춤을 위하여, 춤의 에너지를 위하여'라는 뜻) 시바 신이여, 오직 춤과 춤의 에너지를 위하여, 제가 원하는 것을 바라기보다 주어지는 것을 그대로 받아들이겠습니다."

간절하게 링감을 만지고 다시 시바 신의 미간을 만졌다. 그런데 시바 신의 미간이 손가락이 쑥 들어갈 정도로 움푹 파여 있었다. 아, 그동안 간절한 염원과 소망을 품은 손길들이 얼마나 많이 스쳐갔길래 대리석 조각이 움푹 파일 정도가 되었단 말인가. 손가락 끝에 느껴지는 전율을 나는 고스란히 몸속 깊숙이 저장했다. 인도에서 많은 시바 사원을 다녔지만 그곳에서 받은 강한 느낌은 지금도 생생히 남아 있다. 그날 이후로 매일 사원을 향했고, 집에는 그때마다 받아오는 반쪽의 코코넛이 차곡차곡 쌓여갔다.

나는 43일 동안 단식도 병행하기로 하고 하루도 빠지지 않고 그 약속을 이어갔다. '43'이라는 숫자는 모든 것에 의미를 두는 나의 오랜 습관에서 나온 것이었다. '43'에서 '4'는 동서남북 어느 방향으로 가야 하는지 내 진로와 인생의 방향을, '3'은 세 가지 염원을 가리켰다. 세 가지 염원이란 춤추는 영혼으로서 찬트chant까지 할 수 있는 것, 외로움과 두려움으로부터 자유로워지는 것, 그리고 내가 갈망하는 모든 것이 자연의 섭리에서 어긋나지 않았으면 하는 것이었다.

숫자란 특별하게 의미를 부여하면 실제로 그런 의미가 발생한다고 나는 믿는다. '108'이란 숫자가 불교에서 '108번뇌'라는 의미로 사용되는 것도 그 예인데, 나는 카탁 춤을 출 때 발목에 두르는 궁그루의 방울을 108개를 달았다. 춤의 최고 경지에 도달하려면 108가지의 번뇌를 참아야 할 것만 같았기 때문이다. 나는 108개의 방울 소리를 들으며 춤을 통한 깨달음에 이르고 싶었고, 승려들이 염주를 돌리며 염송念誦을 하듯 나는 그 방울을 매일 만지작거리며 "옴 니르띠야 나마하" 하고 나만의 만트라를 외우곤 했다. 궁그루를 매달고 춤을 출 때마다 나는 삶의 무거움을 마음만이 아닌 온몸으로 느꼈다. 108개의 번뇌가 아닌 그 두 배의 무거움이 내 발끝에서 움직였다.

리듬과 하나가 되기를, 내 삶이 이 리듬과 같기를 간절히 원하고 또 원하면서 그 무게와 함께 춤을 추고 단식하는 43일 동안 기도를 하기 위해 매일 황혼이 붉게 물드는 실크로드를 바라보며 사원을 향했다. 사원에 가면 승려에게 꽃과 1루피의 돈, 그리고 빨간색 행운의 수건을 드렸다. 그러면 승려는 손에 든 코코넛을 힘차게 깨뜨려 반쪽을 내게 주었다. 내 손에 들린 속이 하얀 코코넛을 바라보며 누군가 내 영혼을 탁 깼을 때 그 속이 이렇게 희고 순수하고 눈부신 코코넛 같기를 간절히 바랐다.

그렇게 43일간의 기도를 이어가던 어느 날 몸이 아프기 시작했다. 오른쪽 다리에 마비가 온 것이다. 다리의 마비와 함께 나의 정신은 다시 흐트러지고 말았다. 춤을 위해 온 인도에서 다리에 마비까지 오면 어떻게 해야 하나 걱정이 되었다. 두려움과 외로움에 쓰러지지 않으려면 뭔가 새로운 줄이라도 잡아야 할 것 같았다.

그래서 잠시 붙잡은 것이 전부터 무용과 함께 배우고 싶었던 성악이었다. 음계 하나하나 소리를 내는데 육체가 마치 악기가 되는 느낌이었다. 소리가 입 안에, 코 안에, 볼 안에, 이마 속에, 머리 전체에 진동이 되면서 바르르 몸이 떨려왔다. 그러나 입 밖으로 나오는 소리는 조율되지 않은 악기에서 나오는 소리 같았다. 고음으로 올라갈 때마다 치약을 짜듯 악을 쓰고 짜내는 소리가 힘에 겹게 들렸다. 울고 싶었고, 결국 울어버렸다.

　이제야 내가 얼마나 조율이 안 된 사람인지 알 수 있었다. 소리를 내면 낼수록 내 속에 화가 많이 쌓여 있다는 게 느껴졌다. 성격이 급하고, 욕심이 많고, 강하다 못해 독해 보이는 가식적인 음성이 나를 치고 흔들었다. 철없는 아이가 엄마를 계속 힘들게 하며 보채는 모습이었다. 그런 내가 창피하기도 했지만 창피함보다 서러움이 더 컸고, 그런 내 음성을 듣는 순간 어둠 속에 숨어 있던 그 무엇인가에 사로잡혀 버릴까봐 두려웠다.

　첫 성악 수업을 마친 다음날 아침 등 뒤쪽이 심하게 아파왔다. 고통을 이기지 못해 방바닥을 구르며 '옴 나마 시바'를 외쳤다. 햇빛에 몸을 맡기고 앉아 이 아픔이 어디서 오는지 생각했다. 고통을 잊으려고 일어나 춤을 추기 시작했다. 온몸에서 땀이 비 오듯 흐르고, 저린 다리의 고통 때문인지 아니면 춤의 깊은 곳에 다다라서인지 아무 생각도 들지 않았다. 춤을 끝내고 뜨거운 물이 쏟아지는 샤워기의 물을 맞으며 울었다. 고통 때문에? 미래에 대한 두려움 때문에? '옴 나마 시바'를 되뇌며 나도 모르게 혼잣말을 하고 있었다.

　"당신의 마음속으로 가는 길이 결코 쉽지 않군요. 그러나 멈추지 않을 겁니다. 걷고 걸어, 닳고 닳아서라도 당신의 마음의 계단에 오르렵니다. 당신을 향한 뜨거운 불길이 하루도 꺼지지 않고 있습니다. 그 누구도 깨뜨릴 수 없어요. 이 불길은 오직 당신 시바 신으로부터 받고 있는 것이니까요."

　나는 아픈 다리를 끌고 다시 사원으로 향했고 기도를 했다. 사원에서 돌아와 그동안 쌓아놓았던 코코넛에 새로 받은 코코넛을 올려놓으려니 개미들이 줄을 지어 내 코코넛 성전을 침범하고 있었다. 나의 마음이길 원했던 그 희고 눈부신 코코넛들이 개미떼에게 더럽혀지고 있었다. 깜짝 놀라 커다란 양동이에 물을 가득 받아 코코넛을 모두 물에 담갔다. 둥둥 떠다니는 어마어마한 개미떼와 물속에 가라앉은 코코넛을 바라보며 한참을 기운 없이 앉아 있었다. 잠시 후 칼을 가져와 코코넛의 하얀 속살을 칼로 도려내기 시작했다.

 그것은 쉬운 일이 아니었다. 희고 순수해 보이는 그것이 여간 단단하고 고지식하지 않았다. 밤늦도록 코코넛을 도려내느라 아픔도 슬픔도 잊어버렸다. 그것은 마치 순수해지고 싶다는 내 욕심을 들어내는 작업 같았다. 몇 번이나 칼에 찔렸다. 다음날 아침에야 코코넛을 모두 도려낼 수 있었다. 들어낸 코코넛 속은 베란다에 새들의 먹이로 놔두고, 깨끗해진 코코넛 바가지는 잘 닦아 테이블 위에 가지런히 올려놓고 말렸다. 내 손은 그날 밤의 흔적들로 가득했다.

 사원에서 받아온 코코넛에 들끓던 개미떼의 모습, 그것은 나로 하여금 무엇을 알게 하려는 것이었을까? 나는 내면의 소리에 귀 기울였고 내가 갈망하는 것이 무엇인지 유심히 관찰했다. 그리고 마침내 코코넛 속처럼 순수해지고 싶다는 열망이 실은 사람들에게 인정받고 싶다는 한갓 욕심이요 본능적인 열등감의 반영에 불과하다는 걸 알 수 있었다.

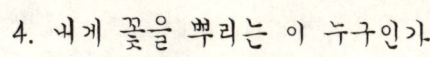

4. 내게 꽃을 뿌리는 이 누구인가

　인도의 기차에 오르면 제일 먼저 시선이 가는 것이 있다. 천장에 매달려 윙윙거리며 돌아가는, 기름때로 시커먼 작은 선풍기들이다. 기차 밖도 시끄럽기는 마찬가지여서 우리는 손님이 아니라 소음 덩어리가 된 채로 어디론가 떠날 준비를 하고 있는 사람들 같았다. 다행히 그 안에는 낯설지 않은 얼굴들이 가득했다. 카주라호 댄스 페스티벌에 공연을 가는 그룹과 악사들, 또 축제를 보려는 학생들이었다.
　기차 안이 장난기 넘치는 농담과 커다란 웃음소리로 시끄러운데 악사 한 분이 '사랑기'라는 악기를 꺼내 운율을 타고 있었다. 다른 악사들도 하나씩 악기를 꺼내기 시작했다. 그 순간, 가슴이 찡해졌다. 이렇게 시끄러운 곳에서 서정이 넘치는 운율을 들을 수 있다는 사실에 감사하며 지그시 눈을 감는데, 누군가 노래를 하고 춤을 추는 것이 얼핏 보였다. 그야말로 움직이는 공연장이었다. 이보다 더 아름다운 기차 여행도 없을 거라는 생각이 들었다.

식사 때가 되어 가방에서 도시락을 꺼내는데 집에서 나올 때 문밖에서 DHL 직원이 건네준 소포가 만져졌다. 사인을 해달라고 내민 서류에는 '산드로'라는 이름과 이탈리아라는 발신지가 선명하게 적혀 있었다. 기차 시간에 늦을까봐 그대로 가방 속에 넣어가지고 나온 것이었다. 그 속에 무엇이 있을까 궁금했지만 모두들 식사를 마치고 포만감에 하나둘 잠에 빠질 때까지 기다리기로 했다. 기차는 점점 속도가 빨라졌다.

어둠이 내려 차창 밖 풍경이 더 이상 보이지 않는데 뜻밖의 얼굴이 창틀 너머로 나를 응시하고 있었다. 내 얼굴이었다. 그 눈동자 속에서 마치 필름이 돌아가듯 아주 다양한 내 모습이 차례로 지나갔다. 촌스럽고, 쑥스럽고, 건방지고, 도도하고, 화려하고, 초라하고, 바보 같고, 혹은 똑똑해 보이는가 하면, 웃는 모습, 울며 소리치는 모습, 성내고 좌절하는 모습, 쓰러지는 모습, 촛불의 심지에서 타오르는 불꽃처럼 흔들거리며 빛을 발하는 모습 등이 하나씩 나타났다 사라졌다. 요술 액자를 들여다보듯 차창 속 내 얼굴을 보는데 눈시울이 뜨거워졌다. 과감하면서도 왜소하기 그지없고, 순진한가 하면 또 아주 어리석은 모습들이 하나로 묶여 있다는 것이 신기하기만 했다.

그렇게 기차는 나를 어둠으로, 빛으로 몰아가고 있었다. 나는 더 이상 요술 액자를 바라보지 않고, 어둠 속에서 가방 속의 작은 소포를 만져보았다. 손바닥 크기만한 작고 납작한 것이었다. 몇 개월 전 나와 결혼하겠다고 외치던 히피 청년이 보낸 소포…… 열어보기 전에 그것을 양손에 감싸들고 잠시 묵상을 했다. 조금 전 요술 액자를 볼 때처럼 많은 감정들이 일어나면서 떨리고 궁금했다. 달리는 기차보다 더 빨리 내 심장이 두근거렸다. 나는 그 모든 감정을 그대로 둔 채 덜컹거리는 기차의 진동과 함께 소포를 다시 가방에 넣었다. 그 안에 무엇이 들어 있는지 모르지만 이 깜깜한 기차 안에서 혼자 몰래 꺼내본다는 게 그다지 좋은 느낌이 아니었다. 다시 차창 밖의 액자를 바라보았다. 액자 속의 그녀가 내게 미소를 짓고 있었다.

축제 주최 측에서 무용수와 악사 들을 위해 마련해 준 숙소는 가운데 정원을 둘러싸고 많은 방들이 있었다. 나는 러시아 국립무용단에서 왔다는 한 무용수와 한 방을 쓰게 되었다.

다음날 나는 그 소포를 들고 카주라호 사원으로 향했다. 무엇 때문인지 모르지만 나만의 특별한 장소에서 소포를 꺼내보고 싶었다. 언젠가 남성과 여성의 성교 모습으로 가득한 카주라호 사원을 그린 엽서를 본 적이 있는데, 그때 나는 '이 사원은 특별한 마음가짐으로 찾아봐야 할 곳'이라는 생각을 했었다. 이 소포를 그런 마음으로 열어봐야 할 것 같았다. 뭔가를 온전히 이해한다는 것은 도를 닦는 것만큼이나 어려운 일이어서, 섣불리 잘못 이해하면 그 뜻을 왜곡하고 긴 시간 어둠 속에서 허비할 수 있었다.

사원 입구의 길바닥에는 탁발승들이 줄지어 앉아 사주나 손금을 봐주겠다며 사람들을 유혹했다. 나는 꽃과 코코넛이 담긴 바구니를 사 들고 안으로 들어갔다. 사원은 《카마수트라》(고대 인도의 성전性典)에 묘사된 남녀 조각상들로 가득했다. 나는 돌계단을 올라 오른손을 사원 바닥에 대고 잠시 눈을 감은 채 감사의 예를 올렸다. 그리고 손을 다시 입술에 댔다가 정수리를 쓰다듬은 뒤 합장을 하고 안으로 들어갔다.

그 순간 놀랍고 충격적인 것에 시선이 닿았다. 그것은 마치 천장을 뚫기라도 할 것처럼 높이 치솟은 굵고 커다란 '링감'이었다. 델리의 사원에 43일 동안 매일 기도를 하러 다니며 링감을 손바닥으로 부비고 만졌지만, 이렇게 엄청난 링감을 바라보니 심장이 뛰면서 가슴속에서 팽이 같은 것이 돌기 시작했다. 나는 그 링감 앞에 헌화할 수 있다는 것에 감사했고, 그 감사함은 곧 눈물이 되어 넘쳤다. 이 눈물이 무슨 의미인지 알 수 없었다. 단지 그 무엇인가로부터 커다란 진동이 느껴졌으며, 그 반응으로 눈물이 터져 나왔다는 것만은 확실했다. 마치 내게 축복이 내리는 듯한 느낌이었다. 눈물은 계속 흘러넘쳤고, 나는 끝내 소리를 내며 울어버렸다.

그렇게 흐느끼고 있을 때였다. 누군가 내 머리 위에 꽃을 뿌리기 시작했다. "옴 나마 시바……" 시바 신을 찬양하는 만트라가 들렸다. "옴 나마 시바, 옴 나마 시바." 나는 고개를 돌려 꽃이 떨어지는 곳을 올려다보았다. 한 인도 여인이 헌화하러 왔다가 울고 있는 나에게 꽃을 뿌리며 '옴 나마 시바'를 외치고 있었다. 시바 신의 축복이 내리라고 말이다. 나는 입속으로 나도 모르게 '옴 나마 시바'를 따라 외었다.

잠시 후 일어나니 꽃이 발밑으로 우수수 떨어졌다. 어떻게 계단을 내려왔는지 나는 어느새 조각상들이 가득한 카주라호 사원 안을 거닐고 있었다. 내 몸이 하늘을 나는 바람 같다는 생각이 들었다. 왠지 이곳이 낯설지 않았다. 기억 너머 먼 옛날, 내가 이 사원에서 생명의 불꽃을 피우던 때가 있었던 것 같은 느낌이 들었다. 그리고 그 느낌은 점점 확신으로 변해갔다. 인도 여자가 아닌 한국 여자로 태어나 먼 과거의 시간 앞에 서 있는 느낌이었다. 나는 누구인가? 왜 나는 지금 이 시대에 이 자리에 있는가? 그 옛날 함께 있었던 이들은 모두 어디 있는가? 나는 왜 그들과 함께 영원한 침묵 속에 머물지 못하고 이렇게 다시 태어나 무지 속에 혼자 남겨져 있는가?

아까와는 다른 종류의 눈물이 흘렀고, 나는 그 눈물을 막지 못했다. 지독한 소외감과 외로움이 일었으나 그것을 어찌 감당해야 할지 알 수 없었다. 대충 살려고 한다면 그런 감정들을 피할 수도 있으련만 나는 자신에게 엄격했고 아무것에나 쉬 만족하지 못하며 늘 선택하고 선별하고 있었다. 나를 달래며 함께해 주는 건 오직 흐르는 시간뿐이었다.

파르바띠 상 앞에 산스크리트 어로 무언가 적혀 있는데 읽지 못하는 것이 너무나 안타까웠다. 암컷에서 여자로, 여자에서 여인으로, 여인에서 어머니로, 그리고 다시 어머니가 여신으로 되어가는 과정이 적혀 있을 것만 같았다. 그 단계에 따라 지녀야 할 성품이 무엇일지 생각하며 합장을 한 뒤 대리석 계단을 올랐다. 성스러운 소 난디의 상이 있었다. 그 주변으로 펼쳐진 풍경이 신비로웠다.

나는 그제야 가져온 소포를 뜯기 시작했다. 손바닥만 한 녹음기와 작은 헤드폰이 들어 있었다. '음악을 들으라고 보냈나?' 하면서 봉투 안을 살피는데 반으로 접힌 종이가 보였다. 펼쳐보니 커다란 하트 안에 반은 '지아', 반은 '산드로'라는 글씨가 가득 적혀 있었다. 그 청년의 이름이 산드로였다는 사실이 새삼 떠올랐다. 조심스럽게 헤드폰을 귀에 댔다. 잔잔한 라틴 음악이 고속으로 달리는 듯한 기차 소리와 겹쳐서 흘러나왔다. 기차 소리가 멀어질 무렵 그의 목소리가 들렸다.

"나는 지금 어떻게 해야 할지 혼란스러워. 너에게 당장 돌아갈 수 없다는 것이…… 너의 음성을 기억해. 네 덕분에 감성이 되살아나고 있어. 사랑해. 사랑해. 사랑해…… 너를 생각하면 내 정수리에서 황홀한 빛이 떠올라. 빨리 너에게로 가고 싶다. 좀 더 자유스럽게 살고 싶어. 그러나 내게는 많은 친구가 있고 약간의 책임도 있어. 친구들을 도와야 해. 또 여자들도. 라틴의 열정과 피가 흐르는 나는 가끔씩 사랑을 너무 많이 한다는 생각이 들어. 그런데 너를 생각하면 뭔가 달라질 것 같아. 난 정말 변하고 있어. 너를 생각하면 마치 완전한 사랑에 다다를 것 같은 느낌이고, 너와 내가 하나라면 정말 큰 자유를 얻을 것 같아.

가끔 네 꿈을 꿔! 꿈속에서 만날 때마다 너야말로 최상의 여자라는 느낌이 정수리로 느껴져. 순수하고 아이 같은 여자, 맑고 당당한 너의 눈빛을 보면, 뭐든지 네가 하라는 대로 해버릴 것 같아. 내가 미치광이처럼 보이겠지만…… 지금 너를 생각하면서 카드 하나를 뽑았는데 독수리가 나왔어. 이 카드는 내가 제일 좋아하는 카드인데, 지금까지 한 번도 뽑아본 적이 없어. 이 카드가 내 운명을 말해주는 것 같아. 독수리, 위대한 영혼! 하늘 높은 곳에서 인간들의 삶을 들여다보고 있는. 지금 나는 내 삶을 들여다봐줄 독수리가 필요해.……

반드시 너에게 돌아갈 거야! 왜냐면 정말로 너를 사랑하니까! 제발 네가 나의 감성과 순수함을 거부하지 않기를. 지아, 내 영혼은 너를 좇고 있어. 너는 내게 빛이야. 영원한 기쁨이고 만족이야. 너를 떠올리면 내 삶이 새로 태어나는 기분이야. 마치 피가 샴페인처럼 터지는 것 같아. 아름다운 여인 지아, 내 사랑…… 지아, 너는 비너스이고, 나는 오리온이야. 나는 너와 함께 새로운 별을 만들고 싶어. 너는 나의 달이고 나는 너의 해란 것을 잊지 마라."

몇 분 동안 계속해서 음악이 흐르고 그는 한없이 내 이름을 불렀다. 이렇게 90분짜리 테이프에 라틴 음악과 함께 자기 이야기를 녹음해 보낸 그는 곧 나와 결혼하러 오겠다고, 함께 멕시코에 가서 살고 싶다고 말했다. 테이프는 그렇게 끝이 났다.

이 순간 카주라호에서 이런 메시지를 듣고 있다는 게 무슨 의미일까? 나는 눈을 감았다. 그의 음성이 귓전에 맴돌았다. 조금 전만 해도 내 모습이 한없이 외롭고 슬펐는데 이 육성 테이프의 강한 메시지는 뭔지 모를 힘으로 나를 끌어당겼다. 사랑한다는 말에 굶주렸던가? 사랑이 무엇인지 잘 모르는 나는 사랑한다고 외쳐대며 아름답게 표현하는 그의 음성에 환영처럼 빨려 들어가고 있었다. 그의 심정이 내 가슴에 뜨겁게 와 닿았다. 그에 대해 전혀 아는 바 없음에도 나는 테이프를 두 번 세 번 듣고 있었다.

나는 사원 안의 조각들을 유심히 바라보면서 테이프를 듣고 있었는데, 그때 무엇인가에 시선이 갔다. 한 몸에 반쪽은 시바, 반쪽은 아내인 파르바띠의 모습이 조각된 상이었다. 얼굴도 반은 시바, 반은 파르바띠였다. 나는 그 조각상을 뚫어져라 쳐다보았다. 내가 누군가와 짝이 이뤄지면 반드시 이 카주라호 사원에 와서 시바와 파르바띠가 한 몸에 조각된 이 상을 함께 바라보겠다고 다짐했다.

  사원을 다 둘러본 후 나는 마치 하늘을 먹어치운 입처럼 아무 말도 할 수가 없었다. 피곤해서 잔디밭에 앉았다가 잠시 뒤로 누워 눈을 감고 있었는데 깜박 잠이 들었다. 얼마나 시간이 흘렀는지 깨어보니 어둠이 나를 사원에서 밀어낼 준비를 하고 있었다. 서둘러 공연장으로 달려갔다.

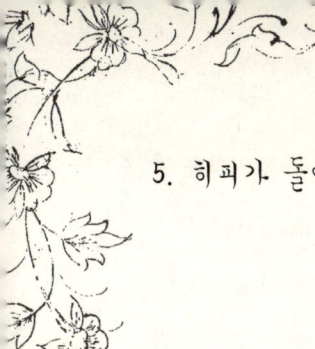

5. 히피가 돌아오다

홀리가 가까워졌다. 홀리란 봄이 오는 것을 축하하는 인도의 축제로, 이때는 색색의 파우더를 서로에게 뿌리면서 봄의 기운찬 생명력에 감사를 표했다. 또 여기저기에서 예술 공연도 많이 열렸다. 학교에서도 매년 '댄스 드라마'라는 큰 무용 공연이 며칠에 걸쳐 벌어지는데, 올해는 나도 댄스 드라마에 참가하게 돼 매일 리허설에 나가야 했다. 나는 하루 종일 연습실에 있으면서 스승님이 지적해 주는 동작들도 새겨듣고 다른 무용수들의 자세나 표정도 유심히 바라보곤 했다. 스승님의 지적이 얼마나 정확한지, 또 무용수들을 어찌나 잘 격려하는지, 그분을 바라보며 밤늦도록 차 시중을 드는 나는 더없이 기쁘고 행복했다.

홀리 축제가 있기 전날 밤, 마지막으로 야외 무대의 조명을 확인한 뒤 스승님이 자리를 떠나자 무용수들도 주섬주섬 옷을 챙기기 시작했다. "내일 봐. 잘 쉬어. 수고했어" 등의 말들이 조금씩 멀어져 가는데 나는 정적과 함께 여전히 무대에 남아 있었다. 무대 의상을 챙기다 보니 그렇게 된 것인데, 마침 아무도 없는 밤무대를 바라보자니 가슴이 설렜다. 야외 공연장에서 솔로 공연을 해본 경험이 없는 나는 설레는 마음에 함박웃음을 짓고 조심스럽게 무대에 올랐다. 천천히 무대를 걸어보는데, 어느새 무대라는 곳이 편하게 여겨지는 게 신기하기만 했다.

밤하늘이 더없이 아름다웠다. 나도 몰래 손을 올리고 몸을 돌리면서 "이보다 더 자유로울 수가 있단 말인가?" 하고 외쳤다. 마치 선녀가 된 느낌이었다. 길게 늘어진 내 옷이 바람에 날리는 순간, 나는 더 이상 바랄 게 없었다. 무용수가 되겠다는 일념으로 눈물과 땀 속에서 견뎌낸 숱한 시련들은 그 순간 어디론가 사라지고 없었다. 아, 춤은 언제 이렇게 나를 귀하고 아름답고 자유롭게 변신시켰는가?

마치 꿈속이기라도 한 듯 나는 믿기지 않는 움직임으로 바람처럼 무대 위를 날아다녔다. 밤벌레들이 나의 악사들이었고, 어둠이 나의 관객이었다. 반딧불처럼 빛을 내며 날아다니는 나를 어둠이 일어서서 바라보고 있었다. 더할 수 없는 환희와 자유로움 속에 무대를 누비며 감사의 기도를 드리니 밤하늘의 별들이 뜨거운 갈채를 보내주었다. 황홀한 순간이었다.

드디어 홀리 날이 되었다. 누군가 아침부터 급하게 문을 두드리는 소리가 들렸다. 홀리 날이면 늘 있는 일이었다. 친구들이 물감을 뿌리려고 이 집 저 집 몰려다니는 것이리라. 나는 양손에 파우더를 가득 쥐고 문이 열리면 먼저 달려들어 얼굴에 문지를 태세로 문으로 다가갔다. 곧 더럽혀질 하얀 옷을 아깝게 바라보며 오늘 하루 동안 받을 물감 세례의 시작을 제대로 해야겠다고 다짐하고 문을 열었다. 그러고는 상대가 누군지도 모른 채 양손 가득 움켜쥔 파우더를 던졌다. 이미 온몸에 물감 세례를 받은 상태에서 내가 뿌린 가루까지 덮어쓴 그는 바로 그 히피 청년이었다. 나는 깜짝 놀랐다. 무안하고 당황스러워 "미안해요" 하고는 한마디 덧붙였다. "해피 홀리데이……"

그는 눈에 묻은 파우더를 털어내면서 "네, 안 그래도 공항에서부터 이렇게 계속 당하면서 왔지요" 하더니 양팔을 크게 벌리며 나를 포옹하려고 했다. 외국을 다니다 보면 나라마다 인사법이 달라 당황스러울 때가 있다. 그 순간이 그랬다. 나는 얼떨결에 양손을 합장한 채 "나마스테"('나는 당신을 존중합니다'라는 뜻) 하면서 그의 유럽식 인사법을 피해갔다. 그는 크고 작은 배낭 두 개와 긴 막대기 자루 같은 것을 내려놓더니 자기가 드디어 여기에 왔다며 감격스러워했다.

나는 정말 어색했다. 카주라호에서 듣던 그의 육성 테이프가 떠오르면서 어떻게 이 순간을 받아들여야 할지 아무 생각도 나지 않았다. 그러고 있는데 그가 "이런 축복된 홀리 날 당신을 만나러 온 걸 보니 정말 인도와 전 우주가 내 편인 것 같습니다"라고 말했다. 나는 더 난처해졌고, 어떤 말을 해야 할지 몰라 겨우 "아침 드셨나요?" 하고 물었다.

"아침은 먹었고, 커피를 마시고 싶습니다."

"제 집에 커피는 없는데요? 지난번 일본 공연 때 선물로 받은 황금가루가 섞인 녹차만 있습니다."

그는 배낭을 뒤적거리며 주전자와 커피 봉지를 꺼내더니 "저는 황금 녹차보다도 커피가 더 필요합니다. 어려서부터 어머니가 정신 똑바로 차리고 똑똑해지라고 커피를 주셨는데, 똑똑해지기는커녕 커피 중독자만 되었지 뭡니까!" 하면서 웃었다. 커피 주전자를 어떻게 해야 할지 몰라 이리저리 살펴보는데 그가 주전자를 돌리니 둘로 분리가 되었다. 밑부분에 물을 넣고 구멍이 송송 난 채반 같은 위쪽에 커피 가루를 넣은 뒤 조금 있으니 끓는 소리가 났다. 중앙의 빨대 같은 기둥에서 커피물이 올라오는데 냄새가 향긋했다.

그에게 커피를 따라주고 나는 녹차를 끓여 찻잔에 담았다. 그가 커피 잔을 들고 테라스로 나가 테이블에 앉더니 한참 뒤 말을 꺼냈다.

"청이 있습니다."

"청이라니요? 무슨……"

"이게 '제리두'라는 악기인데 이걸 좀 보관해 주시겠습니까?"

그러면서 속이 빈 굵고 긴 나무 막대 같은 것을 자루에서 꺼냈다. 그저 바라만 보고 차를 마시는데 그가 말했다.

"왜 그러는지 당신만 보면 결혼하겠다는 말이 튀어나오는데 내가 제정신이 아닌 것 같아요. 그래서 히말라야에 가서 단식 기도를 하면서 스스로 답을 찾아보려고요. 보름 후에 다시 올 테니 그때까지 제리두를 좀 맡아주십시오."

아마 무언가 내게 다시 돌아올 핑계거리를 찾고 있는 것 같았다. 나는 어렵지 않은 부탁이지만 한 달 이상을 보관할 자신이 없고, 그 후엔 이 물건에 이상이 생겨도 보장할 수 없다고 대답했다.

커피를 다 마시자 그는 양팔을 다시 활짝 벌리면서, 내가 합장하고 "나마스테"라고 말하기 전에 재빨리 나를 얼싸안더니, "보름 후에 단식 끝내고 돌아올게요. 우리 그때 더 얘기하기로 합시다" 하고는 라스타 머리를 뒤로한 채 그렇게 떠나버렸다. 온통 파우더로 범벅이 돼 제대로 보이지도 않는 얼굴을 본 것이 마치 꿈만 같았다.

히말라야, 그 산의 이름을 가끔씩 들었지만, 누군가 내 앞에서 단식을 하러 그곳으로 떠난다니…… 그 산이 신비롭게 느껴지고 뭔가 잡아끄는 기분이 드는 순간 나도 모르게 "히말라야" 하고 되뇌었다. 내가 아직 모르는 무엇이 히말라야를 통해 자극되고 있는 느낌, 그러면서 내가 갑자기 작아지고 한없이 부끄러워지는 느낌이 들었다. 동시에 신비롭고 거대한 '히말라야'에 가서 단식하고 오겠다는 이 남자 앞에서 내가 왜소해지는 듯한 느낌이 들었다. 내 안에 숨어 있던 약함이 드러나며 심한 갈증이 났고, 비워진 자신을 채우려는 욕망이 몸속에 차오르는 것 같았다. 그 욕망으로 인해 메마른 대지가 나의 처절한 눈물을 요구하게 될 줄도 모른 채 말이다.

6. "나마스테"

 물에 나온 물고기처럼 뒤척이다가 잠에서 깨었다. 새벽이면 저절로 눈이 떠지는 것은 오래된 습관이다. 이른 새벽에 춤 연습을 하려고 깨어났으나 왠지 허전했다. 많은 이들이 아직 잠 속에서 편히 쉬고 있는데 나는 왜 깨어 있는가? 누가 보는 것도 아닌데, 언제부터인가 내가 아는 그 무엇의 시녀가 된 것처럼. 모른 척, 나를 깨우는 목소리를 듣지 않으려고 잠을 청해보았으나 쉽지 않았다. 그렇게 습관이 무섭게 나를 훈련시켜 놓았다.
 겨우 다시 잠들었으나, 잠시 후 낯모르는 어떤 무리가 다가와 내 등을 쓰다듬기 시작했다. 나는 무서워서 아무 말도 못하고 몸을 달팽이처럼 구부린 채 떨면서 울기만 했다. 그들은 말없이 떠났다. 깜짝 놀라 눈을 뜨니 꿈이었다. 일어날 것을 누워 있다가 괜히 꿈에 시달린 것을 꾸짖으며 춤 연습을 시작했다.
 춤을 추는 사이사이 가끔씩 히말라야가 떠올랐다. 마치 소리가 춤을 춘다는 상상을 하면서 발성 연습도 했는데, 오랫동안 발성 연습을 하려니 목이 마르고 곧이어 배가 고파왔다. 식탁도 수저도 필요 없이 스토브 옆 작은 공간에 서서 인도인처럼 손으로 밥을 떠먹고 있는데 누군가가 등을 덮치면서 뒷목에 입맞춤을 했다.

　나는 꼼짝도 못하고 그 더운 기운을 느끼고 있었다. 손가락을 핥던 자세 그대로 말이다. 히피라는 것을 냄새로 알았다. 먼지와 땀이 범벅된 퀴퀴하고 찌든 냄새였다. 그는 내 목덜미 향기에 도취된 듯, 아니면 피곤한 여정 끝에 그대로 잠이 들어버린 듯 한참 동안 움직이지 않았다.

　나는 뒤도 돌아보지 않고 그 자세에서 살짝 몸을 빼내 부엌에서 나왔다. 테라스의 수도꼭지를 틀고 손을 닦으며 아무 일도 없었던 것처럼 양손을 포갠 채 "나마스테" 하고 인사를 했다. 조금 전까지 부엌에서 혓바닥으로 손을 핥던 모습과는 달리 정색을 하고, 그러나 따뜻한 말로 앉으라고 권했다. 그는 방금 전 행동이 미안했는지 눈치를 보면서도 얼굴은 싱글벙글이었다. 미소 띤 입술이 눈꼬리까지 가서 닿았다.

　그는 덤벙덤벙 걸으며 탁상 쪽으로 가 봇짐을 내려놓고 양팔을 하늘을 향해 올리더니 "드디어 내가 왔다"며 마치 무대 위에서 관객을 향해 외치듯 소리를 질렀다. 그러곤 봇짐을 풀어보라고 눈짓을 했다. 나는 고개를 저으며 손짓으로 열고 싶은 사람이 열라고 했다. 보자기에서 나온 것은 오래된 나무 탁상이었다. 유심히 바라보니 두터운 기름때 밑으로 용 두 마리가 서로 마주보는 문양이 그려져 있었다.

그가 아무 말 없이 탁상 위에 천으로 감싼 작은 뭉치를 올려놓더니 조심스럽게 천을 벗겼다. 빨간색으로 된 가늘고 긴 직사각형의 향통이었다. 그것 역시 오래된 것이고 용 문양이 있었다. 향통의 윗부분을 살짝 미니까 빨간 실크로 된 작은 주머니가 놓여 있는데 무엇이 들어 있는지 불룩했다. 그가 탁상 위에 오렌지색 천을 깔고 그것을 올려놓으면서 뭔가 말을 하려는 순간, 나는 그에게 차를 마시겠느냐고 물었다. 물을 달라기에 주었더니 히피는 양 무릎을 꼭 붙이고 두 손으로 물 잔을 받아 들었다. 반은 마시고 나머지는 머리 위에 쏟고는 작은 주머니를 만지작거리며 싱글벙글한 얼굴로 말을 꺼내기 시작했다.

"당신을 처음 본 날부터 결혼하겠다고 하는 이 말이 대체 어디서 오는지 실은 내가 더 당황하고 있습니다. 이곳저곳 떠돌며 살고 있는 처지에 말입니다. 그래서 인도에 돌아오기까지 나름대로 고민이 많았습니다. 인도에 도착해 당신을 만난 날도 결혼하고 싶다는 말이 계속 터질 거 같더군요. 안 되겠다 싶어서 갑자기 히말라야로 가기로 결심하게 된 겁니다.

내가 자주 가는 곳에 아주 커다란 바위들 틈새로 더운물이 시냇물처럼 흐르는 곳이 있는데 그 근처 작은 동굴에서 7일 동안 단식하면서 답을 얻으려 했습니다. 내가 가진 거라곤 레몬과 물밖에 없었어요. 나무와 돌과 바람과 산으로 둘러싸인 동굴 속에 앉아서 보니 내 안의 엉킨 생각들이 동굴을 가득 채우고 있더군요. 그게 욕심이라는 걸 알았습니다. 사흘째가 되니까 모든 상념이 그저 하늘에 떠다니는 구름처럼 지나가는 게 보이더군요. 어느 것 하나도 마음에 매어두고 싶은 건 없었어요. 6일째가 되니 어떤 것이 잠이고 어떤 것이 깨어 있는 것인지 분간이 잘 안 되고 정말 혼란스러웠어요. 하지만 날이 지날수록 내 몸과 영혼은 점점 가벼워져서 깃털처럼 날 수 있을 것 같았습니다.

7일째 되는 날 아침에 해가 솟는 것을 보면서 오늘은 떠나야겠구나 하고 마음을 먹었는데, 결혼하려는 게 옳은 건지 아닌지 결정은 내리지 못한 채였죠. 동굴 밖을 내다보는데 저 멀리 조랑말 몇 마리가 오고 있는 게 보이더군요. 조랑말 목에 맨 방울 소리를 들으며 나도 모르게 조랑말 쪽으로 다가갔습니다. 가만 보니 언젠가 만난 적이 있는 이탈리아 인 부부였어요. 오랫동안 라다크와 티베트 지역을 조랑말을 타고 다니며 골동품을 수집해 사고파는 사람들이었죠. 겉으로 봐서는 인도인 같지만 사실은 이탈리아 사람입니다. 그가 '어이, 우리 만난 적 있지 않나?' 하면서 먼저 말을 걸어 나를 반기더군요.

그 사람들 집으로 따라가면서 동굴에 단식하러 온 이유를 설명했어요. 하룻밤 푹 자고 난 다음날 그 집 남편이 내게 청혼하기로 결심했는지 묻더군요. 아직 못했다고 하니까 보여줄 게 있다면서 촛불 주변에 천을 깔고 이 빨간 주머니를 내려놓았어요."

히피는 얘기를 잠시 멈추고 내 눈을 바라보며 "그러니 열어보십시오!" 하고는 내 이름을 부르며 손에 주머니를 쥐어주었다. 천천히 주머니를 열어보니 반지였다. 그것도 세 개나. 먼저 눈에 띄는 것은 하늘색의 터키스톤 반지였다. 또 하나는 금반지로 가운데가 동그랗고 눈동자처럼 까맸으며 곁에 흰색 테가 있었다. 마지막 반지는 링 부분이 은이고 스톤을 받치고 있는 부분은 금으로 되어 있었다. 그 스톤 한가운데 동그라미가 있는데 깨진 것 같기도 하고 무언가 그림이 완전하지 않아 보였다. 그 반지를 가만히 바라보는데 히피가 말했다.

"이 반지를 보는 순간, 내가 원하는 것이 이루어지는 게 아니라 세상이 원하는 게 내게 주어지리라는 느낌을 받았습니다. 내가 7일 동안 동굴에서 지낸 것의 답이 바로 이거구나 하고 알았죠. 그 친구는 금으로 된 눈동자 같은 반지를 집으며 그걸 '땅의 눈'이라고 하고, 또 다른 반지를 내밀며 그건 '하늘의 문'이라고 했어요. 그 순간 가슴이 쿵쾅거리며 박동을 치더군요. 그 친구는 나를 아래위로 천천히 훑어보더니, 갖고 있는 모든 걸 여기에 놓고 간다면 그걸 주겠다고 하는 겁니다. 돈과 배낭, 배낭 속의 옷, 심지어 수건, 칫솔, 입고 있던 바지와 등산 운동화, 양말까지, 속옷과 델리에 갈 수 있는 버스비만 남기고 그에게 몽땅 다 바쳤습니다."

그러고 보니 그는 허름한 인도 옷을 입고 다 닳아빠진 슬리퍼를 신고 있었다. 들고 갔던 배낭도 없었다. 이야기를 듣는데 마치 인도 전통 음악의 첫 음계인 '사', 그러니까 '옴'이라는 소리가 내 귓전에서 울리는 듯했다. 그가 다시 말을 이었다.

"이 탁상은 그 친구가 지아에게 주는 선물이라며 조랑말을 타고 쫓아와 건네준 것입니다. 과거 티베트에서 운명이나 재난을 점칠 때 사용하던 탁상이라더군요."

'운명을 점치던 티베트인의 탁상이라고? 왜, 이 탁상이 내 앞에까지 오게 된 거지?' 의아해하면서 나는 말없이 그 탁상을 바라보았다. 시간과 공간이 이 생과 저 생 사이로 거침없이 넘나들고 있는 느낌, 기억하지 못하는 기억에 이끌려 마치 환영의 세계를 끌려다니고 있는 느낌이었다.

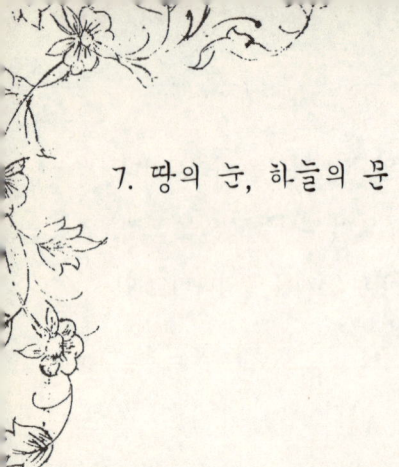

7. 땅의 눈, 하늘의 문

운명을 점칠 때 썼다는 탁상이 여전히 자신의 소임을 다하려는 듯 나와 마주하며 당당하게 앉아 있었다. 탁상에게 물었다. "내가 예전에 네 앞에 앉아 시도 때도 없이 운명을 물었던가? 아니면 내가 너의 주인이었는가?" 하고. 기름때가 까맣게 덮인 탁상은 말없이 지나간 시간을 회상하듯 대답했다.

"저는 주인님과 정말 특별한 사이였습니다. 주인님 봇짐 속에 담겨 여기저기 다니면서 많은 이들의 다양한 얘기를 듣고 함께 그들의 운명을 점치지 않았습니까? 주인님, 이제는 당신의 운명 앞에 제가 이렇게 와 있습니다." 나는 슬그머니 눈을 감았다. 그리고 양손으로 탁상을 어루만졌다. 천장이 아주 낮고 침침한 공간, 머리카락이 기다란 한 남자가 향불을 피우는 모습이 잔잔히 보였다.

이상하게도 그 탁상이 전혀 낯설지가 않았다. 이제야 그 탁상 앞에 서 스스로 내 운명을 점칠 때가 온 것처럼 말이다. 천천히 눈을 뜨면서 히피를 바라보았다. 무엇인가 기다리는 모습이었다. 내가 말했다.
"당신이 경험한 것 중 가장 기억에 남는 이야기 딱 한 가지만 들었으면 합니다."

히피는 커다란 눈을 이리저리 휙휙 돌려가며 말을 시작했다.

"갑자기 기억에 남는 얘기를 하라니…… 한 가지 선명하게 떠오르는 게 있네요. 그러니까 제가 멕시코의 오아하카 지방을 여행하다가 차카와 호수 근처의 한 방갈로에 묵을 때였죠. 해먹에서 잠을 자는데 꿈속에서 전갈을 보았어요. 아무 소리도 낼 수 없는 상태로 깨어났습니다. 왼쪽 귀밑이 느낌이 이상해 만져보았더니 부어올라 있더군요. 입안은 마치 마취가 풀릴 때처럼 저려오는데, 단번에 꿈이 아니라 뭔가 아주 급박한 상황이란 걸 알았죠. 해먹 주변에 죽은 전갈이 보였는데, 보통 전갈처럼 붉은색이 아니라 흰색과 검은색을 띠었고 크기가 10센티미터 남짓 되었어요.

순간 겁에 질려 급하게 주인아줌마를 찾았는데 나를 보더니 대번에 전갈에게 물렸다고 하더군요. 피부가 공기와 접촉하면 안 된다며 온몸은 물론 얼굴까지 이불로 감쌌습니다. 주인장 내외가 소리를 질러 사람을 모으고 의사를 부르러 가는 게 어렴풋이 느껴지더군요. 이불에 싸인 채 머릿속으로는 서리가 내리는데, '이제 금방 의사가 올 거야. 살아날 테니 걱정하지 말게' 하는 소리가 들렸어요.

두세 시간 정도 지났을까 의사가 서둘러 왼쪽 팔뚝에 주사를 놨습니다. 잠시 후 입에서 거품이 나기 시작하고 사람들이 나를 천천히 눕히더군요. 비몽사몽에도 주사액이 혈관을 타고 흐르는 게 느껴졌어요. 온몸이 떨리고 혈관에서는 피가 파도처럼 일렁이는데, 순간 죽음이 나를 덮쳐서 만져대고 있구나 싶더군요. 그 순간 양미간에서 갑자기 영상들이 빠른 속도로 착착착 스쳐 지나가면서 내가 한 말과 생각과 행동들이 하나씩 차례로 보이기 시작하는 거예요. 태어나는 순간부터 매 시, 매 분, 매 초의 장면이 하나도 빠짐없이 보였어요. 그리고 빛과 어둠이 저울 양쪽으로 갈라져 있어서, 좋은 행위는 빛이 되고 나쁜 행위는 어둠으로 떨어지는 것 같았는데 그때마다 느낌이 아주 아찔했죠.

내가 한 행위들이 빛과 어둠의 저울 위에서, 다른 누군가에 의해 평가되고 구분되고 있다는 사실 때문에 몹시 무서웠습니다. 그러더니 내 정수리의 커다란 구멍으로 무언가 물컹한 것이 쑥 빠져나갔는데, 그게 마치 실타래에 매달려 하늘에 떠 있는 연과 같은 모습이었어요. 이 줄을 놔버리면 물컹한 것이 어디론가 떠나가 버릴 것 같아 식은땀이 솟는데 하늘에 떠 있는 물컹한 것이 나 자신임을 알았습니다. 사람들이 내 육체를 둘러싼 채 혓바닥을 잡아당기고 있는 모습이 보였으니까요.

갑작스런 사건에 하얗게 질려 안절부절못하는 사람들 모습을 하늘에 붕 떠서 보고 있었죠. 나는 아무것도 어떻게 할 수 없었고, 모든 상황이 몹시 빠르고 정확하게 진행되고 있었어요. 놀랄 만한 틈도 없이요. 마치 초침이 움직이듯 상황이 착착 진행되고 있는데, 어둠이 회오리처럼 커다랗게 뭉치더니 밑으로 내려가고 빛이 하늘에 있는 것이 보였어요. 꼭 새벽에 동이 트면서 내 눈꺼풀이 열리는 느낌이었습니다. 내가 눈을 떴는지 감았는지 감각이 없는데 '눈떴다!' 하는 사람들의 고함소리가 들려서 내가 눈을 떴다는 걸 알았죠. 그 후 사흘 동안 꼼짝도 못하고 누워 있었어요. 마음은 바쁘게 움직이는데 육체는 아무런 준비도 안 된 빈 껍질 같았죠. 그렇게 며칠을 더 보냈습니다."

히피는 얘기를 마치고 침묵으로 나를 바라보았다.

"자신의 삶을 영상으로 보았다니 좋은 경험을 하셨네요."

죽음을 직접 경험하고 빛과 어둠의 저울대 위에서 삶을 평가받아 본 사람이니 앞으로 그의 삶이 어둠이 아닌 빛을 향해 달려갈 것이라는 느낌이 들고 그에 대해 믿음이 생기기 시작했다. 나는 침묵 속에서 천천히 반지를 만져보았다. 땅의 눈이라는 반지와 하늘의 문이라는 반지를 만지작거리며 "땅의 눈, 하늘의 문……" 하고 혼잣말로 되뇌었다. 어린 시절부터 유학을 와 무용가가 될 때까지 내 스스로 하늘의 문을 찾고자 했던 게 아닌가 하는 물음이 떠올랐다. 그러나 오래된 티베트 탁상 위에 놓인 반지와 자기 삶의 영상을 보았다는 이 히피 청년이 나와 무슨 인연이란 말인가?

그는 "땅에 눈이 있다면 하늘이 보일 거고, 하늘에 문이 있다면 반드시 들어가야지요" 하더니 하늘의 문이란 반지를 들어올리며 "이것은 당신 것입니다"라고 하면서 내게 반지를 끼워주었다. 자신은 땅의 눈이라는 반지를 꼈다. 우리는 약속이나 한 듯 반지 낀 손을 앞으로 내밀고 손가락과 손가락 사이를 끼웠다. 땅의 눈과 하늘의 문을 바라보는데 정전기가 느껴졌다.

3층 옥상에 있는 내 방은 친구들 아니면 올라오는 경우가 드물었다. 그런데 그때 하숙집 할머니가 3층까지 힘들게 올라오는 소리가 들렸다. 집주인 마띠 할머니는 하숙을 받을 때 유별난 조건을 다는 것으로 유명한 분이었다. 채식주의자에 여학생이어야 하고, 술 담배를 하면 안 되고, 늦거나 외박을 해서는 안 되고, 손님이 와서 30분 이상 머무르면 안 되고…… 그랬으니 히피가 들어오는 것을 보고 할머니가 얼마나 신경이 쓰였을까? 그가 대문에 들어서는 순간부터 시계를 보면서 얼마나 신경을 곤두세웠을까?

나는 할머니를 자리에 앉힌 뒤 지금까지 일어난 일을 모두 들려주었다. 내 얘기를 다 듣고 반지를 보더니 할머니는 뜻밖에도 우리 두 사람을 쓰다듬으며 "이렇게 아름다운 인연이 내 집에서 생기다니 이건 내 복이다"라고 하셨다. 그러고는 내일 아침 10시에 결혼식을 올리자며 결혼식 경비로 50루피를 내놓으라고 했다. 또 결혼식을 올릴 때까지는 함께 있어서는 안 되고 시간도 30분이 지났으니 내일 아침에 만나라면서 히피의 팔을 끌고 나갔다.

히피가 할머니를 업고 계단을 내려가는 소리가 정답게 들렸다. 할머니의 성화로 나는 다른 방 여학생들을 따라 나가 얼떨결에 결혼식에 입을 빨간색 사리를 구입했다. 산드로의 옷까지 200루피를 썼다. 그날 밤 나는 한국 유학생 회장과 한인회 회장, 학교의 스승님과 선후배, 악사, 심지어 수위 아저씨한테까지 내일 있을 결혼식을 알렸다.

밤에 잠이 오지 않았다. 내가 지금 무슨 일을 벌이고 있는가 말이다. 생각이 없었고, 생각할 수도 없었고, 생각하고 싶지도 않았다. 그냥 이대로 이 모든 것을 받아들이기로 했다. 마치 기차를 타고 카주라호로 가던 밤 창가에 비친 요술 액자 속 내 모습이 그대로 재현되는 것 같았다. 그때보다 기차는 더 빠르게 달리고 있었고, 어둠 속의 빛나는 눈동자를 바라보는 창가의 내 모습은 한없이 눈부시고 당당하고 아름다웠다.

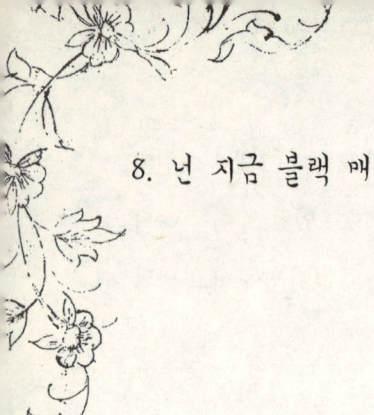

8. 넌 지금 블랙 매직에 걸렸어

나는 결혼식을 마치 무용 공연 정도로 생각하고 있는 것 같았다. 아침에도 신부 화장을 한다는 느낌보다, 무대에 오르기 전 무용수로서 얼굴을 다듬고 있는 느낌이었다. 화장 도구도 내게 익숙한 무대 분장용 도구였다.

하숙집 친구들이 재미있어하면서 도와주었다. 나는 빨간색 사리를 입고 긴 머리카락을 예쁘게 땋은 뒤 재스민 꽃으로 머리 장식을 했다. 친구들은 산드로의 방에 가서도 무언가 열심히 준비했다. 결혼식이 어떻게 진행될지 나는 꿈을 꾸듯 기다리고 있었다. 이상하게도 내 가슴은 평안함과 충족감으로 가득했다. 누구도 방해할 수 없는 어떤 보호막 속에서 오로지 축복만이 우리 두 사람을 기다리고 있다는 듯. 산드로가 먼저 거실에 들어섰고, 나는 하얀 천으로 얼굴을 가린 채 친구들의 부축을 받아 거실로 들어갔다. 산드로가 내 얼굴의 천을 거둬내고 우리는 함께 자리에 앉았다. 그는 인도 전통의 핑크색 터번을 두르고 있었고, 얼굴은 한결같이 싱글벙글했다. 고맙게도 한국 유학생들과 스승님, 학교 선후배 등 열 명 정도 되는 하객이 와 있었다.

거실의 돌바닥에는 아침 일찍부터 할머니가 그려놓은 '만다라'가 있었고, 그 중앙의 작은 양철 사각 판 안에서는 나무가 불에 타고 있었다. 할머니는 우리를 그곳 가까이 앉게 하더니 빨갛게 타오르는 불에 히말라야에서 가져온 약초와 향을 태우며 만트라를 읊었다. 신부와 신랑의 과거 삶을 불 속에 태우고 새로운 삶을 시작한다는 의미가 있었다. 그러니 각자 태워버리고 싶은 상념들을 불 속에 넣고 마음속으로 깊이 기도하라고 했다. 그 과정에서 우리는 의미 있는 반지를 주고받았다.

내 친 남동생 역할을 맡은 친구가 나 대신 "이 순간부터 영원히 남편을 믿고 따르겠으며 어떤 상황에서도 남편을 떠나지 않겠다"는 내용의 선서를 했다. 나는 왜 여자에게만 그런 선서를 시키는 것인지 이해가 되지 않았지만, 무엇을 깊이 생각할 상황이 아니었다. 우리는 다시 불 앞에 앉아 단 음식을 서로 주고받은 뒤 함께 합장을 했다. 그러곤 눈을 감고 잠시 깊은 내면 안으로 들어갔다. 지금 이 순간에 감사하며, 모든 것을 내가 춤을 배우던 과정처럼 생각하고 그렇게 헤쳐나갈 것이라고 다짐하고 있으려니, 갑자기 장미꽃 냄새가 진동을 하면서 마치 눈발이 내리듯 머리 위로 장미꽃잎이 한없이 뿌려졌다.

나는 꽃향기에 취하고 아름다운 순간에 취해 영원히 행복할 것을 거듭 다짐하였다. 마지막으로 신랑이 신부를 업고 계단을 오르면 부부가 되어 갖는 7개의 소원을 성취한다고 해서 산드로가 나를 업고 계단을 올랐다. 할머니는 그것으로 첫 번째 소원을 이뤘다며 기뻐했다. 그렇게 결혼식은 끝이 나고 하객들과 아주 조촐한 음식을 나누었다. 마띠 할머니께서 우리 두 사람을 얼싸안으며 힌두식 결혼을 한 그대들은 영원히 헤어지지 않고 함께할 것이라며 덩실덩실 춤을 추며 기뻐했다.

결혼식이 끝나고 우리는 각자 부모님께 국제 전화로 이 소식을 전했다. 그리고 그날 밤 나는 부모님께 짧은 편지를 썼다.

"저는 춤이 무엇인지 깨닫게 되었어요. 무용가가 되고 공연을 하고 학생을 가르치는 것만이 아니라 우리의 삶, 나와 나의 내면, 그 모든 것에 방향을 정해 움직이고, 그로 인해 삶의 균형과 안정을 찾는 그것이 바로 춤이라는 것을 알게 되었어요. 반복되는 일을 평생 하시면서 어려움도 있고 싫증이 날 때도 있었겠지만 그 과정에서 기쁨과 보람을 느껴오신 부모님께서는 저보다 먼저 춤의 에너지가 무엇인지 알고 계셨던 거지요. 지금까지 저를 뒤에서 보살펴주고 참아주고 격려해 주신 것에 감사드립니다. 저는 오늘 이탈리아 남자와 결혼을 하였고, 이제 평범한 삶 속에서 그동안 제가 익히면서 터득한 많은 진리들을 하나하나 펼치며 제대로 춤을 추는 여인이자 아내로서 또 어머니로서 살고자 이렇게 제 길을 선택하였습니다. 곧 방문하여 인사드리겠습니다."

나는 과연 사랑을 알고 결혼을 했는가? 그렇게 당당한 태도가 기실은 풋과일의 설익은 인격의 산물이었음을 그때는 알지도 못했고, 알았더라도 인정할 수 없었을 것이다. 그러기에 도도함으로 모든 것을 걸고, 자만심으로 결혼이라는 굴레에 선뜻 발을 내디딜 수 있었다.

겉보기에 결혼으로 달라진 것은 없었다. 산드로가 매일 사들이는 화초로 테라스가 마치 숲 속처럼 되었다는 것 정도가 변했다면 변한 것이었다. 정작 큰 변화는 내가 춤을 그만두기로 한 것이었다. 하루는 친구가 찾아와 "정말 춤을 그만둘 거야? 너 미쳤어? 5월에 뉴욕 공연이 있어서 의상까지 준비했잖아. 그건 어떻게 할 건데?" 하고 따지듯 물었다.

"취소한다고 팩스 보냈어. 그러니 괜찮아."

친구는 어이없어하며 내 손을 잡고 간절하게 달래기 시작했다. "지아, 나는 알아. 네가 춤을 배우기 위해 얼마나 피나는 노력을 했는지. 그리고 지금은 그동안 배운 걸 가르쳐야 하는 의무까지 있는데…… 결혼했다고 해서 춤을 놓지 마."

나는 그녀의 손을 쥐고 말했다. "나 이제 무대가 심심해졌어. 너무 작고 갑갑해. 뭐랄까, 내가 춤을 통해서, 무대를 통해서 배우고 얻어야 할 것은 이제 다 얻은 것 같아. 다시 말해 내가 원하는 것이 없다는 거야. 삶이 주는 것을 받아들일 뿐이야. 또 내가 배운 모든 것은 놓거나 쥐거나 할 수 있는 것이 아니라 나와 함께 영원히 함께한다고 믿어."

"지아, 람모한 선생님이 너를 찾으셔. 한번 찾아뵙도록 해. 그분과 대화를 하면서 네 마음이 달라지기를 바란다. 미안하지만 지금 너는 블랙 매직에 걸린 것처럼 제정신이 아니야. 누군가 너를 시기해서 마법에 걸린 상태가 아니고서야, 스스로 공연을 취소한다는 게 도저히 이해가 안 돼. 넌 지금 무엇에 단단히 홀렸어. 결혼도 맞는 사람하고 해야지. 너와 히피는 어울리지 않아. 음악도 춤도 없는 상황을 얼마나 견딜 수 있다고 이런 무모한 사랑에 빠졌니? 그래, 사랑에 빠진 것은 이해할 수 있지만 무대를 떠나는 짓은 하지 마. 오랜 친구로서 이렇게 놔둘 수가 없단 말이야. 무슨 결혼을 그렇게 하니?"

친구는 끝도 없이 말을 이어갔다. 난 그녀의 말을 들으면서도 듣지 않았다. "나는 세상에 원하는 게 없어. 그저 세상이 주는 것을 받을 뿐이야" 하면서 모기 물린 곳을 긁고 있으니, 친구는 "지아, 너는 마하라지 스승의 제자야. 그분 밑에서 오랜 동안 춤의 진수를 배우면서 네가 가졌던 고귀한 자태를 다 어디다 두고 이렇게 온몸을 박박 긁고 있단 말이야. 너 혹시 모기가 아니라 그 히피에게 진드기나 이가 옮은 것 아니야?"

나는 웃으면서 그녀를 보냈다. 그녀를 밀어내다시피 보내고 들어오는데 부엌 입구의 커다란 거울에 비친 내 모습을 보고 깜짝 놀랐다. 지금 이 시간이면 단정한 머리카락에, 자신감 넘치는 눈빛, 입술에 번지는 미소가 조화를 이루면서, 꼿꼿하면서도 유연한 허리를 움직이며 바람처럼 걷고 있어야 마땅했다. 그런데 그런 자태가 이미 보이지 않고 있었다. 나는 서둘러 머리를 빗고 거울을 보며 몸을 추슬렀다. 그런데 히피 남편에게는 이 모든 것이 거추장스러운 허상처럼 보이리라는 생각에 몸을 다듬으면서도 마음은 혼란스러웠다.

나는 서둘러 모습을 가다듬고 람모한 선생님을 찾았다. 그는 마하라지 스승의 사촌동생으로 재능과 춤과 음악이 결코 뒤지지 않았으나 마하라지가 일찌감치 인도 무용의 대가 자리를 꿰찬 까닭에 늘 뒷전에서 힘들어했다. 그는 그 괴로움으로 5년이란 시간을 수리남에서 보내다가 막 돌아온 상태였다. 그가 나를 부른 것은 자신의 컴백 공연에 내가 함께 공연하기를 바라서였다. 그것은 내게 큰 영광이기도 했다. 그가 현재 마하라지 스승의 제자로서 두각을 나타내는 나와 공연하려는 것에는 다른 이유가 있을 수도 있었다. 제자가 훌륭한 스승과 인연이 있는 것도 영광이지만, 스승에게 능력 있는 제자가 있는 것도 보람일 테니 말이다.

아무튼 내가 공연을 하게 되면 적어도 몇 주 동안 준비를 해야 하는데, 그러잖아도 델리는 공기가 안 좋다며 사람 살 곳이 아니라고 늘 투덜대는 산드로가 이것을 어떻게 받아들일까? 결혼으로 인해 내가 하고픈 대로 할 수 없다는 현실에 직면하게 되었다. 나는 집에 돌아와 산드로에게 몇 주 후 공연이 있어 매일 연습해야 하고 어쩌면 늦게 돌아올 수 있다고 말했다. 그는 내 말을 들었는지 아닌지, "히말라야에 가자. 파르바띠 발리를 찾아서" 하고 엉뚱한 대답을 했다.

그런데 난 "히말라야에 가자"라는 한마디에 기가 꽉 죽고 말았다. '히말라야'라는 단어를 듣는 순간 그것이 세상에서 무엇보다도 특별하고 의미 있고 중요하게 느껴졌다. 누가 내게 블랙 매직을 걸 수 있단 말인가? 만약 걸린 것이 있다면 그것은 화이트 매직일 것이다. '나는 갈 것이다. 히말라야 파르바띠 발리를 향해서.' 어느새 나는 혼잣말로 다짐하고 있었다. 오직 춤만을 위해 달려온 내가 이제 무대의 공연자가 아닌 히말라야라는 산의 관객이 되어 넋을 놓고 있었다. 그 순간 나의 자아가 소리를 쳤다.

"지아, 너는 공연을 해야 해. 이 기회를 놓치면 안 돼. 뉴욕이든 도쿄든. 또 람모한과의 공연도. 그것이 성공하는 거야. 한국에 돌아가 인도 무용가로서 자리를 굳혀야 해. 히피하고 돌아다니지 말고."

나는 천천히 눈을 감았다. 감은 눈 속에 또 눈이 있었다. 그 눈이 바라보는 것은 이미 다른 것이었다. 이미 나는 다른 것을 보고 있었다. 이미 나는 다른 생각을 하고 다른 것을 느끼고 있었다. 내 넋을 빼앗아간 히말라야, 깊고 푸르고 맑고 투명한 그 무엇이 거기에 있을 것 같았다. '아 히말라야여, 내가 당신을 만나러 갈 것입니다.' 나는 속으로 외쳤다. 그러나 그때 나는 나의 최고의 것을 땅에 묻고서 멀고 높은 환영의 세계를 동경하고 있었다는 것을 몰랐다. 또 그러는 사이에 나의 눈물이 대지의 수분이 되어 촉촉해지는 것도 알지 못했다. 바로 그 환영의 그림자 때문에.

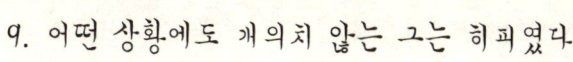

9. 어떤 상황에도 개의치 않는 그는 히피였다

나는 어느새 등산화를 신고 있었다. 무거운 배낭은 어깨에 메고 작은 배낭은 가슴에 안고 덜컹거리는 차에 올랐다. 비포장도로를 지날 때마다 먼지가 날아들어 얼굴은 까칠해졌고, 머리카락은 손가락으로 빗기도 어려울 정도가 되었다. 반나절도 지나지 않아 나는 거지꼴이 되어 있었다. 숙소에 들어선 순간 등줄기에서 땀이 났다. 방은 칙칙하고 퀴퀴한 냄새가 진동했다. 침대 모서리에 간신히 몸을 걸치고 누워 있는데 산드로는 이미 곯아떨어진 상태였다. 이런 더러운 곳에서 아무렇지도 않게 잠을 자는 그가 한없이 미우면서 한편으로 나 자신에게 문제가 있나 하는 생각도 들었다. 최대한 몸을 오그리고 누웠다.

다음날 아침 일찍 깼지만 침침한 불빛과 하수구의 역겨운 냄새 때문에 욕실에서 샤워를 할 엄두가 나지 않았다. 물론 이곳은 인도이고 충분히 가능한 일이지만, 나는 밥을 안 먹고 3등칸을 이용해 움직일

망정 숙소는 반드시 깨끗해야 했다. 산드로는 쓱쓱 손으로 머리를 털더니 식당에 가서 음식을 주문했다. 어린 꼬마가 오믈렛이라며 테이블에 내놓았는데 온통 시커멓고 기름이 흥건했다. 나는 순간 그것을 밀어냈는데 산드로는 이미 맛있게 먹고 있었다. 꼬마는 접시를 밀어내는 내게 친절하게 차이를 마시겠냐고 물었다. 싫다고 하니 걱정되는 얼굴로 나를 뚫어지게 바라보았다. 순간 되돌아가고 싶었다. 그러나 눈을 돌리니 산과 하늘이 정말 아름다웠고 아침 공기가 신선하고 향긋했다.

산드로는 내가 남긴 오믈렛을 종이에 둘둘 말아 가방에 넣으면서 "지아, 어서 준비해. 지금 떠나야 해. 저기 있는 지프차를 타고 도로가 끝나는 데까지 간 다음 거기서부터 며칠 걸어야 해"라고 했다. 지프차는 우리를 낯선 곳에 내려두고 떠났고, 나는 산 속에 버려진 느낌이었다. 걷는 내내 되돌아가고 싶다는 충동이 나를 엄습했다. 어두워져 텐트를 쳤는데 온몸에 습기가 차올랐고, 등에는 자갈이 박힌 듯 아팠다. 이런 상황에도 깊게 잠을 자는 그를 보면서 이제야 조금씩 히피가 어떤 사람인지 알 것 같았다. 어떤 상황에도 개의치 않는 그들이 히피인 것이다.

아침이 되어 밖으로 나오니 룽기라는, 인도 남자들이 허리에 묶는 일종의 랩 스커트 같은 것만 하나 두른 그가 개울로 샤워를 간다며 함께 가자고 했다. 한참을 걸으니 개울이 나왔다. 손을 담가보니 물이 따뜻했다. 그때 그가 갑자기 룽기마저 벗어던지고 나체로 걸어 다니면서 나뭇잎을 뜯더니 그것을 물에 적셔 몸을 닦기 시작했다. 내게도 옷을 벗고 들어오라고 했지만 나는 춥다는 핑계를 대고 들어가지 않았다.

그가 물속에서 긴 레게 머리를 적시며 말했다. "오늘도 걷고 내일도 걸어야 목적지에 도착할 텐데, 이렇게 몸을 물속에 담그면 피로가 가시고 불필요한 상념도 사라져. 이 물은 도시의 물과는 달라. 자연이 얼마나 아름답고 마법 같은지 네가 아직 모르는구나."

나는 그처럼 벗은 몸을 공개할 자신도 없었고 그럴 마음도 없었다. 아침으로 과일을 먹고 다시 짐을 꾸려 걷기 시작했다. 오르막길을 한없이 걸어가자니 발걸음은 무겁고 짜증도 나는데 그가 말했다.

"힘들어하지 마. 파르바띠 발리에 가지 못하면 반지 주인이 아니야. 힘들다는 생각에 붙잡혀 있지 말고. 이것 봐."

그가 땅에서 무언가를 줍더니 내 손바닥에 올려놓으며 말했다.

"이게 수정이란 거야. 여기저기 수정이 많이 있으니 발밑에 반짝이는 돌멩이를 찾아봐. 신기한 풀도 열매도."

순간 나를 가르치려고 하는 그에게 더욱 심술이 났다. "나는 돌아갈래. 더 이상 힘들어서 못 올라가겠어" 하고는 그 자리에 멈춰 서버렸다.

그가 실실 웃으며 말했다. "돌아가는 데도 사흘이나 걸릴 텐데? 쉬었다가 걸으면 더 힘드니까 쉬지 말고 천천히 계속 걸어야 해. 되돌아가려면 가려무나. 미안하지만 배웅은 안 간다. 사흘 배웅을 누가 가니? 그럼 안녕. 늑대 밥은 되지 마라."

뒤를 돌아보니 아찔했다. 어디로 내려가야 하는지 알 수도 없고 해마저 지려고 했다. 저만치 앞서가는 산드로를 보면서 도시에 돌아가면 반드시 헤어져야지 하고 홧김에 말하고는 헤어진다는 그 말에 힘을 얻어 다시 걷기 시작했다.

산속 친구의 집은 온통 나무로 되어 있고 작은 방이 둘 있었다. 전기가 없어 촛불을 켜야 했고 아궁이에 불을 지펴 음식을 만들어야 했다. 얼굴이 온통 털로 뒤덮인 그 친구는 커다란 눈을 깊게 빛내며 우리를 반갑게 맞아주었다. 그의 아내도 반갑다며 나를 포옹하는 것이 무척이나 사람이 그리운 듯했다. 그녀가 내 손을 덥석 잡는데 나무껍질을 잡은 듯 거칠었다. 가끔씩 그녀가 영어로 무엇을 물었으나 불편하고 힘들었던 나는 일부러 더듬거리며 말을 못 알아듣는 척했다.

그날 밤 나는 곯아떨어져 깊게 잠을 잤다. 다음날 아침 인도 전통차에 버터를 섞어 내주었지만 비위가 상해서 마실 수가 없었다. 한참 후 마루에서 쉬고 있는데 역겹고 이상한 냄새가 났다. 양고기를 삶고 있다고 했다. 그곳을 떠나 다시 걷다가 산드로가 끝내 참지 못하고 말했다.

"친구가 우리를 위해서 양고기를 대접하는데 토할 것 같다는 너 때문에 친구들에게 많이 미안했어. 넌 왜 그러니?"

"미안해. 정말 참기 어려웠어. 양고기 냄새를, 그리고 양을 생각하면."

우린 더 이상 아무 말 없이 계속 걸었다. 몇 시간이 지나니 다리가 움직이지 않았다. 산드로가 어쩔 수 없이 내게 손을 내밀었고 나는 잡은 손에 의지해 걸었다. 발자국을 뗄 때마다 부르르 몸이 떨리며 곧 쓰러질 것만 같았다. 눈물이 나려고 하는 것을 애써 참았다.

드디어 키르강가에 도착했다고 그가 소리를 질렀다. 나는 빼짝 마른 입술로 "여기가 도착지야……?" 묻고는 땅바닥에 쓰러졌다. 순간 눈물이 났다. 마치 땅이 나를 안고 있다는 느낌이었다. 흙이 내게 '만나서 반갑다!' 하며 얼싸안는 듯했다. 처음 경험하는 잊지 못할 포옹이었다. 손과 팔로 흙을 파헤치면서 나는 그 느낌을 껴안았다. 흙과 하나가 된 느낌이었다. "만나서 반가워" 하고 여러 번 외쳤다.

우리가 도착한 곳은 가장 높은 곳에 있다는 야외 온천이었다. 나는 가벼운 옷을 입고 뜨거운 물속에 들어갔다. 나흘이나 걸으며 쌓인 피로가 거짓말처럼 사라졌다. 눈을 감으니 걸어온 모든 길이 마치 지도처럼 환하게 떠올랐다. 신기했다. 이런 게 훤히 보인다는 것이구나 하며 감사의 합장을 하고 오랫동안 그곳에 서서 그렇게 세상을 바라보았다.

산드로는 보자기에 쌀을 담아 잘 묶은 뒤 온천물에 담갔다. 한 시간 뒤에 흰 쌀을 손가락으로 먹는데 그 모습이 꼭 원시인 같았다. 밤이 되자 하늘에 별들이 얼마나 가득한지 마치 손을 대면 쓸어 담을 수 있을 것 같았다. 산드로의 눈빛 또한 별빛처럼 반짝였다. 모닥불 옆에서 시커멓게 찌든 모피를 아무 생각 없이 덮고 앉아 밤하늘의 수많은 별들을 바라보았다. 쉽게 잠이 들지 못할 황홀한 밤이었다.

델리에 돌아온 뒤 우리는 한 가게 앞에서 에베레스트 최고의 봉우리라는 카일라스의 대형 사진을 보고 있었다.

"지아, 나는 이곳에 가보는 게 소원이야. 우리 언젠가 함께 갈 수 있길 바라. 카일라스는 우리가 가고 싶다고 갈 수 있는 곳이 아니야. 카일라스가 우리를 초대해야만 갈 수 있는 아주 신성한 곳이야. 그러니 우리가 그 자격이 되어 갈 수 있길 바라."

카일라스 봉우리를 가까이 볼 수 있는 자격이란 무엇인가? 산드로가 카일라스 사진을 구입하는 사이 하얀 산들로 둘러싸인 호수 사진이 내 시야를 끌어당기고 있었다. 그 호수 너머로 카일라스의 신성한 봉우리가 보였다.

"산드로, 나는 이 호수가 한없이 끌려."

"그건 마나사로바라고 해. 카일라스의 봉우리를 이 땅의 아버지라고 하면, 마나사로바는 어머니라고 하지. 카일라스 주변을 돌거나 마나사로바에 몸을 담그면 더 이상 윤회를 하지 않는대."

나는 그곳에 몸을 담그고 싶은 충동이 일었다.

"산드로, 카일라스와 마나사로바를 가까이에서 보길 바라는 그 염원을 함께 이루고 싶어서 우리 둘이 만난 걸까? 그 자격을 갖춘 사람들이 되도록 노력하자."

산드로가 가만히 나를 안아주었다. 우리는 서로의 손을 잡고 눈 덮인 산과 수정 같은 호수를 바라보았다. 산드로가 에베레스트 산봉우리들을 유심히 바라보더니 "지아, 여기 네 이름으로 된 것도 있네. 지아 충 강gya chung kang이라고" 하면서 한 곳을 가리켰다. '백설공주 princess of snow'라는 뜻이라고 했다. 내 이름이 '백설 공주'라는 뜻의 높은 산 이름에 담겨 있다니 기분이 이상했다. 내가 바로 그 봉우리에서 온 존재라고, 그렇게 믿고 싶었다. 그때부터 그곳이 내 영혼이 돌아갈 곳이라고 마음에 정했다. 에베레스트 안에 내 존재를 묻어두고 싶었다.

    결혼은 내 삶을 완전히 다른 경험 속으로 데려갔다. 나는 더 이상 춤을 추던 시간들을 회상하지 않았으며, 신기하게도 히피와의 삶은 즐겁고 신기했다. 히피와 함께라는 자유로움에 나는 점점 매료되어 갔다.

2부
춤을 만나다

10. 할머니는 왜 나만 보면 한숨을 쉬세요?

　내 원래 이름은 신계숙이다. 오래된 내 이름을 생각하면 저절로 눈꺼풀이 감기며 기억의 필름이 거꾸로 되돌아가는데, 그 기억은 먼저 냄새로 느껴진다. 해질녘 동네에서 나는 깻잎 찌는 냄새…… 그 냄새가 나기 시작하면 집으로 돌아가야 한다는 것을 알아차리곤 했다.
　된장두부찌개 냄새, 가마솥 뚜껑 사이로 새어나오는 밥 냄새, 아궁이에서 장작 타는 냄새, 김에 바르는 들기름 냄새…… 그런 냄새들에 취해 있다 보면 밥상 위에 숟가락 놓는 소리, 밥 먹으라고 부르는 엄마 목소리, 대충대충 대야에 손 씻는 소리, 급하게 밥 먹으러 들어가려고 내팽겨지는 신발 소리, 그것들을 가지런하게 놓고 들어오는 엄마의 한복 끌리는 소리, 밥상 앞에 옹기종기 모여앉아 특별한 말 없이 밥을 먹는 소리가 이어진다.
　그때 나는 할머니를 바라본다. 저쪽에서 혼자서 밥상을 받으시는 할머니. 그건 할머니가 채식주의자였기 때문이다. 할머니는 고기는 물론이고 생선이나 계란찜도 안 드셨다. 작은 밥상에 이런저런 나물이랑 밥, 들깨를 듬뿍 넣고 끓인 김치찌개뿐이었다. 나는 할머니 밥상으로 눈이 자주 갔다. 할머니가 혼자 식사하는 것도 신경이 쓰였다.

"아버지, 할머니랑 함께 밥 먹으면 안 돼요? 할머니처럼 채식주의 할래요."

다들 눈이 똥그래져서 나를 쳐다봤다. 그 후 나는 할머니 밥상에 앉아 밥이 담긴 수저에 나물을 올려드리곤 했다. 할머니도 내 밥이 담긴 수저에 김 조림, 파래무침, 깻잎 등을 올려놔 주셨다. 우린 함께 맛있게 밥을 먹었고, 할머니는 그런 나를 참 예뻐하셨다. 그러나 가끔씩 나를 보며 한숨을 길게 쉬곤 하셨다. 처음엔 할머니의 습관인 줄만 알았는데 언제부터인가 나만 보면 한숨을 쉬고 있다는 걸 느끼기 시작했다.

내가 철없이 할머니를 속상하게 했거나 버릇없이 군 게 있어서 그러나 싶어 나는 내심 마음이 무거웠다. 그러던 어느 날 할머니에게 묻기로 작정했다. 알고 싶었고, 그것이 내 잘못 때문이 아니길 바랐다.

"할머니, 왜 할머니는 나만 보면 한숨을 쉬세요?"

나는 눈을 동그랗게 뜨고 물었다.

할머니는 나보다 더 크게 눈을 뜨고 대답했다.

"내가 말이냐? 내가 너만 보면 한숨을 쉬었다고? 그럴 리가. 네가 뭘 잘못 느끼는 거겠지. 예쁘고 착한 너를 얼마나 귀하게 여기는데 한숨을 쉬겠냐? 쓸데없는 생각 말고 어서 나가 놀아라."

하지만 나는 할머니의 한복 치마를 잡고 따라다니며 얘기해 달라고 계속 졸라댔다. 결국 할머니는 말씀을 꺼내기 시작했다. 긴 한숨을 또 쉬고 계시다는 걸 할머니는 전혀 느끼지 못했지만, 나는 저 한숨소리가 나와 관계가 있다는 걸 확신했다.

"아주 춥고 눈이 많이 오는 날 네가 태어났지. 네 엄마는 오랜 진통으로 아주아주 고생을 많이 했고. 그때 나는 아궁이에 불을 계속 지피며 수시로 방에 들어가 네가 태어나기만 기다렸단다. 그 전날 초저녁부터 시작한 진통이 온밤을 꼬박 새우고 아침 여덟시에 네가 태어났어.

내 손으로 너를 받고 기뻤단다. 네 엄마는 너를 보고는 예쁘다고 함박웃음을 지었지. 그런데 대야에 따뜻한 물을 받아 너를 씻기는데 아무리 씻어도 핏물이 지워지지 않는 거야. 알고 보니 그게 핏물이 아니었어. 피부 안에 빨갛게 핏물이 배인 채로 네가 태어났더구나. 그것도 몸 전체가. 누군가 그림을 그린 것처럼 말이다. 아이고, 세상에 이게 무슨 일인가 싶은데, 네 엄마는 너를 보며 얼굴에는 붉은색이 없으니 천만다행이라고 하더라. 그 마음이 오죽했겠니?

그러다 네가 여섯 살 되었을 땐가 어느 날 스님이 문 앞에서 목탁을 두드리길래 네 엄마가 쌀 한 되를 시주했단다. 스님이 '저 앞에 노는 아이가 뉘 집 딸이오?' 하기에 엄마가 '네, 제 딸입니다' 했더란다. 스님이 '저 아이가 크면 승려가 될 사람이니 이제부터라도 절에 자주 다니고 귀하게 키우십시오' 하고는 자리를 떴다는구나. 네 엄마는 절대로 승려가 되면 안 된다고, 어떻게 해서라도 절에서 멀리하셨지.

내가 네 이름을 계숙이라고 지어주었어. 맑은 계수나무라는 뜻으로 겨울에 하얀 꽃을 피운단다. 순수하고 맑으라는 뜻인데, 네 엄마는 이름을 잘못 지어 그렇다고 여기저기 다니며 스님이 될 수 없는 이름을 지어달라고 했어. 여자가 봄이 아닌 겨울에 꽃을 피우려니 얼마나 고통이 따르겠냐면서 말이다. 끝내 네 이름은 지연이라고 불리게 되었단다. '지혜 지, 아름다울 연', 지혜롭고 아름다운 사람이 되라고 말이다. 네 엄마는 모든 사람에게 지연이라고 부르라고 했어. 동회도 가고 변호사 사무실도 다니고 별별 노력을 다했는데 그래도 호적은 바꿀 수가 없었지. 그래서 네 이름이 둘이 된 거고……"

여기까지 듣고 있으려니 떠오르는 것이 있었다. 할머니가 나를 데리고 절에 다니셨고, 그것 때문에 엄마와 불화가 생긴 일이다. 그래도 할머니는 나를 지리산에 데려간 적도 있었다. 할머니는 지리산에서 천체를 읽는 공부를 하셨다고 했다. 별을 보면 세상의 흐름을 읽을 수 있다고 했는데, 그때는 그 말을 이해하지 못했다. 그런 기억이 스칠 때 나는 할머니에게 또 물었다.

"근데 할머니, 한숨은 왜 쉬는데요? 저는 그걸 알고 싶어요."

"내가 언제 한숨을 쉬었다고 자꾸 그러냐?"

"할머니, 감추지 말고 다 얘기해 주세요. 알고 싶어요."

잠시 생각에 잠긴 듯하더니 할머니는 이내 말씀을 이어가셨다.

"내가 어느 날 산에서 불공을 드리다가 정신을 잃고 쓰러졌단다. 얼마 후 깨어났는데 꿈인지 생시인지 분간할 수 없었어. 그러나 너무나 생생하고 선명해서 말이다. 산신령한테서 양을 하나 선물받았단다. 그 양을 잘 키우라고 하시기에 소중히 데리고 산에서 내려오는데 마을에 가까워지면서 양이 잘 걷지 않으려 했단다. 어서 가자고 재촉하면서 뒤에서 몰고 오는데 마을을 내려오니까 양이 다리를 절기 시작하는 거야. 산에서는 멀쩡하고 활달하던 양이, 어디서 부딪힌 적도 없는데."

나는 그때 할머니가 한숨을 쉬는 게 그 양 때문이라는 걸 알았다.

"할머니, 그건 꿈이에요. 꿈속에서 일어난 일 가지고 그렇게 오랫동안 한숨을 쉬시다니…… 그리고 지금은 그 양이 없잖아요. 설령 있다 해도 양이 아프면 약을 바르면 되고요. 할머니, 그것 때문이라면 한숨 쉬지 마세요."

할머니는 또 한숨을 쉬셨다. 나 또한 할머니를 따라서 긴 한숨을 내쉬었다.

"그러게 말이야. 그 양이 어디 있는지 내가 안다면 지금 당장이라도 데리고 와서 키우고 싶은데……"

그때 이후로 내가 사랑하는 동물은 하얗고 곱슬곱슬한 양이 되었다. 마을에 있는 것보다 산 속에서 풀을 뜯고 자유롭게 살아가는 양을 생각하며, 나는 속으로 '할머니 한숨 그만 쉬세요. 우리 양을 마을에 두지 말고 산에 놔두면 되잖아요. 제가 산 속에서 양과 함께 살게요. 마을을 싫어하는 양은 반드시 산에서 살아야 해요'라고 말했다. 나는 비로소 할머니의 한숨을 이해했고, 그 후로도 할머니가 한숨을 쉴 때마다 양을 떠올리곤 했다.

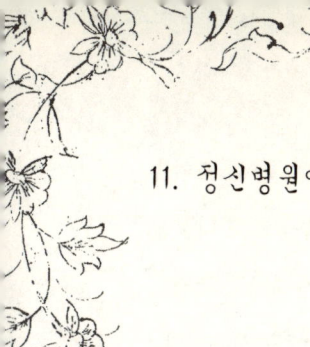

11. 정신병원에서 받아온 월기소

집 뒤에는 바위산이 있었다. 그 위로 절벽 같은 바위가 버티고 있었고, 그 꼭대기에 집들이 있었다. 엄마는 위험하다고 바위산에 오르지 못하게 했으나 난 늘 그곳에 가 있었다. 아이들과 노는 것보다 작은 바위 언덕에 앉아 햇볕 쬐는 것이 즐거웠다. 나는 햇빛을 좋아했고 또 필요로 했다. 아이들의 놀림, 사람들의 시선, 한도 끝도 없는 관심과 질문 앞에서 내 자아를 어떻게 다스려야 할지 몰랐다. 고민을 했다기보다는 그렇게 햇빛 속에 그냥 아무 생각 없이 있는 것이 제일 편했다.

"어쩌다 그렇게 되었어? 무엇에 데었어? 병원에는 가보았니?"

어느 순간부터 나는 말하기가 귀찮아졌고, 사람들이 많이 다니는 곳을 마다하고 돌아서 가는 한이 있더라도 한적한 길을 찾아다녔다. 학교에 가서도 언제나 조퇴할 생각만 했다. 어느 날 기막힌 생각이 떠올랐다. 나는 생계란 냄새를 맡으면 구역질이 나곤 했는데, 등교 전 골목에서 생계란 두 개를 먹고 학교에 가 구토를 한 뒤 조퇴증을 받아내 곧장 인왕산으로 달려간 것이다. 산에서 쑥을 캐고 나물을 뜯고 놀다가 누워서 하늘과 구름을 보곤 했다. 아무런 생각도 걱정도 들지 않았다. 그리고 집에 돌아오면 엄마가 이부자리에 눕혀주었다.

엄마는 아마도 눈치 채고 계셨을 것이다. 책가방에 나물이며 꽃이며 풀 냄새가 가득했을 테니. 그러나 엄마는 아무 말씀도 하지 않으셨다. 그런데 어느 날부터는 습관적으로 날계란을 먹어서인지 더 이상 구토를 하지 않았다. 아무리 애를 써도 구토는 안 되고 얼굴빛만 하얗게 되었다.

인왕산에 가고 싶었다. 결국은 담을 넘었다. 책가방은 학교 화장실에 놔두고 말이다. 그것이 마지막 조퇴가 될 줄은 미처 알지 못했다. 교장실에 끌려가 혼나고 엄마에게 큰소리를 들으면서도 나는 눈을 감고 인왕산의 나무 향기와 햇빛을 느꼈다. 사람들의 노한 목소리에서 현기증이 일었지만, 그 속에서도 나를 붙잡아준 것은 오직 햇빛이었다.

그런데 장마가 왔다. 햇빛이 없는 날이 계속되었다. 그것은 내게 큰 슬픔이었다. 천장에서 뚝뚝 떨어지는 빗물 때문에 주전자니 냄비니 요강 따위를 군데군데 놓고 물을 받던 그런 시절이었다. 뚝뚝 떨어지는 물방울 소리를 듣다가 마루에 나가 이게 도대체 어디서 오는 것인가 하면서 하늘을 올려다보았다.

어두컴컴하고 무서운 얼굴을 하고 있는 하늘에서 때마침 번개가 쳤다. 그것을 보는 순간 나는 깜짝 놀라 "저거야말로 멋지구나!" 하면서 빗속을 뛰어 인왕산으로 달려갔다. 낮인데도 어둡고 음침한 날에 비를 맞으며 산길을 싸돌아다녔다. 그날부터는 조퇴증에 더 연연하지 않고 번개만 기다렸다. 그리고 비만 오면 뛰쳐나갔다. 심하게 야단도 맞고 귀싸대기를 맞기도 했지만, 그러면 그럴수록 하늘에 가르침이 가득한 날이면 우산 꼭지를 하늘로 향하고 인왕산으로 달렸다.

"번개야, 나를 데려가 다오! 나는 인간이기보다는 번개이고 싶다. 하늘에서 어마어마한 물의 주인이 되어 찌릿찌릿한 금을 긋고 싶단 다. 나를 데려가 다오."

하지만 어떤 번개도 나를 데려가지 않았다. 장마는 끝이 났고, 나는 빗속을 뛰지 않았다. 학교 수업을 마치고 지붕에 앉아 햇볕을 쬐었다. 빛을 느끼는 것 외에는 아무 생각도 없었다. 그런데 지붕 위에서 멀리 불길이 보였다. 이건 뭐지 하면서 또 참지 못하고 뛰쳐나갔다. 몇 시간 후 경찰서에 앉아 있는 나를 보았다. 가까운 곳인 줄 알았는데 얼마나 달려갔는지 길을 잃은 것이다. 다 큰 아이가 어디에 사는 줄도 모른다고 경찰 아저씨가 꾸중하셨다.

"아저씨, 저는 인왕산을 가면 집도 갈 수 있고 학교도 갈 수 있어요."

"인왕산? 참 멀리서도 걸어왔구나. 뭣 때문에 여기까지 온 거야?"

"네, 그러니까요…… 불 구경하려고."

아저씨는 기가 막힌 듯 나를 경찰차에 태워 인왕산 근처의 초등학교 앞까지 데려갔다. 홍제천 부근에 가니 다리 끝에서 엄마가 정신 나간 사람마냥 나를 찾아 헤매고 있었다. 경찰 아저씨는 엄마와 한참 동안 얘기를 나누셨다. 아무도 나를 야단치지 않았다.

하루는 조용히 개울에서 돌도 줍고 송사리도 잡았다가 놓아주며 물장난을 하고 있었다. 하늘색이 점점 변하고 있는 줄도 모른 채. 어느새 강물이 불어나 놀던 자리에 물이 차오르고 있었다. 발길을 떼려는 순간 빨간색 고무신 한쪽이 벗겨져 떠내려갔다. 발이 공중에서 디딜 곳을 잃어버린 순간, 지난해 개천 둑에서 돼지와 냄비, 수박이며 운동화가 떠내려가는 걸 본 기억이 떠오르면서 이제 내가 급류에 떠내려가는구나 하는 생각이 들었다. 그때 어떤 아저씨가 자전거 바퀴에 밧줄을 묶어 내게 던졌다. 밧줄에 이끌려 개천가로 나오니 아저씨가 뛰어들어 나를 안아 땅에 내려주었다.

놀란데다 구경하는 사람들의 시선에 당황이 되어 나는 아저씨에게 아무 말도 못한 채 맨발로 집으로 뛰어와 잠을 자버렸다. 모든 기억이 급류와 함께 떠내려가길 바라면서. 내가 급류에 떠내려갈 뻔했다는 이야기는 다음날 온 동네에 퍼졌고 엄마까지 알게 되었다. 그날 저녁 아버지와 엄마는 안방에서 오랫동안 말씀을 나누셨다. 그리고 며칠 후 나는 세브란스병원 정신과 대기실에 앉아 있었다.

의사 선생님은 엄마에게 밖에서 기다리라고 했다. 의사 선생님은 인상이 좋아 보였다. 얼굴이 하얗고 이목구비가 선명했으며 음성은 굵고 차분했다.

"참 곱게 생겼구나. 이름이 뭐냐?"

난 퉁명스럽게 말했다.

"아시잖아요. 거기에 써 있잖아요."

"아, 그렇구나. 나는 네 음성도 듣고 싶고, 네 스스로 이름을 말해 주길 바랐단다."

"엄마가 날 왜 여기 데리고 왔는지 이해가 안 가요. 내가 돌았대요. 학교에서 조퇴하면 인왕산으로 달려갔고, 꽃을 보고 풀 냄새를 맡고, 하늘을 가슴에 안고 낮잠을 자면 너무나 좋아요. 학교 가기 싫은 것이 돈 건가요? 어른들은 정말 이상해요. 저는요, 사람들이 하는 말들이 재미없어요. 나한테는 말을 하지 못하게 하면서 말을 안 한다고 야단치고. 그리고 왜 나만 여기 있는 거죠? 내가 뭘 어쨌다구요. 학교 가기 싫은 것도 병인가요? 학교가 재미없단 말예요. 학교에서 아이들과 노는 것도 흥미 없어요. 왜 남을 흉보고 놀려요?"

"학교에서 아이들이 놀리니?"

"제 문제예요. 말하고 싶지 않아요."

"그래 말하기 싫으면 하지 않아도 괜찮아. 너는 꽃을 좋아하는가 보구나?"

"네, 꽃이 좋아요. 산에서 쑥도 캐요. 엄마는 화를 내지는 않지만 좋아하진 않으세요. 엄마는 걱정이 많으신가 봐요, 저 때문에. 할머니에게 갖다드리면 정말 잘했다고 하시는데. 할머니는 쑥만 캐지 말고 나물도 캐라고 하세요."

"얼굴만 고운 줄 알았더니 마음씨도 아주 곱구나. 엄마가 이곳 병원 피부과 선생님도 만나셨다더라. 아마도 엄마는 네가 빨간 점을 갖고 태어나 마음이 괴로워서 그러나 보다 생각하셨겠지. 사실 아직 우리나라 의학으로 네 피부를 정상으로 할 수는 없다는구나. 미국에서는 레이저로 고친다는 말이 있는데 그것은 또 어마어마한 비용이 들어가고……"

"선생님, 저는 그런 일에 관심 없어요. 설령 제 피부를 정상으로 바꿀 수 있다 해도 난 하지 않을 거예요. 저는 이 색깔 있는 몸이 아주 신비하고 좋아요."

의사 선생님은 미소를 지으며 "학생" 하면서 말했다. "내가 보기에 학생은 정신과에 올 일이 없는 것 같으니 내가 지금 하는 말을 잘 들어봐. 사람들은 조금 다르게 행동하거나 속에 있는 말을 다 꺼내 보이면 이상하게 보는 경향이 있지. 그러니 학생이 생각하는 것을 다 말로 표현하거나 행동으로 옮기지 말고 충동을 억제하는 것도 필요해. 그런데도 하고 싶으면 한 가지 방법이 있지. 잠 잘 때 학생이 하고 싶은 것을 다 할 수 있다는 것을 잊지 마. 꿈속에서 잠든 시간을 최대한 이용하란 말이지. 엄마가 학생을 병원에 데려오는 것도 경제적으로 힘들 거야."

의사 선생님은 고개를 숙이고 말없이 있는 나에게 "비가 오면 번개를 쫓아다닌다며?" 하고 물었다.

"학생, 나도 번개가 참 멋있다고 생각해. 하지만 번개보다 더 멋있는 것도 많아. 그러니 그걸 찾도록 해봐."

병원을 나오는데 엄마가 선생님이 준 약이라며 씹어 먹는 원기소를 손에 쥐어주셨다. 병원을 나오기까지 엄마는 아무 말씀이 없었다. 어느 순간 엄마는 쑥스럽게 내 손을 잡았다. 사람이 혼잡한 것을 핑계로 말이다. 나를 잡은 손이 뜨거웠다. 그 뜨거움은 곧 내 안에서 눈물이 되어 흘렀다. 엄마는 병원 밖 리어카상에서 바나나를 딱 하나를 사서 내게 건네주셨다. 그 당시 바나나는 아주 비싼 과일이었다. 난 바나나를 먹으면서 목이 멨고 몰래 눈물을 감추었다. 엄마도 끝내 모르는 척해주셨다.

  어린 시절을 생각하면 나도 몰래 눈물이 글썽거려진다. 그리고 햇빛 속에 가만히 앉아 그 느낌을 즐기던 내 안의 어린아이가 사랑스러워 조용히 미소 짓게 된다.

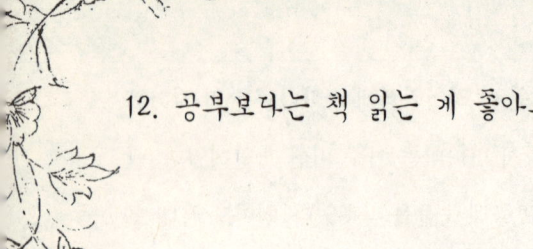

12. 공부보다는 책 읽는 게 좋아요

    고등학생이 되어서도 나는 학교 공부보다는 책 읽는 것이 좋아 늘 헌책방에서 산 책들 속에서 살았다. 그런 나에게 아버지는 학교는 친구들과 어울려 도시락 먹는 재미로 다니라고 하셨다. 비가 오거나 눈이 올 때 학교에 가고 싶지 않은 날은 굳이 보내지 않으셨다. 그런 날은 집 안팎 청소도 하고 부침개나 수제비 같은 음식을 만들기도 했다. 그 덕분에 지금도 부침개나 수제비는 장사를 해도 될 만큼 솜씨가 좋다.

    그렇게 학교에 관심이 없었는데도 난 이상하게 성적이 좋았다. 그 이유는 내가 집중력이 뛰어나고 기억력이 꽤 좋았기 때문이다. 한번은 교장 선생님의 막내딸이 학교에 교생 실습을 왔는데 자기가 서울대 출신이란 걸 얼마나 내세우는지 학생들로부터 미움을 많이 받았다. 나 또한 반항심이 생겨 책을 가져가지 않았다. 그녀의 과목은 세계사였다.

그날도 교생 선생님은 우리에게 뭔가 당하고 있음을 알았지만 어쩌해야 할지 몰라 주변을 살피다가 책상에 아무것도 없는 나에게 시선이 돌아왔다. 내게 소리를 지르며 벌을 세우려고 했으나 목소리가 불안하게 떨리고 있는 것이 느껴졌다. 내가 교생 선생님께 먼저 질문이 있다며 물었다.

"세계사 책이 무거워서 안 가져왔는데, 오늘 몇 페이지를 공부할 건데요?"

"뭐라고?"

"책이 무거워 오늘 공부할 부분을 외워왔거든요."

교실은 발칵 뒤집어졌다.

"그래? 그럼 외워봐."

"그럼 지금부터 외운다기보다는 책을 읽겠습니다" 하면서 책 페이지를 대고 죽 읽어내려 갔다. 모두들 쥐죽은 듯 고요했다. 개중에는 책과 대조하는 친구도 있고, 놀랍다고 박수를 치는 친구도 있었다. 선생님은 긴장한 채 나를 뚫어져라 바라보았다. 그것은 나에게 그렇게 어려운 일이 아니었다. 하루 전날 책을 외우는 건데, 더 정확히 말하면 책 페이지를 사진을 찍듯이 그대로 입력해서 저장한 뒤 바라보는 것이다.

내가 학교를 다닐 때에는 복장 검사가 유난히 심했다. 손톱 검사는 물론이고 교복 깃이 풀을 먹여 빳빳한지 보았고, 머리카락도 귀밑으로 2센티미터 이상 내려오면 안 되었다. 월요일 아침이면 체육 선생님이 몽둥이를 들고 규율부 선배들과 함께 교실을 다니며 검사를 했다.

하루는 체육 선생님이 교실에 들어와 몽둥이로 바닥을 치면서 "스스로 머리가 길다고 생각하는 사람, 자발적으로 일어나면 벌은 주지 않겠다"고 소리쳤다. 몇몇 학생이 겁이 나서 일어났다. 나는 가만히 앉아 있었다. 머리카락이 길다고 생각하지도 않았고, 그렇게 일어나는 것도 싫었다. 잠시 후 선생님이 검사를 시작해 드디어 우리 줄 앞을 지나는데 내 앞에서 크게 몽둥이를 내리쳤다.

"너, 당장 일어나. 너는 지금 내 말을 뭘로 알아들은 거야? 이렇게 머리카락이 긴데도 앉아 있다니!"

나는 놀라서 기절할 듯했으나, 짐짓 표정을 숨기고 억울하다며 거울을 보게 해달라고 했다. 선생님은 교실 뒤편으로 가서 거울을 보라고 했다. 친구들은 이미 눈을 가리고 무서워 떨고 있었다. 거울 앞에 서서 내 모습을 바라보다 나는 양손으로 얼굴을 가리며, "선생님, 큰일 났어요. 이 일을 어쩌죠? 글쎄 귀가 올라갔어요"라고 했다. 나는 복도에 앉아 양팔을 들고 벌을 서야 했다. 이유는 내 귀가 올라간 것 때문이었다.

같은 시기에 아주 무서운 영어 선생님이 계셨다. 그녀는 "니들은 나를 평생 기억할 거야" 하셨는데 정말 그랬다. '황금화'라는 분으로 당시 노처녀였는데 습관적으로 미국에서 지내던 이야기를 들먹이며 우리와 비교를 했으나 아무도 그녀에게 대들지 못했다. 그분이 구두 소리를 유난히 딱딱거리며 교실에 나타나 제일 먼저 하는 일은 칠판에 단어 시험 문제를 적는 것이었다. 곧이어 칠판에 정답이 매겨지고 각자 채점을 했는데, 그때부터 한 명 한 명 앞으로 불려나가 틀린 개수만큼 뺨을 맞았다. 하지만 그녀의 호통이 무서워 감히 우는 학생도 없었다.

나는 매번 심하게 맞았다. 하루는 포기하고 답안지를 백지로 냈다. '그래, 맞는 것도 힘들겠지만 열 대를 때리기도 힘들 걸' 하고 말이다. 그녀의 폭력에 오기가 났고, 때리고 싶으면 때려라 하는 심정이었다. 나는 어금니를 꽉 물고 똑바로 뺨을 갖다 대었다. 그런데 그녀는 나를 때리지 않았다. 그 대신 나에게 "빵점을 맞아? 건방진 놈, 독한 놈" 하더니 수업이 끝나고 교무실로 오라고 했다.

방과 후 그녀는 나를 데리고 자기 집으로 갔다. 집에서 영어 공부를 시키려나 보다 생각하니 머리가 터질 것 같았는데, 그녀는 마당의 수도꼭지 앞에 옷더미를 던지면서 "이걸 빨아. 빵점 맞은 벌이야. 공부를 못하면 일이라도 해야지. 나는 시험지 채점하고 있을 테니까 끝나는 대로 말해" 하고는 방으로 들어갔다. 그녀의 더러운 옷을 빼는 게 벌이라니! 하지만 빨래는 내가 제일 좋아하는 일이었다. 더러운 것을 깨끗하게 한다는 것도 좋았고, 손에 물이 닿는 느낌도 좋았다. 어려서부터 엄마를 따라 개울에 가서 빨래를 해오던 터여서 빨래는 자신이 있었다.

다 끝낸 빨래를 빨랫줄에 가지런히 널어놓고 방문을 두드리니 선생님이 '이것 봐라' 하는 눈치였다. "일은 아주 잘하네. 그렇게 공부를 잘해야지. 공부를 잘해야 나중에 더 좋은 기회를 얻지" 하며 여전히 잔소리를 했다. 나는 "선명하지 않은 미래에 대한 꿈이 없어요"라고 말하려다 참았다. 그 후로도 여러 번 그녀의 자취집에 가서 일을 했다. 공부보다 일하는 것이 더 좋았다. 방 안이고 부엌이고 늘 어수선했다. 어떤 땐 찬밥을 고추장, 참기름, 상추를 넣고 비벼서 부엌에 살짝 놔두고 오기도 했다.

그 후 얼마 안 돼 설악산으로 수학 여행을 가게 되었다. 담임선생님이 아파서 그 영어 선생님이 임시 담임으로 따라가게 돼 학생들은 불만이 가득했다. 이틀째 되는 날 신사임당의 사가에 갔는데, 지도 선생님이 이곳에 있는 율곡 선생님의 글을 읽고 느낀 점을 공책에 적으라고 하셨다. 나는 공기가 너무 탁하고 시끄러워 벽에 걸린 글 중 가장 짧은 글을 읽고 밖으로 나갔다. "내 육체는 물고기처럼 자유로우나 내 본체는 산골에 놔두리"라는 글이었다.

바깥에 나와 산책을 하고 있는데 체육 선생님이 나를 큰소리로 부르며 야단을 쳤다. "누군가 했더니 또 너구나. 누가 바깥에서 서성이라고 했어?" 나는 얼떨결에 말했다. "선생님, 저는 제 할 일을 다 했는데요. 저는 지금 글귀를 감상중이에요."

나는 체육 선생님 앞에서 아까 읽은 구절을 읊조리기 시작했다. 마침 멀리서 영어 선생님이 나를 보고 다가오셨다. 체육 선생님으로부터 자초지종을 듣더니 "이 학생은 제게 맡겨주시죠" 하셨다. 영어 선생님은 뜻밖에도 내 어깨를 감싸며 "너는 생각이 깊구나. 그래 그 글귀에서 무엇을 느꼈는지 말해볼래?" 하고 말씀하셨다. 나는 조심스럽게 대답했다.

"네, 율곡 선생님은 자신의 육체가 물고기처럼 자유롭다고 하셨고,

자신의 본체는 산속에 뇌두라 하셨죠. 물속과 산속을 자유로이 이동하면서 깊게 사신 분이란 걸 느꼈어요. 그리고 제 몸과 마음 또한 어떻게 하면 물속보다, 산속보다 더 높고 깊은 곳에서 자유로울 수 있을지 생각하고 있었습니다. 오늘 이 시를 접하게 된 데 감사드립니다.”

선생님은 함께 걷자고 하시더니 "너, 대학 갈 거니?" 하고 물었다.

"대학이요? 저는 시험에 붙을 실력도 안 되지만, 그보다도 공부나 대학에 관심이 없습니다.”

"정말로 그럴까? 내가 보기엔 너는 문학을 하면 맞을 것 같은데.”

"문학이요? 국문학, 영문학 그런 거요? 그런 단어만 들어도 머리가 아파요. 저희 아버지가 늘 하시는 말씀이 살면서 가장 해서는 안 되는 게 머리 아픈 일을 억지로 참으면서 사는 거라고 하셨어요.”

"그래, 나도 동감한다. 그런데 문예창작과라고 있어. 시를 쓰고, 소설을 쓰고, 드라마도 쓰고. 그러니 꼭 한 번 생각해 봐. 대학을 꼭 가도록 해라.”

그 무서운 선생님이 내게 아주 부드럽게 말씀을 하셨다. 나는 율곡 선생님을 마음에 그리면서, 물속의 물고기와 높은 산속의 본체를 생각하며 어떻게든지 자유롭게 살고 싶다는 생각을 했다. 그러려면 무엇이 자유롭게 사는 것인지를 제대로 알 필요가 있다고 혼자서 되뇌었다.

"내 육체는 물고기와 같이 자유로우나 내 본체는 산골에 뇌두리.”

그때 이후로 나는 본체와 육체에 대해 깊이 생각하기 시작하고 자유롭고자 하는 염원을 마음에 품었다. 그렇게 한번 품은 생각을 그 후 어떤 상황에서도 놓지 않았으니 결국은 그 덕분에 자유를 향해서 한 걸음 한 걸음 내딛게 된 셈이다. 그것이 설령 서툰 아기 걸음마일지라도……

13. 처음 본 춤 공연

원래 대학에 갈 생각이 없었지만, 그렇게 조금씩 씨앗이 자라서 나는 서울예전 문창과에 입학하게 되었다. 돌이켜보면 대학에 간 것은 정말 잘한 일이었던 것 같다. 나에게 새로운 기회가 생겼고 그것을 최대한 이용했으니 말이다. 대학에 다니면서도 나는 "학교는 친구를 사귀는 곳이고, 함께 밥 먹을 친구를 선택하는 곳이다"라는 아버지의 말씀을 늘 생각했다. 그 말은 나에게 큰 도움이 되었다.

예전에 이 대학은 남산 바로 아래 있었고, 아주 작은 마당이 있었다. 처음에는 학교 생활에 잘 적응하지 못하고 그 마당만 계속 돌았다. 걷고 싶은데 장소가 좁은지라 그렇게 돌았던 것이다. 어느 날 문창과 선배가 그렇게 돌고 있는 나를 잡아다가 교문 밖에 두었다. 그때 이후로는 갑갑증이 밀려오면 수업을 빼먹고 남산을 다니기 시작했다. 어린 시절 인왕산을 다닐 때와는 아주 달랐다. 뛰지도 않았고 꽃이나 풀을 뜯지도 않았다. 그저 바라만 보았다. 꽃을 한참 바라본 후 눈을 감으면 감은 눈 속에 꽃 형태가 황금빛으로 나타나는 게 재미있었다.

문창과 학생들은 모두가 유별나고 감각이 색달라서 학교 다니는 것이 그리 나쁘지만은 않았다. 그러나 남산을 걸으며 나는 한숨처럼 이렇게 내뱉고 있었다. '이게 아닌데. 내가 보아야 할 게 이게 아니고, 내가 걸어야 할 곳이 여기가 아닌데. 이 냄새가 아니고, 이 소리가 아니고, 이게 아닌데, 이게 아닌데……'

어느 날 한 친구가 동국대에서 연등 만들기 행사를 하는데 함께 가자고 해서 따라갔다. 연등을 모두 만들자 불을 끈 채 옆 사람 손을 잡고 감사의 묵상을 하자고 했다. 묵상을 하는데 어둠 속에서 누군가 옆 사람과 마주잡은 내 손을 가로채 뛰기 시작했다. 남에게 방해가 되지 않으려면 나도 덩달아 달리는 수밖에 없었다. 한참을 그렇게 뛰다가 내 손을 놓더니 그가 말했다.

"죄송합니다. 차라도 한 잔 하고 싶어서……"

영문도 모르고 손이 잡힌 채 끌려 나오고, 더더구나 뛰기까지. 그리고 차를 마시려고 앉아 있는 내가 이상하기도 했지만, 그 청년을 보니까 차 한 잔 마시고 싶었다. 음성이 매력이 있었다. 그 청년은 아무 불평 없이 찻집에 앉아준 내게 눈치를 보며 말했다.

"양파입니다. 다들 저를 두고 그리 부릅니다. 양파는 벗길 때 사람들 눈물 나게도 하지만 볶으면 아주 달콤하고 향긋해서 요리에 꼭 필요한 것이지요" 하면서 멋쩍게 웃었다. 그는 동국대에서 서양 미술을 전공한다고 했다. 그 후로 나는 가끔씩 양파를 만나곤 했다.

함께 남산을 갔을 때다. 그가 꽃을 보며 말했다. "이것 봐. 색의 조화를 봐. 노란색과 흰색, 푸른색과 보라색……" 그의 말대로 색의 조화를 염두에 두며 바라보니 꽃도 나무도 나비도 더없이 아름다웠다. 그때부터 나는 모든 것을 좀 더 섬세하게, 깊게 바라보게 되었다. 아주 짧은 순간이라도 두 눈을 고정하고 집중해서 바라보면 대상도 내게 반응하는 것처럼 느껴졌다. 도시 한복판에서 버스를 타고 빠르게 지날 때도 아주 많은 것을 선명하게 볼 수 있었다. 그렇게 내 눈에 들어온 것들은 아름다운 모습이건 추한 모습이건 모두 기억의 창고에 저장되었다. 불필요한 부분을 정리하고 완성한 한 장 한 장의 사진처럼 말이다.

어느 날 양파는 야윈 나를 설렁탕집에 데려가 억지로 먹이려 한 적이 있었다. 내가 고깃국을 좋아하는지 묻지도 않고 무조건 몸에 좋으니 먹으라고 했다. 그날 나는 끝내 밥 생각이 없었다. 다음날 양파로부터 선물을 받았는데, 열어보니 색동 종이로 포장된 은수저 세트였다. 거기에 "밥 좀 먹어라. 밥 먹고 기운차려야 훌륭한 일 하지"라고 씌어 있었다. 자기 중심적이긴 했지만 따뜻한 친구였다.

어느 날 학교 도서실에서 책을 보고 있는데 한 친구가 다가와 공연 티켓 두 장을 주었다. 남자친구랑 보러 가려고 산 건데 친구와 사이가 불편해져 갈 수 없게 되었다고 했다. 얼떨결에 티켓을 쥐고 양파의 작업실로 갔다. 공연 티켓을 보여주며 물었다.

"한국 무용이래. 함께 보러 갈래?"

"나, 오늘은 안 되겠는데. 선배들과 약속이 있어."

작업실을 나서면서 "너는 프라이팬에 달달 볶아도 매운 그런 양파지" 하고 내뱉고는 혼자 공연장으로 향했다. 공연장을 가본 것은 그때가 처음이었다. 내가 앉아 있는 곳은 가운뎃줄 중간 부분이었다. 빈 옆 좌석을 바라보자니 양파가 함께 오지 않은 것이 아쉬웠다. 그러면서도 무대 위 기다란 커튼이 열리는 순간 어떤 일이 생길지 두근두근했다. 드디어 무대가 열리면서 손에 작은 북을 들고 추는 입춤이 시작되고, 그 뒤로 승무가 이어졌다. 그러나 뭔가를 느끼기에 나는 춤에 대해 너무나 몰랐다.

마지막으로 '도살풀이'라는 춤이 소개되었다. 박수소리와 함께 다시 막이 올라가고 낮은 조명 아래로 잠시 침묵이 흐르는데 내 목에서 느닷없이 침이 꼴깍 넘어가는 소리가 났다. 난감해하는 순간 음악이 흘렀다. 그 첫소리에 나는 깜짝 놀랐다. 무슨 악기인지 온몸이 긴장되었다. 조명이 천천히 밝아지는데 단정히 빗은 머리에 비녀를 꼽고 하얀 한복에 2~3미터는 되어 보이는 긴 흰색 천을 목에 두른 무용수가 버선발로 걸어 나오고 있었다. 나도 모르게 내 두 눈은 그녀의 시선, 목선, 팔다리, 몸매와 발걸음에 차례로 가서 꽂히고 있었다.

그 모든 것이 내가 전에 보았던 번갯불, 하늘, 태양처럼 나를 사로잡았다. 숨이 탁 막혔다. 나는 갑자기 벌떡 일어났다. 어린 시절 원기소를 먹은 뒤로 억눌려 있던 내 모든 감성이 흥분해서 더 이상 잠 속에 빠져 있을 수 없다며 박차고 뛰쳐나오는 것 같았다. 누군가 뒤에서 조심스럽게 앉아달라고 해서 앉았으나 몇 분 후 또 벌떡 일어나버렸다. 대나무마냥 뻣뻣이 서 있는 나를 누군가 힘으로 눌러 앉혔다.

나는 완전히 넋을 잃고 있었다. 그분의 춤사위는 나의 번개였고, 활활 타오르는 불길이었고, 거세게 불어대는 회오리바람이었으며, 동시에 나를 고요 속에 잠재우는 태양빛이었다. 그분은 도살풀이의 명인 김숙자 선생님이었다. 나는 한 순간도 놓치지 않고 그녀를 바라보았다. 마치 이 순간을 위해서 그동안 두 눈으로 이것저것 관찰하고 바라보는 연습을 한 것처럼.

공연장을 뒤로하고 집까지 걸어오는 내내 심장이 요동치며 가라앉을 줄 몰랐다. "춤이란 무엇인가?" "육체란 무엇인가?" 내 손, 내 다리, 내 허리, 내 가슴, 내 등, 내 발목…… 몸의 구석구석을 샅샅이 뒤지면서 걸었다. 이제껏 이 몸으로 빨래하고 청소하고 밥하고 장작과 연탄을 나르고 불을 지피고 마당에 쌓인 눈을 치우고 채소를 다듬고 꽃을 꺾고 걷고 뛰고 눕고 뒹굴었지만, 이런 것 말고는 내가 가진 육체로 무얼 할 수 있는지 몰랐다. 그런데 그 몸으로 이렇게 어마어마한 능력을 발휘할 수 있다니! 가슴이 절로 뛰었다. 지그시 눈을 감고 내 몸을 느껴보았다. 몸이란 것에 대해 새롭게 알게 된 순간 내 몸이 벼락에 맞아 찌릿찌릿 금이 가는 느낌이었다. 내 깊은 무의식이 미소를 지으며 황홀해하고 있었다. 아주 늦은 시간 집에 도착했지만, 밤새 잠을 이룰 수가 없었다.

다음날 아침 일찍 콩나물국에 밥을 말아 꽈리고추와 함께 먹고 무작정 집을 나섰다. 길이 보이는 대로 무조건 걸었다. 내 머릿속엔 오직 김숙자 선생님뿐이었다. 어느덧 나는 국립묘지 안을 걷고 있었다. 어떻게 여기까지 오게 된 것인지 알 수 없었다. 나는 어느 묘비 앞에

서서 낯선 이름을 부르며 말했다.

"군인 아저씨, 안녕하세요? 아저씨는 이제 육체가 없으므로 나를 더 자유롭게 볼 수 있겠지요. 제가 왜 이러는지 저는 지금 알 수가 없답니다. 제발 저를 도와 뭐라고 말 좀 해주세요. 제가 이렇게 귀신이 다 되어 정신이 나간 채 돌아다니고 있습니다."

국립묘지에서 나와 무작정 버스를 타고 아무데서나 내려 다시 걷기 시작했다. 해가 질 무렵 나는 인사동 거리를 걷고 있었다. 무슨 중요한 약속이라도 있는 듯 목적지를 향해 걷고 있는 인파 속에서 나만 혼자 소외되어 있는 느낌이었다. 눈물이 올라왔지만 나는 눈물을 닦을 생각조차 하지 못했다. 갑자기 오한이 날 것처럼 춥고 떨리며 열이 났다. 하루 종일 제대로 먹지도 못한 채 그렇게 걷고 있었다.

지쳐서 쓰러질 것 같은데 저 멀리 인파 속에서 한복을 입은 한 여인의 모습이 눈에 들어왔다. 마치 내게 다가오는 듯한 그분 모습에 깜짝 놀라 나는 멈추어 서버렸다. 어제 공연장에서 본 그분, 김숙자 선생님이었다. 나는 그분 가까이 다가갔고, 길 한복판에서 공손하게 큰절을 하고 말았다. 그분이 깜짝 놀라며 물었다.

"아니 뉘신데 이 길에서 내게 큰절을 하는 것이오? 일어나시오."

나는 하염없이 흐르는 눈물을 닦을 겨를도 없이 일어나면서 대답했다.

"선생님, 어제 공연장에서 귀하신 모습을 보았습니다. 그런데 지금 제가 이렇게 선생님을 약속이라도 한 듯 대하니 무슨 말씀을 어떻게 드려야 할지 모르겠습니다. 그저 눈물만 날 뿐입니다."

"내 집이 여기서 가까우니 집에 가서 얘기합시다."

그분은 내 어깨를 어루만지며 집으로 가자고 하셨다. 나는 그분이 들고 있던 짐을 얼른 받아들고 뒤를 따랐다. 인사동의 골동품 가게를 돌아 골목에 들어서니 아직도 옛 모습 그대로인 기와집 몇 채가 보였다. 그 중 한 집에 들어서니 작은 마당이 있고, 오른쪽으로 광과 부엌이 있었다. 부엌에서 할머니 두 분이 불을 지피다가 처음 보는 나를 호기심 어린 눈길로 쳐다보고 계셨다. 부엌을 지나니 마루를 가운데 두고 안방과 건넌방이 있었다. 나는 신발을 가지런히 벗고 선생님을 따라 방에 들어섰다. 나는 윗목에 눈치를 보며 무릎을 꿇고 앉았다. 선생님은 귀가 잘 안 들린다며 가까이 오라고 하셨다. 그분은 차분하고 아름다웠다. 오늘 선생님을 만나게 된 게 국군 아저씨들 혼령이 도왔구나 싶어 그들에게 감사하였다.

"선생님, 제가 몸으로 할 줄 아는 것은 빨래하고 물 긷고 불 지피고 바느질하고 청소하고, 밥과 국, 반찬과 찌개를 만드는 것뿐입니다. 이 모든 걸 저의 어머니로부터 배웠습니다. 저는 손과 몸으로 일하는 것을 좋아하고 그때 먹는 밥이 제일 맛있다고 생각하며 살아왔는데, 어제 공연을 본 후 잠을 이룰 수 없었습니다. 아침 먹고 집을 나섰지만 하루 종일 밥 생각이 없고 오로지 선생님과 춤 생각만 하며 거리를 헤맸습니다. 내 몸으로 지금껏 해온 것들을 뛰어넘는 이 춤이란 것이 무엇인가 생각하면서 하루 종일 걷다가 이렇게 길에서 선생님을 만난 것입니다. 제가 하는 말은 쏟아지는 감정이지 준비된 것이 아닙니다. 선생님을 뵈니까 욕심에 저 같은 사람도 춤을 배울 수 있는지 궁금하고, 그렇게 하고 싶은 마음이 간절하다는 말씀을 드리면서 저도 스스로 놀라고 있습니다. 선생님, 알고 싶습니다. 제가 할 수 있는 것입니까? 저 같은 사람도 이런 공부를 할 수 있나요?"

"그것은 자네가 알지 내가 알겠는가? 배우고 안 배우고는 자네에게 달린 것이지. 공부란 노력하면 되는 것이 아니겠나? 처음 마음이 변하지 않는다면 이루지 않겠는가? 인사동에 내 무용 연구실이 있으니 배우고 싶으면 그곳에 수강을 신청하면 되고 천천히 조금씩 익히다 보면 될 것이오."

나는 간단하고 명확한 처방전을 받은 기분이었다. 나는 쑥스러움을 무릅쓰고 수강료는 얼마나 되느냐고 물었다. 그것은 당시 돈으로 10만 원이었다. 선생님께 큰절을 하고 밖으로 나왔다. 그때부터 내 머리 속엔 10만 원이란 돈으로 가득 찼다. 이 돈을 어디서 구하나? 학생용 회수권과 몇천 원 용돈이 전부인 내가 말이다. 나는 우선 오늘 일과 내일 일을 구분하고 새로운 고민은 내일 하기로 했다. 오늘 선생님을 만났고 그분 방에서 단둘이 앉아 대화를 나눈 생각을 하면 분에 넘치고 오로지 감사할 뿐이었다. 집에 돌아가면 양파가 준 은수저 세트로 즐겁게 밥을 먹고 깊은 잠에 빠질 것이다.

그날은 내게 운명이었다. 뭔지 모르지만 정해진 길을 가고 있다는 느낌이었다. 나 홀로 소외된 것 같고 외로워했던 것이 무안했다. 엄청 식욕이 당기며 양푼에 밥을 비벼 볼이 부어오르도록 먹었다.

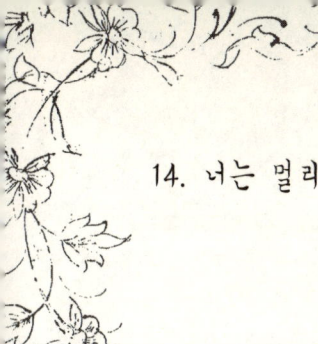

14. 너는 멀리 떠날 것이다.

 나는 사람들의 표정이나 몸의 움직임에 부쩍 민감해졌다. 동시에 매달 수강료를 어떻게 구할지 고민도 점점 커지고 있었다. 며칠 사이에 얼굴이 초췌해졌고 눈도 쑥 들어간 것처럼 보였다. 다행히 한 선배의 도움으로 인사동의 골동품 가게에서 일하게 되었지만, 그곳에서 받는 돈은 학원비의 반도 되지 않았다. 첫 월급을 받은 날 저녁, 선생님을 찾아갔다. 뜯지도 않은 월급봉투를 내밀면서 말했다.
 "선생님, 아직 이것밖에 준비가 안 됐는데요, 모자라는 대신 거울도 닦고 청소도 하고 심부름도 하고 뭐든지 감사히 하겠습니다. 제발 선생님 수업을 단 한 시간이라도 들을 수 있으면 좋겠습니다."
 그렇게 해서 나는 그분의 제자가 되었다. 학원에는 학생들이 여러 명 있었다. 움직임이 능숙하고 우아한 학생들을 보면서 나는 부러움의 시선을 감출 수 없었다. 무엇을 어떻게 해야 나도 비슷하게라도 될까 상상하면서 첫 수업을 맞았다. 선생님이 장단을 듣고 걸으라고 하시는데 장단이 무엇인지, 언제 걷고 언제 쉬어야 하는지 알 수 없었다. 멍하니 멋쩍게 서 있는 내 모습이 저쪽 전면 거울에 비치는데 거울을 지우개로 지우고만 싶었다.

그렇게 몇 달이 지났지만 여전히 장단은 귀에 들어오지 않았다. 물지게를 지고 걸으면 제대로 걸을 수 있겠건만 아무것도 없이 내 몸만 갖고 걷는 것은 멋쩍고 이상하기만 했다. 한 해가 다 지나도록 나는 조금도 변함이 없었다. 나는 제자가 아니라 선생님 명성에 먹칠하는 원수구나 싶어 슬그머니 옥상에 올라가 실컷 울었다.

양파는 나를 볼 때면 늘 훌륭한 일을 하려면 잘 먹어야 한다며 챙겨주었으나 밥이 넘어가지 않았다. 말수가 적어지는 나를 보며 양파는 "쉬우면 아무나 했지. 일단 따뜻한 국에 밥 말아 김치랑 맛있게 먹고 푹 자고 나면 내일은 생각이 달라질 거야" 하며 위로했다. 양파의 말대로 밥을 많이 먹고 잤는데도 특별히 달라지는 것은 없었다. 책을 읽고 나면 늘 기분이 좋아져 도서실에서 늦게까지 책을 펴보기도 했지만 오히려 짜증이 나고 슬퍼지기만 했다. 나는 책들을 바닥에 쓰러뜨려버렸다. 그러곤 마치 군홧발로 짓이기듯 책을 짓밟으며 도서실을 나왔다. 남산을 걸었고 애써 마음을 다독이며 인사동 무용 학원에 갔다.

실은 아주 오래 전에 쫓겨났는데도 나만 그것을 인정하지 않고 모른 척 학원 문을 들어서는 기분이었다. 그러나 어떻게 해서라도 선생님 곁에 가까이 머물고 싶었다. 가장 행복한 순간은 수업 후 선생님이 내게 가방을 맡기는 때였다. 나는 짧은 순간 가방을 쥐려고 올리는 내 손동작을 춤이라 생각하고, 내 손이 가방을 향하는 것을 유심히 관찰했다. 누구도 내가 무슨 생각을 하는지 짐작하지 못하는 그 순간 나는 내 손의 움직임이 아름답다고 생각하며 기분이 좋았다.

선생님 댁에 가면 나는 뭐라도 도울 일이 없나 여기저기 살피며 눈치껏 움직였다. 선생님은 내가 부진하다고 야단치는 법 없이 늘 더 노력하라고 하셨는데, 그럴 때면 그새 눈시울이 뜨거워지고 코끝이 찡해왔다. 그러면 얼른 자리에서 도망쳐 부엌으로 갔다. 그곳에 일하는 할머니 두 분은 늘 나를 다독이며 따뜻하게 위로해 주시곤 했다. 그날도 "너는 그리도 춤이 좋으냐? 그것도 팔자지. 언젠가는 복 받을 겨" 하며 깍두기와 함께 누룽지 한 뭉치를 주셨다.

그 당시 내 가방 속엔 항상 버선이 있었다. 버선이 있다는 것은 내게 큰 자부심이었다. 양말이 아닌 버선을 신을 수 있는 자격, 아니 기회가 있다는 것이 말이다. 발 모양이 양말을 신었을 때보다 버선을 신었을 때 귀하고 우아하고 예의바르고 심지어 겸손해 보이는 것은 무슨 까닭인지 알 수 없었다. 많은 인파 속을 걸을 때도 가방 속 버선을 생각하며 긴 숨을 들이쉬고 당당하게 걸을 수 있었다. 뉴욕에서 왔다는 긴 머리의 연극인이 내게 "인내는 인내해야 할 곳에서 해야만 그 결과가 있는 것이고, 인내를 하지 않아도 되는 곳에서 하면 어찌되겠는가?"라고 한 날도 집에 돌아오는 버스 안에서 나는 내내 버선을 만지작거렸다.

그 연극인으로부터 쓴소리를 듣고 나서 나는 몇날 며칠 머리가 아프더니 급기야 눕게 되었다. 밤마다 헛소리를 한다며 엄마는 한약을 사오셨고, 아버지는 내가 좋아하는 삶은 감자를 슬쩍 방 안에 갖다놓으셨다. 그 다음날 아침 나는 식은땀을 흘리며 잠에서 깨어났다. '아, 꿈이었구나' 하고 인식이 되면서도 마음은 계속 꿈속을 헤매고 있었다.

나는 꿈속에서 눈에 보이지 않는 어떤 절대자 앞에 엎어져 있었다. 잠시 후 무릎을 꿇고 앉아 있는데 누군가 내 머리카락을 잘랐다. 머리칼이 다 잘려나가자 이번에는 무언가로 내 머리를 밀기 시작했다. 그때 누군가 내 앞에 다가와 앉았다. 곧이어 또 다른 사람이 벼루와 붓을 가져와서 내려놓자 앉아 있던 사람이 종이에 천천히 글씨를 썼다. 나는 잠에서 깬 뒤 이불 속에서 그것을 메모장에 옮겨 적었다. 잠자리 옆에는 늘 메모장과 연필이 있었는데, 문창과에 다니면서 생긴 습관이었다. 글씨는 한자로 '은혜 은恩 베풀 시施', '은시'였다. 이런 것이 법명을 받는 것인가 궁금했다. 벽을 한참 바라보며 '은혜를 베풀라…… 어디다 어떻게 무엇을 베풀어야 하나? 그 말의 깊은 뜻은 나만이 아는 것일 테니 천천히 더 시간을 두고 나를 지켜봐야겠다' 하고 다짐했다.

설날을 앞두고서인지 지나고서인지 정확한 기억은 나지 않는다. 선생님이 내게 처음으로 전화를 주셨다. 내일 인천으로 어떤 분께 신년 인사를 가는데 봇짐이 있다며 동행해 줄 수 있느냐는 것이었다. 나는 한없이 기뻤다. 설령 도살풀이를 배우지 못해 춤꾼으로 남지 못할지라도 선생님 주변에서 사소한 정을 쌓아가며 함께 지낼 수 있다면 그만한 행복과 기쁨도 없을 터였다.

다음날 전철과 버스를 번갈아 타고 또 오르막길을 한참 걸어서 올라가니 작고 허름한 집이 나왔다. 정오가 다 된 때였다. 팔이 끊어질 듯했으나 마음은 그저 좋고 감사했다. 방 안에 들어서니 흰 수염을 길게 기른 할아버지가 앉아 계셨다. 선생님은 그분께 큰절을 하라고 시켰다. 나는 큰절을 하고 윗목에 앉아서 누군가로부터 밖에 나가도 된다는 말만 떨어지기를 기다렸다. 두 분은 조용히 말씀을 나누고 나는 눈을 돌려 벽에 걸린 갓과 두루마기를 보았다. 그렇게 걸려 있는 것들이 참 아름다웠다. 그 자세로 오랫동안 가만히 앉아 있었다.

두 분이 말씀을 나누다가 할아버지가 문득 "저 아이는 누군가? 자네 제자인가? 저 아이 눈빛이 아주 좋은데 언제부터 가르쳤나?" 하고 물었다. 나는 얼굴이 붉어지고 몸 둘 바를 알 수 없었다. "네, 제가 선생님 제자입니다"라고 당당하게 말씀드릴 수 없어 고개를 깊숙이 떨구고 있었다.

"네, 저 아이요? 제 제자입니다. 춤을 배운 지 얼마 안 되었고 노력이 많이 필요한 상태입니다."

"내 이제 나이가 들어 잘 보이지는 않지만 저 아이가 보통 아이는 아닌 것 같구먼. 정진하면 큰 성과를 얻을 것이니 가르치기를 소홀히 하지 말게나. 춤꾼에게는 춤꾼을 얻는 게 가장 큰 복이고, 특히 도살풀이 같은 무용에는 인재 나기가 쉽지 않으니 말일세. 어느 날 갑자기 기가 열릴 수 있으니 천천히 지켜보게나. 저 아이 눈빛 속에 들어 있는 뭔가가 시간이 되면 차오를 것이네."

"그러지요. 속이 깊고 착한 아이입니다."

나는 어디 숨어 울고 싶었다. 그때 마침 밖에서 누군가 선생님을 찾았다. 선생님마저 자리를 비우니 어디다 눈을 두어야 할지 당황스럽고, 이대로 조금만 더 있으면 툭하고 울음보가 터질 것만 같았다. 그때 할아버지가 나를 가까이 부르더니 이름과 생년월일을 물으셨다. 나는 무섭도록 긴장이 되었고, 내 주위로는 침묵이 얼음처럼 에워쌌다. 할아버지는 신음 소리를 짧게 내더니 내 얼굴과 눈을 뚫어지게 바라보고, 또 신음 소리를 내고는 손을 달라고 하셨다. 내 손을 이잡듯 샅샅이 살펴보고 말씀하셨다.

"네가 인물은 인물인데 너를 보호할 수 있는 사람이 없구나. 어쩔 수 없이 떠나야만 하는구나. 그것도 아주 멀리…… 쯧쯧쯧, 가엾은 것, 갈 길이 멀구나. 때를 잘못 만난 게 이런 거구나. 내가 부적을 하나 써주마. 이 부적은 네가 떠나기 전까진 아무에게도 보여줘서는 안 된다."

할아버지는 종이에 글씨인지 그림인지를 그린 뒤 접어서 천 주머니에 담아 내게 건네주셨다.

"두려워 마라. 길은 다 준비된 것이고, 너 또한 다 알고 있는 길이다. 그저 시간이 돼 떠나면 되느니라. 하늘의 기운이 너를 돕고 있으니 걱정하지 말거라."

그러고는 머리를 쓰다듬어주셨다. 눈물이 나올 것 같은 심정을 간신히 누르고 윗목으로 다시 자리를 옮겨 앉았다. 곧이어 선생님이 들어오셨고, 준비해 온 음식을 상에 내오라고 하셔서 나는 방을 나올 수 있었다. 봇짐을 열어 떡이며 전, 잡채와 과일, 강정 등을 그릇에 예쁘게 담아 상을 올렸다.

그날 아주 늦은 밤에 나는 집에 도착했다. 혼자가 되어 부적을 꺼내 얼굴을 파묻고 나는 마음껏 울었다. 떠난다니, 내가 어디를 간단 말인가? 그러잖아도 며칠 전 꿈이 이상하더니 머리카락을 자르고 비구니라도 된다는 것인가? 선생님 제자가 되는 것도 이리 힘든데 어찌 감히 부처님 제자가 된단 말인가?

나는 점점 말라갔다. 성냥개비처럼 무엇과 닿기만 하면 금방이라도 불이 솟고 이내 타 없어져버릴 것만 같았다. 그렇게 조금씩 재가 되어가던 무렵, 할머니가 돌아가셨다는 소식을 들었다. 마침 친구의 소개로 춘천의 어느 작가 집에 머물며 잠시 원고 교정 일을 하고 있을 때였다. 일주일쯤 머무르고 있을 때 갑자기 느낌이 이상해 집에 연락을 해보았더니 방금 전 할머니가 "계숙아, 계숙아" 하시며 숨을 거두셨다고 했다. 감기로 몸이 허약해져 있던 할머니가 아무도 눈치 못 채게 그렇게 가뿐히 털고 떠나셨다. 전화를 끊고는 눈물이 쏟아졌다. 그러면서도 할머니가 마지막으로 내 이름을 부르셨다니 감사한 마음이 들었다. 뭔가 아무도 모르는 우리 두 사람만의 비밀을 그 순간에 나눈 듯했다.

할머니의 비녀를 내가 지니고 싶었지만 말할 자신이 없었다. 할머니를 산에 묻고 돌아온 며칠 후 할머니를 생각하며 비원을 산책했다. 예전에 할머니네는 아주 부유했다고 했다. 그러던 어느 날 할아버지가 첩을 들이셨다. 그리고 몇 해가 지나 또 첩을 들이셨단다. 첩 둘이 서로 시기하고 다투는 바람에 할머니는 중간에서 두 여인들을 달래야 했다고 했다. 그리고 또 한 해가 지나고 다시 어린 첩이 들어오자 할머니는 지리산으로 들어가셨다.

할머니는 그곳에서 하늘의 별을 읽는 공부를 하셨다고 했다. 책을 읽듯 하늘의 별자리를 읽는다고, 세상의 메시지가 하늘에 모두 씌어 있다고 하셨다. 한번은 아버지가 자전거를 잃어버리고 속상해서 당신 어머니를 뵈려고 지리산을 오르는데 중턱쯤에 어머니가 마중을 나와 계시더란다. 할머니는 자전거 때문에 온 것이냐며 몇 날 몇 시에 어느 곳에 가보라시며 그것 때문이라면 산 속 당신 집까지 올라오지 않아도 된다고 하시고 다시 산으로 올라가셨단다. 그 시각 그 장소에 가보니 정말 자전거가 있었다고 한다.

며칠 후, 할머니를 꿈속에서 보았다. 하얀 소복을 입은 한 무리의 사람들과 함께 있었다. 사람들은 모두 땅에 발이 닿지 않은 채로 어디론가 걸어가고 있었다. 그들을 뚫어져라 바라보는데 할머니가 나를 보고 잠시 대열에서 빠져나와 말없는 대화를 하셨다. "너는 곧 멀리 떠나게 될 것이다. 두려워하지 마라. 네가 아는 길이다. 너의 이름도 바뀔 것이다. 그 이름은 깊고 높은 산 속에 있다." 그러면서 손가락을 치켜세우며 내 등을 감싸주셨다. 아직도 그 손길은 내 등에 지워지지 않는 문신처럼 남아 있다. 꿈에서 깨어난 내가 혼잣말을 했다. "어딜 간다는 것이지?"

부적을 주신 할아버지도 또 꿈속의 할머니도 똑같은 말씀을 하셨지만 나는 도통 알 수가 없었다. 혼란 속에서 나는 원기소를 씹어 먹고 무용 학원에 가서 버선을 신었다. 아무도 없는 틈을 타 선생님의 춤사위를 흉내 내며 이리저리 미친 듯이 쓸고 다녔다. 그러다 한참 후 털썩 주저앉았다. 내가 하는 행위는 미친 짓이지 춤사위가 아니었기에 음악을 끄고 버선을 벗어 곱게 접은 후 거울을 닦고 청소를 하기 시작했다.

훗날 생각해 보면 어떤 상황에서건 청소를 잘했던 것이 내 삶을 풀어가는 열쇠였던 것 같다. 지금도 마음이 불안하면 청소와 빨래를 하곤 한다. 그러고 나면 피곤하기보다 더 힘이 생기는 것을 느낀다.

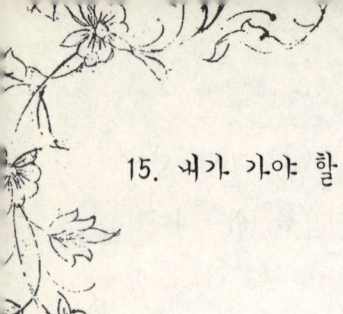

15. 내가 가야 할 곳, 인도

그즈음 나는 매일 원기소를 먹었다. 그래서인지 이상한 꿈을 더 이상 꾸지 않았다. 그러던 어느 날 학교 대강당에서 특강을 듣게 되었다. 특강을 하시는 분은 스님이었는데 나는 특강이 끝나면 얼른 학교를 뛰쳐나갈 생각만 하고 듣는 둥 마는 둥 앉아 있었다. 그런데 갑자기 전등이 꺼지더니 스님이 촛불을 켜고 인도 명상 음악이란 걸 들려주었다.

처음 듣는 낯선 소리였다. 그러나 왠지 낯설지 않은 것처럼 느껴졌다. 갑자기 등줄기가 꼿꼿해지며 머리카락이 한 가닥 한 가닥 이어져 하늘로 치솟는 느낌이었다. 끝나는 종소리를 듣고도 나는 한참을 멍하니 앉아 있다가 벌떡 일어나 스님을 뒤쫓아 허겁지겁 운동장으로 달려 나갔다. 스님 등 뒤에서 "스님, 스님, 그 음악 한 번만 더 들을 수 없나요? 다시 한 번 듣고 싶습니다. 그 음악 덕분에 잊었던 기억이 떠오를 것만 같아서요. 기분이 정말 이상했어요"라고 숨도 쉬지 않고 말했다.

스님은 천천히 뒤를 돌아보더니 "음악이 있는 곳을 찾으시지요" 하고는 바람처럼 걸어서 학교를 나가버렸다. 나는 학교 사무실에 가서 스님의 거처를 물었다. 법연사라고 했다. 며칠을 두고 그곳을 찾았다. 그곳에 정말 그 스님이 계셨다. 방 앞에서 "지난번 특강 때 들은 인도 음악을 다시 듣고 싶어 이렇게 음악이 있는 곳을 찾아왔습니다" 하고 여쭸지만, 스님은 "다음에 찾아오시지요" 하고는 나를 들이지 않았다. 디딤돌 위에 가지런히 놓인 스님의 하얀 고무신을 바라보며 나는 닷새 뒤에 다시 찾아뵙겠다는 말을 남기고 물러났다.

절을 나와 천천히 걷는데 한 건물이 눈에 쏙 들어왔다. '인도대사관'이라는 현판이 걸려 있었다. "인도……"

나는 그 앞에 한참을 멈추어 섰다. 스님이 들려준 음악이 인도 명상 음악이라 하지 않았던가? 스님이 음악이 있는 곳을 찾으라고 하신 말씀은 결국 인도를 찾으라는 것인가? 나는 갑자기 흥분에 휩싸였다. 집에 돌아가는 길에 작은 문방구에서 지구본을 샀다. 인도가 도대체 어디에 있는지 알고 싶었다.

닷새 후 나는 스님 방에 앉아 아무 말 없이 눈치만 보고 있었다. 한참 후 스님은 책을 한 권 건네주면서 읽어보라고 하셨다. 그게 다였다. 며칠 후 나는 다시 빌려온 책을 들고 법연사를 찾았다. 스님은 명상 음악 테이프를 주면서 "깊이 명상하시길 바랍니다"라고 하셨다. 이대로 떠나면 언제 무슨 연유로 찾아뵐까 싶어 스님께 책을 한 권 더 빌려서 방을 나왔다. 세상의 모든 것을 얻은 것처럼 기뻤다.

나는 세상이 모두 잠들기만 기다렸다가 음악 테이프를 카세트에 넣고 눈을 감았다. 아, 그 소리는 온통 나를 부르는 소리였다. 인도가 나를 찾고 애타게 나를 그리워하는 소리였다. 나는 매일 밤 음악에 취했고, 인도를 찾아 헤맸다. 부적을 써주신 할아버지와 우리 할머니가 떠올랐다. '멀리 떠날 거라는 그분들의 말씀이 바로 이것이구나' 싶었다. "음악이 있는 곳을 찾으라"는 스님 말씀대로 음악이 있는 곳에 가야 한다는 생각이 점점 강해졌다. 며칠 후 나는 다시 책을 들고 스님을 찾았다.

"스님, 저는 인도에 가고 싶습니다. 태양빛이 강한 그 나라가 저를 기다리고 있습니다. 그 땅이 저를 불러요."

스님은 길이 생길 것이니 깊이 명상하라고 했다. 나는 자주 스님 말씀을 떠올렸고, 인도에, 그것도 춤을 배우러 가게 될 것이라고 확신했다. 인도로 떠날 생각을 하니 새로운 고민이 가득해졌다. 일단 돈이 필요했다. 여권과 비자, 부모님의 허락도 필요했다. 유학 경비는커녕 당장 비행기 표를 살 돈도 수중에 없었다. 고민하면서 나는 계속 원기소만 씹었다. 나보다 더 큰 생각에 끌려 다니느라 나는 기운이 없었다.

그러나 그 명상 음악을 들으면 정신이 반짝 났다. '길이 있을 거야. 찾아야 해' 하며 이 길 저 길을 헤매기 시작했다. 명동, 종로, 남대문 여기저기 닥치는 대로 걸었다. 어느 순간 고개를 들고 주위를 보니 조선호텔 앞이었다. 순간 무슨 각오였는지 나는 당당하게 호텔 안으로 들어갔다. 직원에게 매니저 실이 어디냐고 물었다. 내가 얼마나 당당하게 물었던지 직원은 친절하게도 "사무실은 저쪽 뒤편 건물인데요, 그쪽에 가서 물어보시면 될 겁니다"라고 대답했다.

사무실 앞에서 나는 여비서에게 매니저와 만나기로 약속이 되어 있다고 말했다. 그녀는 미심쩍어하면서도 매니저에게 연락하겠다며 잠시 기다리라고 했다. 잠시 후 나는 매니저 실 문을 두드리고 있었다. 아무 대답이 없었다. 나는 다시 똑똑 두드리고는 조심스럽게 문을 열었다. 커다란 책상에서 어떤 남자분이 열심히 일을 하고 있었다. 그분은 나를 힐끔 쳐다보더니 별일 아니라는 듯 다시 서류들을 들추기 시작했다. 내가 먼저 말을 꺼냈다.

"안녕하세요? 저는 신지연이라고 합니다. 저는 사실 매니저님을 만난 적이 없지만 한 가지 청이 있어 염치불구하고 찾아뵙게 되었습니다."

그분은 계속 일에만 집중했다. 내 말을 듣고 있는지 의심스러워 잠시 침묵하고 있었더니 "계속 하시오" 하는 소리가 들렸다.

"네, 저는 인도에 유학을 갈 계획입니다. 그래서 제 비행기 삯이라도 마련하고자 혹시나 제가 이 호텔에서 할 수 있는 일이 있는지, 허드렛일이라도 좋으니 일자리를 찾고자 왔습니다."

그렇게 말한 후 긴 숨을 조심스럽게 몰아쉬었다. 그분은 고개도 들지 않고 "그런 일거리는 여기 없습니다"라고 했다. 나는 찬물을 뒤집어쓴 것처럼 난처하고 창피했다. 나는 기운이 빠져 "죄송합니다" 짧게 말을 하고 문을 나서려는데 문을 열고 싶지 않았다. 그래서 이번에는 떨리고 사정하는 목소리가 아니라 어디서 나오는지 알 수 없는 당당한 목소리로 책상 앞에 다가가 그분에게 말하기 시작했다.

"아직 하고픈 말이 남아서 다시 돌아왔습니다. 거리를 헤매다가 이 호텔을 지날 때 문득 든 생각이 있어서, 창피와 부끄러움을 무릅쓰고 들어와 한 번도 뵌 적 없는 선생님께 청을 드렸는데요, 제가 여기까지 올라와 이렇게 간청하기도 쉬운 일은 아닙니다. 그런데 제 얼굴을 한 번 봐주신 것도 아니고, 이렇게 동냥하러 왔다가 쫓겨나는 거지꼴로 방문을 나서려니 발길이 떨어지지 않습니다. 선생님께서 단숨에 저를 무너뜨릴 수 있는 것에 제가 너무 괴롭습니다. 폐를 끼쳐 죄송합니다. 다른 방법이 있겠지요. 그럼 안녕히 계세요."

문을 열고 나왔다. 내 볼에는 눈물이 줄줄 흐르고 있었다. 엘리베이터 쪽이 아닌 비상 계단을 향해 걷고 있는데 뒤에서 구두 소리가 요란하게 들려오더니 누군가 내 길을 막아섰다. 나는 눈물도 닦지 않은 채 그녀를 바라보았다. 매니저의 비서였다.

"매니저님께서 연락처를 놓고 가라고 하셨습니다."

그리고 며칠 후 호텔 측으로부터 연락이 왔다. 날듯이 기뻤다. 내게 주어진 일자리는 안내 부서였다. 양장과 한복, 명찰, 화장품, 구두, 심지어 스타킹까지 주어졌다. 첫날 출근해 유니폼을 입고 매니저를 찾아갔으나 그분은 나를 만나주지 않았다. 그 대신 열심히 일해서 하고자 하는 뜻을 이루라는 말을 비서에게 전해 들었다.

통장에 돈이 조금씩 모아질 때마다 나는 하늘을 날 것처럼 신이 났다. 비행기 삯도 마련되고 여권도 준비되었다. 단지 춤을 배울 수 있는 비자를 받아야 하는데 이것을 어떻게 받아야 할지 몰라 스님을 찾았다. 스님은 요가협회를 알려주셨고, 나는 그곳에 가서 상의하고 우선 요가 수련부터 받기 시작했다. 뭔지는 모르지만 그러다 보면 방법이 찾아질 것이라는 확신이 있었다. "너는 멀리 떠날 것"이란 말이 곧이곧대로 믿어졌기 때문이다.

마침 명상 지도를 위해 인도에서 요기 한 분이 요가협회에 오신다고 했다. 나는 그 수업을 듣기로 했다. 요기의 크고 깊은 두 눈과 희고 긴 수염이 인상적이었다. 내가 본 첫 번째 인도인이어서인지 그 느낌이 신비로웠다. 첫째 날은 촛불을 통한 집중 명상을 했다. 불꽃이 춤을 추듯 타오르고, 나는 그 불꽃이 움직이는 대로 따라가며 집중을 했다. 어느 순간 촛불이 마치 분신을 하듯 두 개 세 개로 늘어나더니 앞이고 뒤고 오직 촛불만 보였다. 잠시 후 촛불이 한 자리에서 회전을 하며 돌기 시작했다. 촛불만이 아니라 옆 사람도 책상도 의자도 컵도 모든 것이 각기 제자리에서 회전하며 진동하고 있었다. 그 순간 나는 우리가 각자 회전하는 하나의 개체들이라는 사실을 확연히 깨달을 수 있었다.

둘째 날은 행성 여행이라는 걸 했다. 그 수업을 통해 나는 스스로도 의심스러울 정도로 깊은 명상 상태에서 몸이 진동하고 황홀한 색채에 빨려드는 신비로운 체험을 했다. 행성 여행 막바지에는 내 몸이 황홀한 색채들 속에서 아주 강렬하게 진동하면서 붕 하고 공중에 가뿐히 뜰 것 같았는데, 어느 순간 쿵 하고 바닥에 쓰러지고 말았다. 사람들이 얼른 나를 부축해 물수건으로 얼굴을 닦아주고 마실 물을 갖다 주었다. 요기는 너무나 강한 에너지를 경험해서 그런 것이라며 내일은 그것을 조절하는 법을 일러주겠다고 했다. 요기는 나를 깊숙이 바라보았고 나 또한 그의 눈빛 속으로 들어갈 듯이 그를 바라보았다.

그러나 다음날은 수업을 들을 수가 없었다. 시내 곳곳에서 민주화 구호를 외치는 학생 데모가 일어나 교통이 통제되었고, 거리는 온통 최루탄 가스로 가득했다. 나는 이 사회가 어떻게 되어가는 줄도 모른 채 그저 마지막 명상 수업에 참여하지 못하는 것이 안타까울 뿐이었다. 지금도 되돌아보면, 그날 나는 요기의 강의를 듣지 못한 채 최루탄 가스 속을 헤매면서 아수라장이 된 내 자아를 끌고 하루를 마치 몇십 년처럼 산 것 같은 기분이 든다.

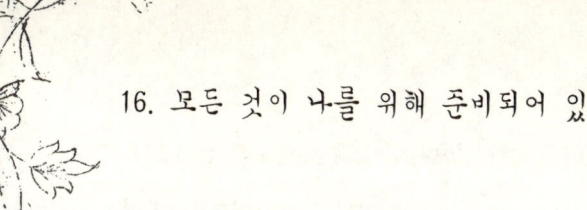

16. 모든 것이 나를 위해 준비되어 있었다

　시간은 자꾸 가고 있었다. 문제는 비자였다. 요가 지도자 자격증이 있어야 비자 신청을 할 수 있는데 그 시간을 기다린다면 내게 부적을 주신 할아버지나 우리 할머니의 말씀과는 좀 다른 결과가 생길 것 같았다. 그들이 말씀하신 '곧'이란 단어에 나는 누구보다도 집착했고 무엇보다 갈망했다. 그 갈망이 나로 하여금 요가협회 회장님께 사정을 하도록 이끌었다. 그동안 "모든 것에는 순서가 있으니 지금은 자네를 도울 수가 없네" 하시던 분이, 무슨 일인지 내일 아침 협회로 일찍 나올 수 있느냐고 하셨다.
　다음날 일찍 협회 사무실로 회장님을 찾아갔다. 회장님은 인도로 요가 지도자 연수를 떠날 사람 중에 서류 이상으로 결원이 생겼다며 그 자리에 나를 대신 넣어주겠다고 했다. 내가 춤을 배우러 인도에 가는 것은 알지만 꾸준히 요가 수행을 하면서 내 목적도 이루길 바란다고 했다. 그 당시는 비자 받기가 아주 까다로웠던 때라 나는 감사에 감사를 거듭했다.

　이제 남은 것은 부모님의 허락이었다. 인도 춤을 배우고 싶어 그동안 일을 해 비행기 삯도 마련하고 여권과 비자도 준비했다는 내 말에, 아버지는 담배를 꺼내셨고 어머니는 인도가 어디에 있느냐고 물으셨다.

　"엄마, 인도는 부처님이 태어난 곳이에요. 다른 건 나도 잘 몰라요."

　어머니는 부처님이 태어난 곳이란 말에 "네가 결국 승려가 되려고 집을 떠나는구나" 하시며 한숨을 쉬었다.

　"엄마, 걱정 마세요. 저는 오직 춤에만 관심이 있고, 그것으로 자유를 느끼고 싶습니다. 그 외엔 아무것도 몰라요. 인도에 가면 답이 있고 길이 보일 것 같아요. 지금은 무엇 하나 확실히 말씀드릴 수가 없습니다. 6개월이란 기간, 빨리 지날 것이니 염려 마시고 크게 생각해 주세요."

　부모님께서는 일주일만 생각할 시간을 달라고 하셨다. 나중에 알았지만 어머니는 그 일주일 내내 용하다는 점쟁이들을 찾아가 "내 딸이 멀리 떠난다는데 어찌 할까요?" 물으셨다고 한다. 그때마다 그들은 "이 사람 사주가 귀하고 높은지라 그냥 보내시오" "멀리 떠날 사주인데 이것을 막은들 갈 사람이 못 가겠소? 그냥 마음 편히 보내시구려" "막으면 정신적으로 큰 타격을 받을 테니 차라리 그냥 떠나게 두시오"라고 했단다. 결국 나는 그들의 도움으로 허락을 받게 되었다.

　나는 5월에 떠나는 비행기 표를 구했고, 그때까지 한 달이라는 시간이 남아 여전히 호텔에서 근무를 했다. 무용 학원에도 꾸준히 다녔다. 선생님은 내가 요가 연수를 떠나게 된 것을 기뻐하며 많은 격려를 해주셨다. 차마 선생님께 인도 춤을 배우러 간다고는 말하지 못했다. 사실 인도 춤이 어떤 건지 나도 잘 몰랐다. 그것은 형체 없는 꿈이었다.

스님께서도 열심히 배우라고 격려해 주셨다. 출장중인 호텔 매니저에게는 감사의 편지를 남겼다. 잘하지도 못하는 영어로 외국인들 질문을 받을 때마다 진땀을 흘렸지만, 호텔에서 일하게 된 건 참으로 큰 행운이었다. 가끔 말을 잘못 알아듣고 엉뚱한 안내를 하기도 했지만, 이제는 그런 실수도 점점 줄어들고 있었다.

그러던 어느 날 호텔 위층의 프랑스 레스토랑에서 근무하던 한 언니가 나를 찾아와 아주 중요한 약속이 있다며 저녁 근무를 대신 봐 달라고 했다. 안내소 근무밖에 안 해봐서 자신 없어하는 내게 언니는 안내 일보다 쉽다며 애원을 했다.

"지연아, 내 말 잘 들어. 너는 이곳에서 손님들 외투나 가방 따위를 보관하는 거야. 손님에게 이 토큰을 내주고 받은 물건을 번호판과 맞는 곳에 보관해. 손님이 토큰을 내밀면 확인하고 물건을 건네주기만 하면 돼. 말도 필요 없고 그저 상냥하게 웃으며 '좋은 시간 되세요' 하고 인사만 하면 되는 거야. 알았지? 쉽잖아."

언니는 내게 일을 맡기고 "내일 봐" 하고는 떠났다. 여태껏 위층에 이렇게 화려하고 고급스런 레스토랑이 있는 줄도 몰랐다. 고급스러운 분위기에서 조용조용 대화를 나누는 손님들의 품위 있는 모습을 곁눈질하느라 나는 정신이 없었다. 이것이 상류 사회인가 싶었다. 걷는 것도 멋있었다. 그들의 자태에 매료되어 정신을 팔고 있는데 문득 바닥에 지갑이 떨어져 있는 것이 보였다. 그러잖아도 아까 여러 사람의 외투를 한꺼번에 받고 실수로 떨어뜨리다가 얼결에 거꾸로 잡아 쥔 것이 있었는데 그때 떨어진 것 같았다.

나는 얼굴이 하얗게 질린 채 숨을 크게 들이쉬고 지갑을 열어보았다. 떨리는 손으로 지갑을 열어보니 백 달러짜리 지폐는 물론 만 원짜리 원화도 가득했다. 신용카드도 여러 장 있었는데 카드들에는 황금 비둘기가 유난히 반짝거렸다. 다행히도 그 속에서 신분증을 찾았다. 미국인 남자 분이었다.

잠시 후 식사를 마치고 나오는 손님들에게 의복을 돌려주면서 지갑 속 신분증에서 본 사람과 비슷한 사람을 찾느라 정신이 없었다. 드디어 지갑 주인인 듯한 사람이 내게 토큰을 내밀었다. 그분 뒤에는 아까 내 정신을 빼앗은 중년의 여인이 서 있었는데 부부인 것 같았다. 그녀는 정말 아름답고 화려했다. 쌍꺼풀이 크고 눈은 갈색에 코가 오똑한 백인이었다. 목에서는 빨간색 루비와 다이아몬드가 반짝거렸다. 나는 어색한 몸짓과 서툰 영어로 "실례합니다만 혹시 지갑을 잃어버리지 않았는지요?"라고 물었다.

내 말을 못 알아들었는지 그들은 "탱큐" 하며 돌아서려고 했다. 신분증의 이름과 같기를 바라면서 내가 다시 성함이 어떻게 되느냐고 물었다. 성함이 같았다. 나는 그제야 안심을 했다. 내 실수로 이곳에 떨어뜨렸다고 설명하고 빠진 건 없는지 확인해 보라고 부탁을 드렸다. 그들은 오히려 내게 감사하다며 식사 대접을 하겠다고 했다. 나는 호텔 규정상 손님과 식사할 수 없다고 설명했고, 또 내 실수였으니 호의를 베푸는 것은 옳지 않다고 했으나, 내 영어가 서툴러서 그런지 대화가 잘되고 있는 것 같지 않았다.

결국 다음날 나는 신라호텔에서 그들을 만나 식사를 하게 되었다. 느끼한 치즈와 크림 파스타를 한 입 먹을 때마다 우리 집 밥상이 떠올랐다. 영어가 짧아 많은 대화는 나눌 수 없었지만 눈치로 알아듣고 대화를 주고받았다. 그들은 학생이냐, 왜 호텔에서 일하느냐 물었고, 나는 곧 인도에 춤을 배우러 간다고 대답했다. 그들은 내게 도움을 주고 싶다며 명함을 건네주었다. 유학중에 어려운 일이나 부탁할 게 있으면 언제든 연락하라고, 행운을 빈다고 했다. 나는 처음으로 외국인 연락처를 받고 그저 기쁘기만 했다. 그들과의 인연이 훗날 내 인생의 따끔한 맛으로 이어지리라고는 전혀 상상도 못하면서. 그저 그렇게 세상이 내게 친절하고 세상이 나를 위해 펼쳐지는 것처럼 흥분하며 두려움이 무엇인지 잠시 잊고 있었다.

떠나기 전날, 나는 법연사를 찾았다. 스님은 내게 경비에 보태 쓰라며 인도 돈을 건네주셨고, 한국대사관 연락처와 한인협회 회장의 주소와 전화번호도 주셨다. 양파를 만나 국수도 먹었다. 양파는 인도에 가서 철 좀 들어 오라며 내게 《순악질 여사》라는 만화책과 원기소를 내밀었다. 그와 헤어져 버스를 탔는데 그의 얼굴이 사람들 속에 섞여 잘 보이지 않았다. 나는 마음속으로 '양파, 매운 양파, 달콤한 양파……' 하고 그의 이름을 불렀다. '내가 정말 독하고 순악질이지.

너의 연락처도 묻지 않고 말이야.'

 밤에 잠을 이루지 못하였다. 다음날 아침 일찍 부모님이 김포공항까지 함께해 주셨다. 엄마는 몰래 눈물을 닦았고, 아버지도 무엇인가를 참고 계셨다. 부모님은 모르고 계셨으나 내 손에 쥔 비행기 표는 편도행이었다. 손에 쥐고 있는 돈도 돌아오는 편도행 비행기 삯이 전부였다. 가진 돈을 다 쓰면 어떻게 되는지는 생각하고 싶지 않았다. 그러나 막상 비행기를 탔을 땐 입이 찢어질 듯 좋아서 어쩔 줄 몰라 하는 내가 느껴졌다. 비행기를 탄 것이 무척이나 신나고 재미있었다. 그러다 비행기가 높이 오르고 나자 비로소 눈물이 나기 시작했다.

3부
혼돈의 시간들

17. 윙크가 멋진 남자

두 번 비행기를 갈아탄 후에 뉴델리 국제공항에 도착했다. 새벽이었다. 비행기 문 밖을 나선 순간 이상한 냄새가 나를 강하게 자극했다. 꾹꾹 눌려진 습함과 더위 속에서 뭔가 썩어 들어가는 듯한 냄새였다. 공항 밖을 나오자 냄새는 더 심했고, 마치 기다렸다는 듯 더운 바람이 확 하고 달려들며 피부 속으로 스며들었다. 두려운 마음으로 택시를 타고 아쉬람에 도착해서 보니 사무실 장식장에 놀랍게도 한국 인형이 있었다. 한국인 연수자들이 선물한 인형이라고 했다. 그제서야 나는 제대로 잘 찾아왔구나 싶어 마음이 놓였다.

아쉬람에서는 새벽마다 아주 많은 사람들이 모여서 요가를 했다. 새벽에 일어나는 것이 익숙하지 않은 나는 몇 번 지각을 했다. 새벽에 요가 지도자가 만트라 염송을 하면서 지나가는 소리를 듣고서야 서둘러 수련장으로 달려가곤 했다. 몇 주가 지나 인도 생활에 익숙해지면서 나는 인도인처럼 옷을 입고 수건도 두르고 다녔다.

그러면서도 나는 여간 고민이 되지 않았다. 아쉬람에서 6개월 수련을 마치고 나면 한국에 되돌아가야 하는데 그 후 다시 인도에 온다는 건 꿈같은 일이고 또 춤을 배우지 않고 돌아갈 수도 없었다.

인도로 떠나기 전 스님 소개로 전에 인도 무용을 배웠다는 서울예전 남자 선배를 만났는데, 그때 선배로부터 받은 학교 주소를 꺼내들고 다들 낮잠 자는 시간을 이용해 아쉬람을 빠져나와 오토택시를 탔다. 나는 기사에게 다시 돌아갈 것이니 기다려달라고 부탁하고는 학교 안으로 들어섰다. 그런데 난데없이 수위 아저씨가 나타나 긴 대나무로 나를 슬슬 밀어내며 나가라고 했다. 그때 한 외국인 청년이 그것을 보고 수위에게 뭐라고 하더니 나에게 들어오라는 손짓을 했다. 그 청년을 따라서 간 곳은 식당이었다.

그는 내게 자기는 이곳 학생이고 이름은 에드워드이며 브라질에서 왔다고 했다. 나 또한 서툰 영어로 신계숙이라고 소개하는데 그가 발음을 못해 신지연이라 다시 소개했다. 아까보다는 알아듣는 듯했다. 이 학교에 입학하고 싶어서 왔다고 하니 지금은 방학중이고 개학하면 서류를 준비해서 학장을 만나라고 했다. 그러면서 나에게 어디에서 지내냐고 물었다. 아쉬람에서 지내고 지금 밖에 택시가 기다려 가봐야 한다고 했더니, 오늘 마침 무용 공연이 있으니 함께 보고 나중에 데려다주겠다고 했다. 아쉬람에서 내가 밖에 혼자 나온 걸 모르고 있어 돌아가야 한다고 하자, 그럼 자기가 아쉬람에 가서 설명하고 공연이 끝나면 데려다주겠다고 했다.

나도 실은 인도 춤이 보고 싶어 그의 제의를 받아들였다. 아쉬람에서 허락을 받고 그를 따라 카마니라는 공연장에 들어섰다. 학교 기숙사 옆이었다. 에드워드와 함께 본 춤은 오디시라는 춤이었다. 한국무용과는 다르게 동작이 크고 발목에 방울 같은 것이 달려 있는 듯 움직이면 소리가 났다. 얼굴의 표정도 연기자처럼 순간순간 변하는데 마치 커다란 눈동자가 이리저리 굴러가는 소리가 들리는 듯했다.

공연이 끝나고 배웅해 주면서 에드워드는 학교 근처로 숙소를 옮기면 어떻겠냐고, 자기가 방 얻는 것을 도와주겠다고 했다. 도움이 필요하면 수위 아저씨께 면회 왔다고 하면 된다면서 곧 또 만나자며 윙크를 했다. 훤칠한 키에 선명한 눈썹과 크고 또렷한 이목구비, 곱슬머리에 음성은 아주 달콤하고 부드러웠다. 더더구나 윙크는 가슴이 철렁할 정도로 사람을 끄는 힘이 있었다. 남미 사람을 처음 만나는 내게 그는 정말로 매력 있게 느껴졌다.

다음날 낮잠 시간에 나는 에드워드를 찾아갔다. 그는 기숙사에서 달려 나와 양팔을 벌리며 나를 반겼다. 그런 행동이 아주 어색하고 난감했지만, 그는 너무나 자연스럽게 포옹하며 반가워했다. 학교 식당으로 나를 데려가더니 차를 두 잔 시켰다.

"에드워드, 어젯밤에 생각해 보니 이 근처에 방을 구하는 것이 좋을 것 같아서."

에드워드는 내 말이 끝나자마자 "잠시만 기다려" 하고는 기숙사로 달려갔다. 잠시 후 나타났는데 아까와 같은 인도 옷이 아니라 바지에 셔츠를 입고 모자를 쓰고 나타났다. 헐렁한 인도 옷 때문에 몰랐는데 그의 몸매가 드러나자 무용수답게 몸이 아주 아름다웠다.

나를 데려간 곳은 학교 근처의 하숙집이었다. 초인종을 누르자 할머니가 나타나 "에도" 하면서 반가이 맞았다. 거실에 앉아 있는데 할머니가 나를 어찌나 자세히 쳐다보는지 눈을 어디다 둬야 할지 난감했다. 이윽고 조서를 꾸미듯이 질문이 시작되었다. 이름이 무엇이냐로 시작해, 어느 나라에서 왔고, 무엇하러 왔으며, 부모와 형제는 몇이나 되고, 아버지 직업이 무엇이고, 한 달에 수입이 얼마나 되는지까지…… 에드워드는 내가 방을 구하는 중인데 이곳에 혹시 빈 방이 있느냐고 물었다.

그때 인도 전통 사리를 걸친 할머니의 손톱에 봉숭아물이 들여져 있는 것이 보였다. 순간 나는 그녀가 친근하게 느껴졌다. 머리는 기름 묻힌 참빗으로 정성껏 빗어 앞가르마를 가른 후 뒤로 넘겨 땋았는데, 땋은 머리가 왼쪽 어깨를 타고 가슴 밑까지 내려왔고 끝부분에 리본이 달려 있었다. 커다란 눈에는 까만색으로 짙게 화장을 했고 입술에는 보일 듯 말 듯 빨간 립스틱이 묻어 있었다.

그녀가 다시 질문을 퍼붓기 시작했다. "고기를 먹느냐?" "계란은 먹느냐?" "생선은 먹느냐?" "담배를 피우냐?" "술을 마시느냐?" "남자가 있느냐?" 나는 계속 "아니오"라고 대답했다. 그렇게 계속 "아니오"라고만 대답하니 이상한지 "언제부터 육식을 하지 않았느냐?"고 다시 물었다. "아주 어린 시절부터요. 제 할머니가 채식만 하셨고 할머니 덕분에 육식을 가까이하지 않고 컸습니다."

할머니가 내 손을 덥석 쥐더니 "그랬구나" 하고 나를 안아주시며 "만나서 반갑다. 내 집에 온 것을 환영한다. 너에게 방을 주마. 당연히 주고말고. 화장실이 없는 2층에 방 하나가 있는데, 더 편한 방이 나오면 너에게 먼저 바꿔주마"라고 했다. 방세는 한 달에 600루피라고 했다. 잠시 할머니가 자리를 비우자 에드워드가 나지막한 음성으로 기숙사의 방값이 100루피이니 다 주지 말라며 가난하고 없는 시늉을 하라고 시켰다. 나는 방값을 흥정하는 것이 처음이라 어떻게 해야 할지 알 수 없었다.

"할머니, 가진 돈을 아껴야 하니 조금만 깎아주세요."

"그럼 500루피만 내려무나."

에드워드는 할머니 뒤쪽으로 가서 눈짓으로 더 깎으라고 했으나 난 수단이 좋지 않아 500루피에 방을 얻기로 하고 집을 나왔다. 에드워드는 몇 달 전 똑같은 방을 300루피에 얻었다고, 미리 말해주지 못해 미안하다며 모자를 푹 눌러 썼다. 그런 그가 마냥 귀여웠다.

나는 아쉬람으로 돌아와 지도자 선생님께 실은 춤에 관심이 있어서 인도에 왔고 학교 근처로 방을 옮기기로 했다는 얘기를 서툰 영어로 천천히 전했다. 처음에는 안 된다던 지도자 선생님은 다음날 나를 한국대사관에 데리고 가 옮겨갈 주소와 학교 연락처를 적게 하고는 이사를 허락했다. 이렇게 해서 나는 할머니 집에서 하숙을 하게 되었다.

내 방은 아주 작았지만 한쪽 면이 전부 창문이어서 바깥 풍경이 훤히 보였다. 화장실과 욕실이 없어 불편했지만 그래도 혼자 창을 두고 햇빛을 받으며 지낼 수 있다는 것에 감사했다. 에드워드는 자주 나를 찾아왔다. 에드워드는 나를 우체국, 은행, 국제 전화하는 곳, 암

달러 상인은 물론 신선한 생우유를 파는 곳, 수입 물품 파는 곳 등등 여기저기 데리고 다녔다. 내게 뭐든 도움을 주려고 하는 것이 피부로 느껴졌다. 그런 그가 어느 날 내 집에서 아주 가까운 요가 아쉬람을 일러주며 요가도 꾸준히 하라고 했다. 에드워드가 정말 고마웠다.

이른 아침 에드워드가 일러준 요가 아쉬람에 갔다. 수련비를 따로 받지도 않았을 뿐더러 수업이 끝나면 생녹두 불린 것까지 주었다. 비린내 나는 녹두를 씹으면서 허기를 채웠다. 생녹두를 먹기 시작하면서 조리 음식을 먹고 싶은 충동이 줄어든다는 것을 알게 되었다. 그 비린 냄새가 식욕을 감퇴시켰던 것 같다. 나는 아쉬람에서 받아온 생녹두를 아침저녁으로 나누어 먹었고, 사람들이 꺼려하는 수도꼭지의 물도 벌컥벌컥 들이마셨다. 그런데도 아무 탈이 나지 않았다. 그저 즐겁고 행복했으며 신기하고 자유로웠다.

에드워드가 어느 날 입학 원서를 가지고 왔다. 영어로 된 입학 원서를 무슨 수로 읽어 내려가지 하는데, 그가 책상에 앉더니 내 여권도 보고 묻기도 하면서 원서를 작성한 뒤 사인을 하라고 했다. 증명사진도 붙였다. 기숙사에 들어가는 것도 제일 빠른 순번이 되게 했다며 내게 윙크를 했다. 나는 순간 멍하니 매직 같은 그의 윙크에 빠져 고맙다는 말도 하지 못했는데 어느새 그는 서류를 들고 뛰어나갔다.

얼마 안 있어 학교에 함께 가서 수강 신청을 하고 학생증을 발급받았다. 수업은 에드워드와 똑같이 받았다. 에드워드에게 정말로 고맙다고 하니 그는 도움이 필요하면 언제든지 말하라며 내게 또 윙크를 하는데, 그의 윙크는 가슴이 녹아내리고 다리가 휘청거리게 했다.

그 후 에드워드만큼 내 다리를 휘청이게 하는 윙크는 누구한테도 받지 못했다.

한국을 떠나기 전만 해도 나는 얼마나 두려웠던가? 인도에 내가 좋아하는 감자가 있는지 어떤지도 몰랐고, 사람들이 나를 속이거나 위험에 빠뜨리지는 않을지 불안했다. 더군다나 나는 아무것도 준비된 것이 없었다. 영어도 서툴렀고, 여비도 충분하지 않았다. 오로지 춤을 배우겠다는 고집스런 마음 하나로 떠나온 길이었다. 그런데 이렇게 멋진 남미 청년으로부터 이토록 극진한 도움을 받게 되다니! 단 한 번도 상상하지 못한 일이었다. 어떤 일도 도움 없이 혼자 이룰 수는 없다는 걸 그때 절실히 깨달았다.

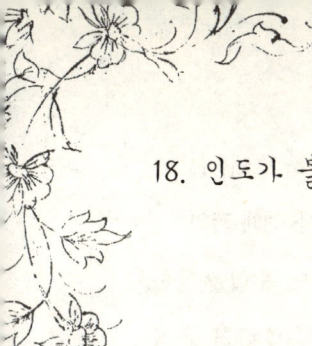

18. 인도가 불러서 왔습니다

하숙집 할머니는 젊은 시절 비행기 조종을 했다는데, 그때 찍은 사진이 방 한쪽 벽에 걸려 있었다. 자신이 인도에서 첫 번째 여자 조종사였단다. 한때 오늘날의 파키스탄 지역에서 살다가 무슬림 교도와 힌두 교도의 종교 갈등을 피해 이곳으로 이주했단다. 다른 벽에는 인도 여성을 그린 수채화들이 걸려 있었는데 할머니가 직접 그린 것이라고 했다. 나는 그 그림들이 정말 탐이 났다. 할머니는 그림을 판매도 한다며 여인이 혼자 있는 것은 천 루피이고 네 명 있는 것은 4천 루피라고 했다.

계산법이 독특했지만, 나는 수수한 차림의 여인이 혼자 서 있는 그림을 사기로 하고 매일 100루피씩 내기로 했다. 할머니는 외상 장부에 내 이름을 쓰면서 내가 사기로 한 그림은 언제든 볼 수 있지만 다른 것은 잠깐씩만 보라고 했다. 나는 그런 할머니가 정말로 좋았다. 그림 값 덕분에 나는 많은 곳을 걸어 다녔고 먹지도 않았다. 그런데도 그림 장만한 걸 후회하지 않았다. 할머니의 그림을 보고 있으면 기분이 좋아지고 마음이 고요해지면서 뭔가 깊은 꿈을 꾸게 되었다.

그림을 장만한 날이 첫 수업을 들으러 가는 날이었다. 수업은 아주 체계적이었고, 나는 에드워드를 통해 오전 수업인 오디시 춤의 열 가지 기본 동작을 배웠다. 시골 농부처럼 털털하고 온화한 오디시 선생님은 양손을 이용해 옆으로 긴 북을 치며 장단을 넣었는데, 그 장단은 생각보다 어렵지 않았다. 많은 학생들이 거울 앞에서 함께 호흡을 맞추어 반복하는 것이라 실상 동작을 잊어버렸다 해도 따라할 수 있었다. 그러나 표정과 몸의 아름다운 선까지 생각하다 보면 동작의 순서를 잊어버리곤 했다. 땀을 흘리며 쫓아가려는 거울 속 내 모습을 바라보며 자꾸 나 자신을 격려했다. 오디시 춤 동작 중에서 내가 싫어하는 포즈는 엉덩이를 낮추고 다리를 조금 벌린 채로 구부려 앉는 자세였다. 내가 쓸데없이 예민해서 그런지 다리를 벌리고 앉으면 비록 옷으로 가려지긴 하지만 허벅지와 다리 사이에 다이아몬드 형체가 나타나는 게 정말 싫었다. 그런데 그것이 오디시 춤의 기본 동작이었다.

오후에는 카탁이란 수업을 받았다. 오디시 선생님과 달리 깐깐하고 쌀쌀한 여자 선생님이었다. 수업을 하기 전 출석을 부르는데 선생님이 나를 "지아"라고 불렀다. 나는 가만히 있었다. 다시 한 번 "지아" 하고는 나를 쳐다보는데 역시 아무 말 안 하고 있으니 한국에서 온 학생이 누구냐고 물었다. 내가 손을 들자 선생님은 화를 벌컥 내며 "이름을 부르는데 대답을 안 하는 이유가 뭐야?" 하고 물었다. 나는 내 이름이 아니라고 했다. 선생님은 교무실에 가서 이름을 정정하고 오라고 내게 출석부를 주었다.

교무실에서 확인하면서 보니 내 여권에 'gye sook'이 아니라 'gya'라고 씌어 있었다. 지아라니, 이게 무슨 일이지? 할머니가 돌아가신 뒤 꿈속에서 이름이 바뀔 거라 하셨는데 바로 이것을 두고 하신 말씀인가 싶었다. 어쨌거나 내 이름이 신계숙에서 신지연으로, 이제 신지아로 바뀐 것은 분명한 일이었다.

카탁 선생님은 춤을 못 추는 학생들을 대놓고 무시했고 냉정하고 앙칼진 음성으로 교실에서 내쫓았다. 나는 거의 매일 쫓겨나곤 했다. 선생님은 내게 유난히 쌀쌀맞았으며 나는 하루하루 그녀를 대면하기가 여간 불편한 것이 아니었다. 그러나 나는 오디시 춤보다 매번 눈물로 쫓겨나는 카탁 춤에 온통 마음을 빼앗기고 있었다. 나는 오로지 카탁의 기본인 땃가에만 신경을 썼다. 오른발 왼발을 번갈아가며 발바닥으로 바닥을 쳐 소리를 내면서, 아주 천천히, 천천히, 조금 빠르게, 빠르게, 아주 빠르게의 속도로 리듬 있게 움직이려면 집중과 인내심이 필요했다. 마음이 흔들리지 않아야 땃가를 할 수 있었다.

그러나 나는 잘하고 싶은 욕심에 번번이 리듬을 놓쳤고, 이 생각 저 생각으로 집중하기가 어려웠다. 입으로 숫자를 세거나 다딘딘다 하며 땃가의 명칭을 부르며 움직이다가도 매번 상념들이 나를 이기곤 했다. 숨은 거칠고 온몸은 땀으로 범벅이 되었으나 매일 패배한 느낌 속에 수업을 마쳐야 했다. 그러나 돌아보면 그 패배감 속에서 뿌리가 조금씩 단단해지고 있었던 것 같다. 나는 그 패배감을 받아들였고, 비록 눈물로 달랠지언정 그런 나 자신을 사랑하는 것을 한 번도 잊지 않았으니 말이다.

아침에 요가 아쉬람에서 나눠준 불린 녹두와 콩을 먹거나 오이 하나를 오전과 오후로 나눠 먹으면서 지냈지만, 생콩을 먹어도 달고 맛이 있고 잠을 자면 항상 숙면을 취했다. 아침에 눈을 뜨면 이 낯설지 않은 인도 땅에 내 방이 있다는 게 기뻤다. 누가 무슨 이유로 내 피부에 빨간색 물감으로 추상화를 그려놨는지는 몰라도, 특별한 그 무엇을 담고 있는 내 몸이 갈수록 더 사랑스럽게 느껴졌다. 내가 인도까지 올 수 있었던 것은 이 빨간 피부의 비밀스러운 무엇이 나를 도와주기 때문이라는 생각이 점점 강해졌다.

기숙사 자리는 좀처럼 나지 않았다. 오전 수업을 마치고 돌아와 샤워를 하고 몸에 재스민 오일을 바른 뒤 햇빛에 앉아 혼잣말로 "이 순간이 영원했으면……" 하고 되뇌고 있는데 에드워드가 찾아왔다. 얼른 옷을 입고 방문을 여니까 그냥 놀러 왔다며 마치 자기 방인 듯 침대 위에 벌렁 누웠다. 그러면서 "이게 무슨 냄새지?" 하며 코를 킁킁거렸다.

"응, 재스민 오일을 몸에 좀 발랐거든……"

말을 하고 나니 기분이 좀 이상해 방문을 활짝 열었다. 그는 방에 있는 책을 뒤적거리더니 잠시 후 돌아가야겠다며 일어섰다. 잠깐이지만 멋쩍은 느낌이 둘 사이에서 일었고, 에드워드 역시 이상했는지 "내일 보자" 하고는 그 화려한 윙크도 없이 방을 나갔다. 쫓아 보내는 것 같아 미안한 마음에 창문을 열고 에드워드를 불렀다. 특별히 해야 할 말이 없어 잠시 머뭇거리다가 비자 연장 신청을 해야 하는데 어디서 어떻게 해야 하느냐고 물었다. "오늘은 늦었고 내일 아침에 함께 가줄게" 하면서 양손을 입술에 대고 내게 뽀뽀를 날렸다.

나는 그런 제스처보다도 그의 윙크가 정말로 그리웠다. 그의 윙크를 상상하면서 땃가를 시작했다. 한 시간이 훌쩍 넘었다. 재스민 향기는 온데간데없고 오직 땀 냄새만 났다. 이제 땃가가 몸에 익숙해지고 있는데 이대로 물러날 수는 없었다. 몇 시간이 지났는지 어둑어둑해졌고, 시간이 늦었으니 내일 연습하라고 소리치는 할머니의 목소리가 들렸다.

다음날 에드워드가 모자를 쓰고 바지와 셔츠를 입고 나타났다. 중요한 일이 있을 때 그가 모자를 쓴다는 것을 알게 되었다. 비자 연장 사무실은 엉성하기 짝이 없었다. 모든 곳이 터져 있었고 벽 쪽의 책상 앞으로 순번을 기다리는 사람들이 줄줄이 앉아 있었다. 한 사람 한 사람 상담할 때마다 이야기 소리가 다 들렸다. 여기저기 묻고 다니던 에드워드가 벌써 내 비자 문제를 알아봤는지 속삭이듯 말했다.

"이곳에서는 네 비자를 연장받을 수 없대. 비자를 받으려면 재학 증명서를 갖고 한국에 있는 인도대사관에 가서 받아야 한다는데 어쩔 거니?"

"나는 반드시 비자를 받아야 해."

"그런 경우가 없대. 그러니 돌아가자. 결국 안 된다고 할 게 뻔한데……"

"에드워드, 여기까지 와줘서 고마워. 이제는 나 혼자 할 수 있으니까 너 먼저 돌아가. 번번이 미안해. 신세만 지고 있으니……"

그때 나와 경우가 똑같은 어떤 학생이 비자를 못 받고 돌아가는 모습이 보였다. 내가 크게 숨을 고르는 모습을 보더니 에드워드도 차마 떠나기 어려웠던지 아무 말 없이 옆에서 기다렸다. 드디어 내 차례가 되었다. 에드워드가 가엾은 눈으로 나를 쳐다봤다. 무슨 말을 꺼내야 할지 나는 아무런 준비도 없이 책상 앞으로 다가갔다. 일단 "나마스테" 하며 양손을 합장하고 인사를 했다. 그리고 아주 당당하게 직원에게 서류를 내밀었다.

그가 나를 쳐다보면서 "이 서류는 안 되는……" 하고 말하는 순간 내가 끼어들었다. "알고 있습니다. 이 서류가 왜 안 되는지 잘 알고 있습니다. 그래서 제가 여기에 앉아 있는 거고요." 내 태도에 놀랐는지 그가 하던 말을 멈추고 나를 쳐다보았다. 그때 준비하지도 않았던 말이 나도 모르게 터져 나왔다.

"나는 인도가 불러서 여기까지 오게 되었습니다. 지금은 인도가 내가 떠나지 않길 원해서 이곳에 있고요. 지금 나는 인도 전통 무용을 배우고 있습니다. 지금 내가 왔다 갔다 할 사정이 못 됩니다. 내 기억에 나는 이 땅에 살았던 적이 있습니다. 지금 내가 왜 다른 나라에서 태어나 비자 신청을 받아야 하는지는 모르지만 나를 보세요. 나는 전생에 인도인이었습니다. 그러니 지금 나를 도와주시길 바랍니다."

여기까지 말하고 나는 침묵했다. 사무실 직원은 괜한 콧수염을 꽈대면서 나를 쳐다보았다. 나 또한 그를 아주 편안하게 바라보았다. 잠시 망설이더니 그가 도장을 찍어주었다. 나는 웃지도 않고 "깊은 배려심에 감사드립니다"라고 말하고 일어섰다.

당당하게 서류를 들고 나오는데, 내 뒤에 있던 청년이 나와 경우가 같았는지 안 된다는 소리에 나를 가리키면서 왜 저 학생은 되고 자기는 안 되느냐고 소리를 쳤다. 그 직원은 단호한 목소리로 "그건 5분 전의 일이었다"며 "다음!" 하는 것이다. 에드워드가 입을 다물지 못한 채 나를 쳐다보았으나 나는 무표정하게 절차를 모두 밟은 뒤 돈을 지불하고 비자를 받은 여권을 들고 사무실을 걸어 나왔다. 그리고 아무 말 없이 오토택시를 잡아탔다.

택시가 시동을 걸고 그곳을 약간 벗어나서야 나는 에드워드의 손을 잡고 비로소 미소 지을 수 있었다. 아주 만족스럽게, 아주 당연하게 말이다. 에드워드는 여전히 믿기지 않는다는 듯 흥분하며 말했다.

"도대체 넌 누구니? 누군데 그런 말을 하는 거야? 뭘 믿고 말이야. 지아, 너 수단이 보통이 아닌데?"

"에드워드, 난 진심이었어. 내가 전에 인도에서 살았던 기억이 아주 강해. 나 혼자 생각이지만. 어쨌든 비행기 비용과 시간을 얻어서 감사할 뿐이야. 오늘 나와 함께 와줘서 고마워."

"뭘 당연하지. 네가 어려운 일이 있으면 도와야지" 하면서 자연스럽게 내 어깨에 팔을 걸쳤다. 나는 그의 팔을 빼 택시 기둥을 잡도록 손 위치를 교정해 주었다. 쑥스러웠는지 "지아, 축하해. 어쨌거나" 하더니, 국제문화교류센터에 신청해서 장학금을 받는다면 매년 자동으로 비자 연장도 할 수 있다는 새로운 정보를 알려주었다.

며칠 뒤 나는 드디어 기숙사에 들어가게 되었다. 내 방은 5층 꼭대기였다. 나는 운이 좋았는데 본래 선생님들이 쓰던 방이라 방 안에 부엌이 있었고 전기를 사용할 수 있는 시간도 다른 층보다 길었다. 옆자리 침대가 비어 있었는데, 며칠 후 아주 어려 보이는 캄보디아 학생이 들어왔다. 이름이 나리다라고 했다.

나리다는 전에 캄보디아 국립무용단의 최고 무용수였고 아버지는 국립무용단 단장이었다고 했다. 죽음의 행렬에서 죽을 순서를 기다리다가 간신히 살아났는데, 자기를 탈출시킨 아버지는 지금 살아 계신지 어쩐지 알 수 없다며 엉엉 울었다. 나는 그녀를 꼭 안아주었다. 그녀는 캄보디아에서 먹을 것이 없어서 시체를 끌어다가 겹쳐 올린 후 나무에 있는 과일을 따먹은 적도 있다고 했다. 나는 비로소 식당에서 그녀가 짜파티를 한 번에 열여덟 개나 먹는 이유를 알았다. 가슴이 미어지듯 아팠다. 나는 나리다를 데리고 테라스에 앉아 인도의 밤하늘에 우리 둘이 자매처럼 만난 것에 감사한다고 말했다.

"나리다, 우리 엄마는 한국전쟁 때 피난길에서 당신 엄마 손을 꼭 잡고 걷고 있었는데 아침에 보니 다른 엄마의 손을 잡고 있더래. 그 후로 평생 엄마를 다시 볼 수 없었단다. 그 아줌마도 딸을 잃어버리고 어린 우리 엄마를 보듬고 안으며 많이 우셨대. 나리다, 우리가 모르고 이해할 수 없는 것이 너무 많은 것 같아. 그러나 네가 살아서 여기에 온 이유가 있을 거야. 너의 귀한 생명으로 훗날 할 일이 있을 테니 열심히 노력하자꾸나. 내 친구가 내게 자주 이런 말을 했단다. 훌륭한 일을 하려면 밥을 잘 먹어야 한다고 말야."

내가 웃으니 그녀도 미소를 지으며 고맙다고 했다. 우리는 일요일이면 가방에 모아둔 콜라병을 들고 나가 시장에 가서 과일로 바꾸었고, 나리다는 매번 내 팔을 흔들며 초콜릿으로도 바꾸자고 했다. 가방에 음료수병 대신 과일을 담고 기숙사로 돌아오는 길에 나리다는 초콜릿을 천천히 매우 아껴가며 먹었다. 그때 먹은 초콜릿 한 입은 정말 맛이 있었다.

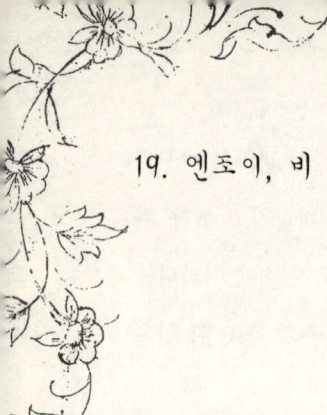

19. 엔조이, 비 해피, 돈 워리

기숙사 생활을 하면서 에드워드와는 복도를 거닐 때 멀리서 마주치면 그저 손짓으로 "식당에서 봐, 이따 봐, 잘 자" 등의 말을 나눌 뿐이었다. 그에게 윙크를 해달라고 부탁하고 싶은 심정을 매번 강한 자존심으로 참았다. 그는 인기가 많아 사감 선생님과는 물론 모두와 친했다. 그러던 어느 날 기숙사에서 빨래를 하고 있는데 아래에서 에드워드가 나를 찾았다. 나를 조용한 나무 그늘로 데리고 가더니 물었다.

"너, 돈 다 떨어져가지 않니?"

뜬금없는 소리였지만 사실이었다. 순간 창피하고 무안했다. 돈 걱정이 되었지만 나는 그저 딴가만 하면서 현실을 외면하고 있었다. 얼굴이 빨개져 있으니 그가 내 어깨에 다정히 손을 얹으며 말했다.

"나, 호텔에서 춤을 추게 되었어. 그것도 쉐라톤 호텔에서. 돈을 후하게 준다니까 사양하기 어려웠어. 지아, 돈 없다는 거 알아. 인도 춤 배우고 싶은 열망도 잘 알고. 언젠가 네가 인도 춤 추는 거 보고 싶어. 왠지 네가 잘해낼 것 같아. 그런 네가 돈이 없어 되돌아가는 건 원치 않아. 나와 함께 춤을 추자. 즐기자구!"

"에드워드, 고맙다. 언제나 날 걱정하고 도와주려는 너를 볼 때마다 미안하고 감사해. 그러나 나는 아직 춤을 몰라. 더더구나 댄스 같은 것은. 그런 경험도 없고."

"지아, 너도 충분히 할 수 있는 거야. 너, 내가 어디서 온 줄 아니? 나 브라질에서 왔어. 열정의 나라 대표 춤꾼이 여기 있잖아. 너, 프로 무용가가 뭔지 아니? 프로란 춤을 모르는 사람을 춤추게 하고 흥분의 도가니로 몰아가는 사람이야."

에드워드가 "엔조이! 비 해피! 돈 워리!" 하면서 몸을 움직이기 시작했다. 정말 근사하고 멋지게 상체를 흔들어대며 자리에서 빙글빙글 도는데 나는 그만 넋을 잃고 바라보았다. 그가 내 손을 잡아끌었다. 그가 끄는 대로 엉성한 내 몸이 움직이기 시작했다. 그에 의해 뭐든지 커버되는 느낌이었다. 그의 말대로 프로가 뭔지 내게 보여주고 있었다. 춤이란 생각이 아니고 움직임이란 것을 느끼게 되는 순간이었다. 움직임에 몸을 맡기면 저절로 생성되는 에너지가 춤이라는 것을 그를 통해서 알 수 있었다.

그가 나를 덥석 안아 공중에 내던졌다가 받아 안으면서 내 상체를 뒤로 젖히더니 비로소 동작이 멈추었다. 그는 내게 "아주 완벽하게 잘 따라하는데" 했으나 실은 그가 내 몸을 쥐고 흔들어놓았다고 하는 것이 더 정확했다. 그러더니 황금 같은 윙크를 하면서 "그렇게 알고 있을게" 하고 자리를 떠났다. 순간 휘청하면서 가슴이 녹아내리는 듯했다. 그의 열정과 몸놀림, 그리고 매직 같은 윙크를 누가 따라 할 수 있단 말인가. 한참을 멍하니 바보처럼 서 있었다.

　다음날부터 에드워드는 수업에 나타나지 않았다. 그 주는 국제문화교류센터에서 유학생들이 단체 여행을 가기로 되어 있었다. 에드워드도 여행 신청을 해서 분명히 알고 있을 텐데 일요일 아침 출발 때까지도 그는 나타나지 않았다. 나는 몸이 아프다는 핑계로 짐을 챙기지 않았다. 솔직히 에드워드가 걱정이 되어 떠날 수가 없었다.

　버스는 학생들을 데리고 델리 역으로 출발했다. 그곳에서 기차를 타고 자이푸르를 거쳐 라자스탄 지역을 돌고 온다고 했다. 텅 빈 식당에서 혼자 차를 마시고 있는데 정오가 넘어서 에드워드가 나타났다. 피곤하고 지쳐 보였다. 어디에 있었느냐고 물어도 피곤하다는 말뿐 기숙사 방으로 훌쩍 올라가 버렸다. 나는 이유 없이 그에게 화가 났다. 그에게 화가 나는 것이 오히려 이상하고 이대로 기숙사에 남아 있으면 더욱 힘들 것 같아 서둘러 짐을 챙기고 버스 터미널로 달려갔다.

　어린 시절부터 번개를 보나 불을 보나 무작정 달리던 나를 생각하며, 그들이 어디에 있는지 숙소가 어딘지도 모르는 초행길, 자이푸르로 가는 일반 버스에 무작정 올랐다. 어둠 속 종착지에 내려 오토택시를 잡아타고 자이푸르 대학으로 향했다. 어딘지도 모르는 곳을 향해 깜깜한 밤길을 달리는 것이 불안해 가슴은 쿵쾅거리고 나는 두 주먹을 불끈 쥐고 있었다. 학교에 도착하자 나는 대뜸 수위에게 이 대학 학장이 어디 있냐고, 당장 그 사람에게 한국 유학생이 도착했다고 전하라고 명령하듯 말했다. 그러곤 마치 사또라도 된 것처럼 명령조로 학장 댁까지 나를 데려가 달라고 말했다.

타고 온 오토택시로 자정이 다 된 시간에 학장 댁에 도착하니 영문을 모르는 학장님이 잠옷 바람으로 나왔다. 동양 여자가 서 있는 걸 보고 깜짝 놀라며 대체 무슨 일이냐고 물었다. 나는 순간 학장님께 수위와 구경꾼들을 물려달라고 했다. 한국에 있을 때 사극을 너무 많이 봤나 하며 스스로도 놀라고 있었다. 나는 학장님께 한밤중에 소란을 피운 일에 사과하고 자초지종을 설명했다. 학장님은 큰일이 난 줄 알았는데 이 정도라면 감사하다는 듯 안도의 한숨을 내쉬었다. 학장님은 차를 내어주며 어딘가에 전화를 하더니 종이에 뭔가를 적어 건네주셨다. "이곳이 단체 여행 온 유학생들이 묵고 있는 숙소이니 이곳으로 가보면 될 거예요." 나는 두 번 세 번 학장님께 감사한 뒤 다시 오토택시를 타고 학생들이 머물고 있는 호텔을 찾아갔다. 이른 아침에 헤어진 그들이 나를 보고는 깜짝 놀라며 박수를 치며 환영했다.

여행을 마치고 돌아오자 에드워드가 몹시 화난 표정으로 버스 안의 나를 지켜보고는 곧 기숙사로 들어가는 것이 보였다. 다음날 아침 등굣길에 그가 말했다.

"며칠 안 남았어. 이번 주 토요일부터 시작이야."

"나는 못해."

"지아, 고집 피울 때가 아니야. 다들 여행 간 사이에 너랑 연습하려고 했는데 갑자기 사라지는 바람에 구성을 다시 했단 말이야. 내가 하라는 대로만 하면 돼. 그럼 이따 봐" 하고는 내 코를 짓눌렀다.

나 외에도 네 명이 더 있었다. 원래는 에드워드와 내가 파트너가 되어 춤을 출 계획이었으나 내가 사라지는 바람에 다른 안무가 내게 주어졌다. 드디어 그날이 왔고 우린 몰래 기숙사 담을 넘어 쉐라톤 호텔에 들어갔다. 전에 일하던 조선호텔보다도 규모가 크고 웅장했다. 우리가 일하게 된 곳은 스페셜 살롱으로 일반 고객이 아닌 귀빈층이 찾는 곳이라고 했다. 그날 밤 에드워드는 화려하고 멋있고 매력이 넘쳤다. 브라질 전통 옷을 입고 자신감에 넘쳐 자유자재로 몸을 움직이는 그는 모든 이들의 주목을 한 몸에 받았다. 그의 모습은 밤하늘에 터져대는 불꽃과도 같았다. 심지어 나도 몇 차례나 정신없이 그를 바라보게 될 정도였다. 우리의 움직임은 눈에 띄지도 않았다.

나는 이 모든 시간이 무사히 끝나기를 기원하며 매일 밤 담을 넘었고 다리와 허리에 상처가 늘어났다. 공연이 끝나면 다시 밤 고양이처럼 숨을 죽이며 각자 기숙사 방에 들어가 잠이 들었다. 마지막 날 에드워드는 기숙사로 돌아오지 않았다.

조용한 며칠이 지나고 에드워드가 내게 봉투를 내밀었다. 아주 묵직했다. 달러와 인도 돈이 함께 들어 있었다. 내가 한국에서 가져온 것보다 더 많은 돈이었다. 너무 많은 돈이라고 하니 에드워드는 "큰돈이라고 생각하지 마. 그냥 학비에 보태"라고 대답했다.

"에드워드, 난 이렇게 많은 돈을 받을 만한 일을 하지 않았어. 그러니 정확하게 내 몫을 줘. 나를 가엾이 여기지 말고."

그는 내 입술을 손가락으로 가볍게 두드리며 "지아, 너 이젠 제법 영어를 하는구나. 처음 만났을 땐 그저 웃으면서 '예스!'라고만 하더니, 이제는 '노'를 지나 따지려고까지 하다니. 말을 너무 많이 배운 것 아니니?"하며 황홀한 윙크를 남기고 자리를 떠났다.

그러던 어느 날 에드워드가 겨울방학에 네팔 갈 학생을 모집한다며 내게 갈 거냐고 물었다. "아니, 기숙사에 남아 공부나 할래" 했더니, 고개를 흔들며 "엔조이! 삶은 공부가 아니고 엔조이야. 너, 돈도 있으니 꼭 따라와" 하면서 내 코를 짓눌렀다.

"너, 돈 있으니 꼭 따라와" 그 말은 마치 "내 덕에 돈을 벌었으니 이럴 때 써" 하는 말처럼 들렸다. 결국 호텔에서 함께 춤추던 멤버 여섯 명이 모두 에드워드를 따라나섰다. 덜컹거리는 버스를 스무 시간 넘게 타고 네팔로 들어섰다. 지옥이 따로 없었다. 버스에서 내렸을 때 우리는 서로를 쳐다볼 기력조차 없을 정도로 지쳐 있었다. 그때 마침 하얀 양떼가 우리 앞을 지나고 있었다. 아주 오래 전 할머니가 들려주신, 마을로 내려오기 싫어하던 그 양이 떠올랐다. 순간 힘든 것도 잊고 양떼를 물끄러미 쳐다보았다. 그러고 보니 하늘의 색이 짙고 높았다.

싼 숙소를 찾아 짐을 푼 뒤 에드워드가 우리를 데려간 곳은 '쉐라톤 카지노'라는 곳이었다. 에드워드는 나에게 기계에 동전을 넣고 손잡이를 앞으로 당기라고 지시했다. 화면에 '7, 7, 7'이란 숫자가 걸려야 한다며 "엔조이! 엔조이!"를 거듭 외쳤다. 나는 도박장이란 것을 알고 그냥 돌아가고 싶어 입구 쪽으로 나왔다. 이런 혼란스러움은 처음이었다.

돈, 돈! 내게 이 돈이 없다면 어떻게 되는 것일까? 그때 인도의 쉐라톤 호텔에서 꼭두각시놀이를 하지 않았다면 어차피 없을 돈이었다. 어느새 내 눈은 친구들이 돈을 바꾸던 창구에 가서 박혔다. 그곳으로 다가가 갖고 있던 돈을 모두 내밀었다. 직원이 조심스럽게 나를 바라보더니 여러 색깔의 플라스틱 칩을 가득 내주며 행운을 빈다고 말했다. 돈이 아닌 플라스틱 칩을 손에 쥐자 느낌이 달랐다. 돈에 대한 애착이 사라지고, 그저 놀이를 하는 도구를 들고 있는 것 같았다.

20. 누군가 나를 두고 도박을 하는 걸까?

주위를 천천히 돌아보았다. 저쪽 너머로 중년 남자 둘이 점잖게 앉아 있었다. 리본 넥타이를 귀엽게 맨 채 카드를 돌리는 남자가 "굿 이브닝, 마담" 하며 인사를 했다. 나는 그의 밝은 미소를 따라 그곳에 앉았다. 무슨 게임인지도 모르고 앉았는데 한 남자가 칩 두 개를 내밀자 다른 사람도 하나를 내밀었다. 내 순서인 것 같아 갖고 있는 것을 전부 내놨다. 그리고 카드가 돌려졌다. 아는 것이라고는 아무것도 없어 그냥 지켜만 보고 있는데 사람들이 '예스' 아니면 '노' 하는 것이 아주 쉬워 보였다. 나는 카드와 상관없이 '예스' '노'를 번갈아 불렀다. 카드 돌리는 남자가 축하한다며 내게 칩을 돌려주는데 아까보다 많았다.

나는 그게 무슨 의미인지, 그것이 기쁜 일인지 아닌지 아무 느낌도 생각도 없었다. 설령 그것을 다 잃는다 해도 아쉬울 것이 없었다. 이미 돈에 대한 집착도 두려움도 사라지고 없었다. 어린 시절 공기놀이를 할 때와 느낌이 비슷했다. 공기를 많이 따면 이기는 것인데 나는 거의 잃은 적이 없었다. 늘 소쿠리에 공기가 가득해서 여동생이 뿌듯해했다. 남동생이 구슬치기랑 딱지놀이를 해서 지고 오면 내가 나가서 따오기도 했다. 그때처럼 이것도 놀이에 불과했다.

다시 카드가 돌아갔고 나는 또 전부를 걸었다. 이것은 공기놀이보다 쉬웠는데 내 느낌을 섬세하게 관찰한 후 '예스' 아니면 '노'를 하고, 느낌이 불확실할 때는 침묵하면 끝이었다. 카드를 볼 필요도 없었다. 카드가 돌려질 때의 내 느낌만 주시하면 되었다. 그렇게 몇 차례 반복되었고, 느낌에 따라 전부를 걸기도 하고 절반을 걸기도 했다. 칩이 늘거나 줄었다 했는데 거기에 관심을 두어서는 절대로 안 되었다. 그것에 관심을 두면 내 느낌에 혼동이 왔기 때문이다.

아파트 건물처럼 빽빽이 들어선 칩들을 다시 전부 걸려는 순간, 누군가 부드러운 목소리로 "지아, 갈 시간이야"라고 했다. 그러면서 손이 내 머리를 타고 어깨에 흘러내려 와 멈추었다. 에드워드였다. 고개를 돌려 눈이 마주치자 그는 "피곤해 보이니 가서 쉬자"고 속삭이듯 말했다. 나는 그제야 테이블에서 손을 내려놓았다. 그를 보는 순간 갑자기 떨리고 두려움이 밀려오며 눈물이 날 것 같았다. 무슨 짓을 하다가 들킨 사람마냥 말이다.

에드워드는 침착하고 능숙하게 칩 몇 개를 집어 카드 돌리던 직원에게 팁으로 던져주고 남은 칩을 모두 담아 창구에 가서 돈으로 교환했다. 돈이 가방에 다 들어가지 않을 정도로 많았다. 그때 친구들이 몰려와 소리를 지르려는 순간 에드워드가 눈치를 주었다. 나는 그

때까지도 무엇에 홀린 것처럼 아무 생각도 느낌도 없이 그저 멍하기만 했다.

마침 한 친구 손에 오락용 코인이 들려 있기에 빼앗아 기계에 넣고 손잡이를 당기니, 기계 위에 빨간불이 켜지며 동전이 두두두둑 쏟아졌다. 화면에 '7, 7, 7'이라는 숫자가 떠 있었다. 에드워드 역시 놀란 표정이었으나 아무 말도 하지 못했다. 친구들이 쏟아지는 동전을 들고 창구에 가서 환전하고 밖으로 나오려는데 방송에서 내 이름이 불리며 오늘의 최고 행운아라고 공개 소개가 되고 있었다. 방송에서 내 이름이 들리는 순간 눈물이 고이기 시작했다. 친구들은 그런 나를 의아해하기도 하고 이상해하기도 했다.

에드워드는 내 마음을 읽고 있는 듯했다.

"지아, 근데 너 누구냐? 너랑 있으면 마술에 홀린 것 같으니 말이야. 너, 카지노에 자주 다녔냐?"

"아니 처음이야."

"그런데 어떻게 블랙잭 테이블에 앉을 생각을 한 거야?"

"블랙잭? 아까 그게 블랙잭이라는 거야?"

"대단해. 할 말이 없군. 네가 한국에서 떠나온 얘기도 그렇고, 아무튼 넌 보통은 아닌 것 같아. 하여간 이젠 학비 걱정 없으니 다행이다."

"에드워드, 나는 학비 걱정보다 이 돈이 왜 생겼는지 생각해야 해."

"지아, 너는 정말 독특하다. 남들 같으면 횡재했다고 정신없어할 텐데 무슨 생각을 한다는 거니?"

"사실 좀 두려워. 우리 아버지가 하지 말라고 어릴 때부터 귀에 못이 박히도록 들어온 것을 어겼거든."
"그게 뭔데?"
"도박. 우리 할아버지가 굉장히 부자였는데 도박을 좋아해서 재산을 다 잃으셨대. 아버지는 스스로 땀 흘리고 노력해서 얻은 것 아니면 모두 가짜라고 하셨어. 그러니 지금 나는 생각을 해야 해. 이 돈으로 무엇을 해야 하는지 말이야. 일단은 아무에게도 말하지 않을 거야. 그게 나의 첫 번째 판단이야. 두 번째는 이 쉐라톤 호텔에서 묵고 싶어. 적어도 오늘은 좀 더 깊게 생각을 해야겠어! 사실 나는 횡재를 바란 게 아니라 돈을 잃으면 내가 어떻게 되는가 그것이 궁금했어."

그러고는 더 이상 아무 말도 할 수가 없었다. 기쁘지도 흥분되지도 않았다. 돈이 없으면 내가 어찌되나 궁금했는데 현실은 나를 이상하게 돕고 있었기 때문에 좀 더 신중해야 했다. 나는 누구이며, 무엇을 원하는지 정확히 알고 싶었다. 아버지 말씀대로 노력하지 않고 얻은 것은 가짜라는 말의 뜻 또한 존중하고 싶었다. 돈 때문에 내가 그 유혹에 넘어가는 짓은 절대로 하지 않겠다고 거듭 다짐했다. 그러나 내가 이 돈을 어떻게 쓰게 될지는 나도 몰랐다. 누군가가 나를 두고 대단히 큰 도박을 하고 있는 느낌이었다.

우리는 숙소를 호텔로 옮겼고, 에드워드는 내 방까지 따라오더니 "너에게 한마디 하고 싶은 게 있어. 너는 너무 생각이 많아. 네가 더 이상 생각하지 않는 날 그때야 사랑에 빠지게 될 거야. 너무 깊게 생각하지 마. 그런 것은 불필요해. 엔조이하라구"라는 말을 남기고 자기 방으로 갔다. 생각이 많아 사랑에 빠질 수 없다는 에드워드의 말을 생각하며 나는 샤워를 했다.

　욕실에서 나와 침대 시트 밑에 갖고 있는 돈을 모두 깔고, 나는 방 바닥에 침대 커버를 깔고 누웠다. 사람을 비굴하게도 만들고 당당하게도 만드는 이 돈이 대체 무엇인가? 돈을 어떻게 대해야 하나? 이 돈으로 무엇을 해야 하나? 드디어 내게 시험이 든 것인가? 돈이 주인인가 내가 주인인가? 나는 누구인가? 어떻게 겁도 없이 그런 도박을 할 생각을 할 수 있었나? 전생에 도박을 아주 잘하던 끼가 살아난 것인가? 바닥에 누운 채 나는 온갖 상념에 휩싸였다.

　새벽이 되어서야 이 돈의 힘으로 내가 가장 하고픈 세 가지 소원을 이뤄보기로 마음을 먹었다. 첫 번째 소원은 나만이 품을 수 있는 소원이었다. 몸의 빨간 점 때문에 나는 이제껏 수영복을 입고 바다를 걸어본 적이 없었다. 무의식 속에 앙금처럼 쌓여 있던 것을 이 기회에 풀어보고 싶었다. 그러고 나니 긴장이 풀렸고 잠이 들었다. 다음 날 에드워드에게 말했다.

　"에드워드, 부탁이 있어. 이 돈, 달러로 바꿔주라. 그리고 나 바다에 가고 싶어."

　"에베레스트 산을 바라보며 바다로 가고 싶다고? 너 취향도 여러 가지다. 바다 어디? 하와이? 스리랑카?"

　나는 놀라며 "스리랑카는 어디야?" 하고 물었다.

　"인도 남부에 있는 섬나라야. 내가 함께 가줄까?"

　"아니야. 나 혼자 갈래. 에드워드, 아무것도 더 이상 묻지 말아줘. 아주 개인적인 일로 가는 것이고 곧 돌아올게."

"동양 여자가 신비하다고는 들었는데, 너 정말 신비하다 못해 신기하다. 무엇을 생각하는지 나는 도통 알 수가 없으니."

에드워드가 돈이 든 가방을 들고 나가는 것을 보면서 나는 이렇게 혼잣말을 했다.

'에드워드, 나는 정말 호기심이 많아. 알고 싶고 보고 싶고 혼자 느끼고 싶은 것도 많아. 생각이 많아 사랑할 수 없다는 너의 말 참고할게. 그러나 지금은 생각을 해야 해. 미안하다. 너를 사랑하지 않고 있으니. 나는 지금 사랑을 알고 느끼고 싶은 것이 아니라 나를 알고 싶고 내가 하고픈 것을 하고 싶어. 그리고 아직 남자를 사랑할 준비가 되어 있지 않아.'

21. 두 번째 소원

비행기가 착륙하는 순간, 어마어마한 코코넛 숲을 바라보며 스리랑카에 오길 정말 잘했다는 생각을 했다. 사람들도 착하고 부드러웠다. 택시를 타고 호텔로 가는 길에 오렌지색 승복을 입은 승려들이 눈에 많이 띄었다. 나는 콜롬보에서 제일 큰 백화점에 들렀다. 그곳에서 원피스 몇 벌을 구하고 당장 필요한 가죽 샌들과 구두를 샀다. 드디어 수영복을 고르는데 투박한 것뿐이었다. 이왕이면 멋진 수영복을 입고 싶은 갈망이 내게 있구나 싶어 속으로 웃었다.

다음날 바닷가로 나갔다. 코코넛 오일을 몸에 바르고 오후 내내 바다를 거닐었다. 바닷물에도 들어가고, 해변에서 조개도 줍고, 모래사장에 누워 바닷물이 내 입까지 덮쳤다 물러나는 것도 즐겼다. 내 빨간 몸에도 태양의 강렬한 빛이 스며드는 것이 느껴졌다. 마치 몸과 정신을 충전하듯 태양 에너지를 쪽쪽 뽑아 온몸으로 마셨다. 보석 상점에 들어가 해변에서 주운 예쁜 돌로 반지와 목걸이를 만들어달라고 부탁을 했다. 내 육체가 처음 얻는 충만한 자유를 기념하고 싶었다.

다음날 아침 뷔페 식당에는 어마어마한 만찬이 기다리고 있었다. 온갖 종류의 과일과 주스, 케이크와 빵, 소시지, 계란프렌치토스트, 스리랑카 음식과 인도 아침 요리들…… 그 많은 음식을 눈이 먼저 즐겼다. 그러나 실상 식욕은 생기지 않았다. 고급 호텔에서 바다를 즐기고 있는 젊은 여자에게 호텔 직원들은 너무나 친절했다. 기숙사에서 머리를 감다가 물이 끊겨 비누범벅이 된 채로 나와야 했던 것을 그들이 어찌 상상이나 했을까? 그들은 매번 "불편한 것은 없나요?" "뭘 도와드릴까요?" 물었고, 말끝마다 "마담, 마담" 했다. 룸서비스를 시키면 모든 예를 갖춰 차를 따르며 "좋은 시간 되십시오"라고 했고, 나는 후한 팁을 건넸다.

며칠이 지나도록 해변에 관광객이 별로 없어 직원에게 물었더니, "네, 지금 내란중이라 관광객이 거의 없습니다"라고 대답했다. 내란이라니, 그것은 전쟁을 뜻하는 것 아닌가? 스리랑카에 내란이 있는데 나는 소원을 이루기 위해 수영복을 입고 바다를 즐기고 있었던 것이다. 그 말을 듣는 순간 첫 번째 소원 이루기가 이제 막이 내리는 느낌이었다.

그래서 두 번째 소원을 생각하기 시작했다. 두 번째 소원을 무엇으로 하면 좋을지 바다에게도 묻고 태양에게도 물었으나 아무런 답변도 들리지 않았다. 그래서 일어나 바다와 태양 사이 허공에 팔을 휘저으며 걷는데 문득 '이거다, 춤! 춤이야말로 내가 원하는 거야. 이렇게 아름다운 육체를 자유롭게 움직이며 나와 자연과 우주가 하나임을 완전히 느끼는 춤을 추어야 해' 하는 생각이 들었다. 나는 많은 춤들을 떠올리기 시작했고, 나와 맞는 춤을 찾는 것을 두 번째 소원으로 정했다. 우선 한 번도 본 적이 없는 현대 무용이 어떤 것인지부터 보기로 했다. 언젠가 뉴욕에서 온 연극인들을 통해서 그곳이 현대 무용에 가장 앞선 곳이라는 이야기를 들었던 기억이 떠올랐다. 나는 현대 무용을 보러 뉴욕에 가기로 마음먹고 바닷물에 힘차게 뛰어들었다. 내 육체와 영혼이 끝없는 열애를 하며 뒹굴었다. 모래알로 몸을 문지르고 바닷물에 꼭 잠겨 자신에게 사랑한다고 수도 없이 외쳤다. 그리고 소리 없이 마음껏 울었다.

나는 정숙하게 차려입고 미국 대사관을 찾아갔다. 많은 사람들이 줄을 서서 기다리고 있었다. 대기실 한쪽 작은 매점에서 미국 과자와 음료, 초콜릿을 판매했는데, 노란색으로 포장된 기다란 초콜릿 같은 것이 자꾸 눈에 들어왔다. 쥐었다 놓았다를 여러 번 하는데 봉지에 버터펑거라고 씌어 있었다. 그 과자의 노란색 포장이 나를 유혹했다. 불안감이나 초조감이 들 때 안정감을 주는 노란색을 나는 좋아했다. 나는 더 이상 망설이지 않고 과자를 사서 가방에 넣었다.

드디어 내 차례가 왔다. 명랑하고 당당하게 신청 서류를 내밀었다. 미국인 남자 직원이 내 얼굴과 서류를 보더니 사무적으로 미국엔 무엇 때문에 가느냐고 물었다. 행복한 음성으로 현대 무용을 보고 싶어 뉴욕에 2주 정도, 늦으면 한 달 정도 머물고 싶다고 대답했다. 그는 내게 연고자가 있는지 물었다. 나는 뜻밖의 질문에 당황하면서 "연고자요?" 하고 되물었다. 순간 불안이 엄습했다. 나는 가방을 뒤졌다. 아마도 연고자를 찾고 있었던 모양이다. 가방 속에 미국과 관련된 것은 버터핑거뿐이었다. 나는 그것을 만지작거리며 "없는데요" 하고 대답했다.

비행기 왕복표를 구하고 2주 동안 생활하고도 남을 충분한 달러가 있다고 말하는 나는 심하게 외로움을 느끼고 있었다. 그는 사무적으로 나를 쳐다보더니 여권에 쾅 소리가 나게 도장을 찍어주었다. 나는 기쁨의 미소가 흘렀고 그에게 굽실하며 "감사합니다"라고 인사를 하고 걸어 나왔다. 그런데 여권을 두 번, 세 번 바라보다가 걸음을 멈추고 말았다.

그곳에는 '입국불가'라는 도장이 찍혀 있었다. 나는 깜짝 놀라 직원에게 달려갔다. 그는 다른 사람과 면담을 하고 있었다. 그 순간 나는 버터핑거를 만지작거렸고 내가 얼마나 초초했는지 과자는 거의 다 부서지고 있었다. 다시 내 차례가 되어 직원 앞에 가 입국불가인 이유를 설명해 달라고 요구했다. 그는 첫째로 연고자가 없고, 둘째 나이가 젊고 여자인데다가 미혼이며, 셋째 미국에 가면 불법 체류자가 될 확률이 높다고 했다. 그러곤 "다음" 하면서 다음 신청자를 받았다. 나는 밀려났고, 더 이상 묻지 않았다.

문 밖에서 반겨주는 택시 기사가 "마담, 일은 잘되었느냐?"고 물었다. 억지로 웃으며 그렇다고 대답했으나, 그가 내게 '마담'이라고 하는 소리도 더 이상 듣기 싫었고 굽실거리는 태도도 가증스러웠으며 그들의 친절에도 관심이 없어졌다. 내가 귀빈이 아님을 깨달았고 한없이 쓸쓸하고 외로웠다. 시장에서 내린 나는 이것저것 마구 사들이며 돈을 썼다. 바나나를 잔뜩 사 거리의 양떼에게 나누어주고, 신발 닦는 사람에게 깨끗한 내 신발을 닦아달라고 시켰다. 릭샤를 계속 바꿔 타면서 거리를 돌아다녔다. 심하게 허기가 졌으나 아무것도 먹고 싶지 않았다.

지칠 대로 지쳐 호텔에 들어온 나는 가방 속 버터핑거를 꺼내 들고 잠시 억울한 마음으로 바라보다가 쓰레기통에 탁 던져버렸다. 그리고 욕조에 물을 가득 받고 들어가 큰소리로 울기 시작했다. 입국불가, 입국불가…… 여권을 열고 닫기를 계속하며 '입국불가'라고 찍혀 있는 도장을 뚫어지게 바라보았다. 도장이 찍혀 있는 페이지를 천천히 뜯어냈다. 그리고 성냥불을 대고 태웠다. 그것이 재가 되는 것을 보고서야 잠이 들 수 있었다.

다음날 아침 꽃병이 있는 탁자 위에 '호텔 쉐라톤'이라고 씌어 있는 편지지와 봉투 그리고 펜이 새삼스럽게 눈에 들어왔다. 누군가에게 편지 쓸 사람이 없을까 생각하며 편지 봉투를 만지작거리는데 예리한 무엇이 머릿속을 스쳤다. 나는 정신없이 가방을 뒤졌다. 내가 갖게 된 첫 외국인 주소, 조선호텔에서 근무할 때 지갑을 돌려주고 받았던 미국인 내외의 명함이 떠올랐다. 그들이 뭐라고 했던가? 무엇이든 도움이 필요할 때 연락하라고 하지 않았던가? 나는 책상에 앉아 편지를 쓰기 시작했다. 학교 주소를 남긴 뒤 침을 잔뜩 묻혀 봉투를 봉한 뒤 카운터에 내려가 DHL로 부쳐달라고 부탁했다. 그리고 다음다음날 오전 비행기로 델리 기숙사로 돌아왔다.

오랫동안 비워 먼지가 쌓인 시트를 닦고 빨래를 하느라 몸이 휘청거렸다. 화려하고 아늑한 호텔보다 작은 기숙사 방에 있는 것이 편했다. 먹는 것도 마찬가지였다. 그 많은 호텔 뷔페 음식에는 탐도 안 내더니 기숙사 식당에서는 한 숟가락이라도 더 얻어먹으려 기를 썼다. 자빠띠에 설탕을 듬뿍 뿌린 후 돌돌 말아서 먹고 있으면 바야가 설탕통을 아예 주방으로 갖고 들어가 버렸는데, 그때마다 나는 설탕을 빼앗아가는 그를 째려보며 거칠게 의자를 밀치면서 식당을 나오곤 했다. 그래도 손에서는 설탕을 듬뿍 뿌린 자빠띠를 놓지 않았다.

그 사이 에드워드는 기숙사를 나가고 없었다. 들리는 소문에 의하면 어떤 돈 많은 연상의 여자와 동거를 시작해 기숙사를 나갔다고 했다. 여러 컵의 물을 마셨는데도 나는 계속해서 딸꾹질을 했다. 며칠 후 길목에서 우연히 그를 만났다. 깜짝 놀라며 언제 돌아왔느냐고 묻는데 얼굴에 표정이 없었다. 그의 얼굴에서 두 번 다시 윙크를 받아내지 못할 것을 직감했다. 우린 어색하게 헤어졌다. 그가 떠난 기숙사는 쓸쓸하고 적막했다. 그러나 수업에서는 여전히 밝고 모든 여학생에게 친절했다. 내게도 변함없이 자상했으나, 우린 더 이상 코를 짓누르는 장난은 하지 않았다. 그는 수업이 끝나면 쏜살처럼 뛰쳐나갔고, 학교 앞에서 그를 기다리는 누군가의 차를 타고 사라졌다.

5층 내 방에서 먼 회색빛 하늘을 보면서 그가 다시는 돌아오지 않겠구나 생각하며 음악을 듣는데 밑에서 수위가 고함치듯 나를 찾았다. 테라스에서 내려다보니 소포가 왔다며 사인하러 내려오라고 했다. 나를 기다리고 있는 것은 소포가 아니라 노란 DHL 봉투였다. 바로 미국에서 온 것이었다. 그다지 기대하지도 않았던 일이고, 기숙사에 맥없이 남겨진 채 나의 미성숙한 행위를 반성하던 차라 이 뜻밖의 편지에 흥분할 수밖에 없었다. 날아가듯이 5층까지 올라와 방문을 잠그고 봉투를 열었다. 가슴이 쿵쾅거렸다. 그 속에는 K.L.M. 퍼스트 클래스 비행기 왕복권이 있었다. 그리고 몇 장의 편지가 있었는데 하나는 대사관 직원에게 보내는 것이고, 하나는 초청장과 은행 잔고를 표시한 서류였다. 그 숫자에 얼마나 많은 동그라미가 있었는지 내 머리로는 계산할 수 없었다. 그리고 내게 보내는 편지가 있었다.

"우리 부부는 지아가 방문하는 것을 환영합니다. 동봉하는 서류를 갖고 가면 비자를 받는 데 아무런 문제가 없을 것입니다. 그래도 혹시 모르니 대사관을 다녀온 후 결과를 국제 전화로 알려주길 바랍니다. 비행기는 암스테르담에서 하루 묵고 다음날 워싱턴 국제공항에 도착하게 될 것입니다. 도착 시간에 맞게 우리 부부가 기다릴 것이니 아무 걱정 말고 공항에서 만납시다."

내가 부린 객기보다 더 거센 바람이 나를 휘감고 도는 느낌이었다. 놀랍고 당황스러웠고 꿈만 같았다.

미국 대사관 직원이 서류를 보더니 부드럽고 친절하게 나를 대했다. 나는 지난번처럼 억지로 웃지 않았다. 햇볕에 눈 녹듯이 서류가 처리되고 나는 비자를 받았다. 비자를 받는 순간에도 사무적으로 "땡큐"라고만 했을 뿐 결코 미소 짓지 않았다. 오히려 직원이 내게 "Have a nice day"라며 미소를 지었고, 나는 짧게 "You, too"라고 대답했다. 나는 이제야 귀빈 대접을 받은 느낌이었다. 그러나 지난번처럼 택시 기사가 없었고 한참을 걸어 나와 릭샤를 잡아야 했다. 기숙사 정문에서는 가격 때문에 기사와 실랑이를 해야 했다.

우는 나리다에게 보름 후에 돌아온다고 했으나 그녀는 "미국에 가면 아무도 돌아오지 않는데……" 하며 울음을 그치지 않았다.

"울지 마, 나리다. 내가 돌아올 때 꼭 버터펑거를 사갖고 올게. 나도 아직 안 먹어봤는데 정말 맛있게 생겼다니까. 그리고 여기 1년치 기숙사 방값 낸 영수증이니까 네가 보관해. 여기에 내 옷이랑 다 놔두고 잠시 여행 가는 거야. 그리고 이거 얼마 안 되는 것이지만 받아 둬. 이걸로 내게 국제 전화도 하고 우표 값도 지불하고 초콜릿도 사 먹으란 말이야."

그녀가 너무 많다며 사양하는데 언젠가 에드워드가 내게 한 말이 내 입에서 나왔다. "큰돈도 적은 돈도 아닌 그냥 돈이니 네 학비에 보태 써." 그녀의 울음소리가 더욱 커졌다.

에드워드는 더 이상 내게 일어나는 일에 놀라지도 흥분하지도 않았다. 그는 나를 찬찬히 말없이 바라보기만 했다. 드디어 떠나는 날이 다가왔다. 모두에게 인사를 나눈 지 오래이고 나리다만이 내 짐을 만지작거리며 택시가 오는 시간이 두려운 듯 초조해하고 있었다.

아주 늦은 밤, 모든 것이 어둠 속에 잠이 들었고, 나리다와 손을 잡고 말없이 기다리고 있는데 택시 정적이 울렸다. 혼자 지낼 나리다를 생각하니 가슴이 아팠다. 택시 문이 닫히고 "공항으로 갑시다"라고 말하는 나에게도 외로움이 밀려오기는 마찬가지였다. 택시가 모퉁이를 지나 대로변으로 나가려는데 누군가 택시를 정지시켰다. 에드워드였다. 잠시 차를 세우고 내려서 내가 먼저 말했다. "고마워. 이

밤에 나를 배웅하려고 나온 거.″ 그는 아무 말 없이 나를 안더니 "너에게는 아직도 재스민 향기가 나는구나" 하면서 나를 놓아주지 않았다. 내가 아무 생각을 안 해서 그런지 그의 목덜미가 느껴졌고, 약간은 당혹스러웠지만 그의 냄새가 느껴졌다. 그때 나는 얼른 "택시가 기다려" 하고 말했다.

"택시뿐이니? 비행기가 너를 기다리고, 미국 땅이 너를 기다리고, 너를 기다리는 모든 것이 그렇게 길게 예약되어 있다는 것 알고 있어. 돌아올 거니?"

"고마워. 나 금방 돌아올 거야."

"지아, 나 작은방으로 옮겼어. 그리고 혼자 지내. 내년이면 고국으로 돌아가야 하고, 네가 돌아오지 않으면 아마도 우린 다시는 못 볼 수도 있어."

"겨우 두 주 갔다 오는데 마치 영영 안 볼 사람처럼 말하는구나."

그가 내 코를 만지작거리고 있었다. 나는 이때다 싶어서 그의 코를 눌렀다. 우리 둘은 그렇게 어둠 속에서 웃어댔다. 나는 다시 택시에 오르고 창문을 통해 손을 잡았다. 나는 그에게 청이 있다고 했다.

"뭔데?"

"귀 좀 빌려줘. 너의 윙크가 그리워."

에드워드는 내 손등에 입을 맞추고는 길고 숱이 많은 속눈썹으로 아주 깊게, 천천히 그리고 촉촉하게 윙크를 해주었다. 그의 윙크는 그의 춤보다도 더 매력 있었고 아주 강한 정전기를 띠고 있었다. 다시 택시가 움직이기 시작했다. 택시 안에서 나는 기쁘면서도 외로웠다. 한없는 눈물이 내 몸속에서 출렁이기 시작했다. 공항에 도착해 운반대에 짐을 싣고 인도의 하늘에다 글을 남겼다. '인도여, 나를 기억해다오. 나를 기억해다오.' 눈을 감고 합장한 후 간절하게 기도를 올렸다.

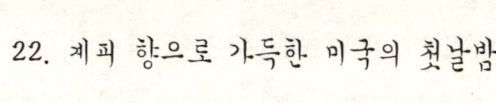

22. 계피 향으로 가득한 미국의 첫날밤

나는 K.L.M.의 귀빈석에 앉아 있었다. 귀빈석! 갑자기 귀빈 대접을 오래오래 받고 싶다는 엉뚱한 생각이 요동을 쳤다. 철없이 유혹당하고 있는 마음을 들여다보며 혹시라도 누가 눈치챌까봐 담요로 가슴을 덮었다. 옆자리엔 아무도 없었다. 군데군데 앉아 있는 탑승객들은 모두 중년이 넘어 보이는 신사숙녀들이었다. 중간 경유지인 암스테르담에 도착하니 호텔 직원이 내 이름이 적힌 푯말을 들고 서 있었다. 안락한 호텔방에서 하룻밤을 묵고, 다음날 체크아웃을 하려고 하는데 이미 계산이 다 되었다고 했다.

그리고 마침내 워싱턴 국제공항, 그곳에서 무엇을 보았는지 아무 기억이 없다. 꿈과 현실이 잘 분간되지 않았다. 어린 시절 어머니가 자주 "똑바로 허리를 펴고 걸어!" 하셨는데, 내 피부를 보며 '빨갱이' 라고 놀리던 아이들을 피해 뒷골목에서 혼자 허리를 펴고 걷던 모습, 외롭게 울면서 서울의 거리를 한정 없이 걷던 대학 시절의 내 모습이 자꾸 눈에 겹쳤던 것만 기억이 난다. 눈부신 혼란 속에 서 있을 때 그들이 먼저 나를 알아보고 "웰컴" 하고 인사했다. 찰리와 리사, 그들은 정말로 따뜻하게 나를 반겨주었다. 찰리는 길고 멋있는 차를 가지고 나왔는데 캐딜락이라고 했다. 리사는 내 영어가 많이 늘었다며 이제 제대로 된 영어를 가르쳐주겠다고 했다.

　차를 타고 가는데 아직도 내가 비행기의 귀빈석에 앉아 있는 느낌이었다. 순간 무언가에 말려드는 듯한 섬뜩한 기분이 들었으나, 어느새 내 몸은 그 쾌적한 느낌을 오롯이 즐기고 있었다. 처음 비행기를 타던 때처럼 야릇한 웃음이 나오려 했으나 이제는 자제할 수 있었다. 차는 영화에서나 본 호화 주택들 사이를 지나 넓은 정원에 아담한 돌들을 쌓아올린 예쁜 집에 도착했다.

　집 안에서는 향기가 났다. 그것은 익숙하기도 하고 낯설기도 했다. 나는 몰래몰래 슬쩍슬쩍 냄새를 맡았다. 집안을 구경시켜 주는데 한 곳에 마치 미술 작업실 같은 곳이 있었다. 리사는 조각을 전공한 뒤 오랫동안 교사 생활을 했고 퇴직 후 지금은 그 방에서 보석 디자인을 한다고 했다. 세탁실에는 세 개나 되는 대형 세탁기가 있었고 다림질하는 방도 따로 있었다. 그 옆으로는 이런저런 항아리들이 오래된 찻잔들과 함께 진열되어 있었다. 반대쪽 식품 창고에는 웬만한 미니 슈퍼를 온 듯 많은 것이 쟁여져 있었다. 한쪽 전면 유리 뒤로 커다란 옷방이 있는데 지금은 비어 있었다. 그리고 그 옆이 내가 쓰게 될 방이라고 했다.

　방에 들어서니 갖가지 한국 전통 가구들이 있어서 깜짝 놀랐다. 리사는 "한국 여행 때 인사동에서 고가구들이 너무 아름다워 구입했는데, 지아 너를 위한 것이었나 보다" 하며 흐뭇해했다. 보름 동안 묵게 될 환상의 방을 바라보니 나도 모르게 감탄사가 흘러나왔다.

찰리는 교장 선생님이었으나 오래 전 퇴직했다고 했다. 병으로 죽은 첫 번째 부인과의 사이에서 세 자녀를 두었는데 모두 결혼해서 잘산다고 했다. 학교에서 리사를 만나 재혼을 했고 둘 사이에서는 자식이 없다고 했다. 리사는 그래서 내가 마치 양녀 같다며 나를 꼭 안아주었다. 그렇게 말하는 리사가 아름답고 고마워 나 역시 감사한 마음으로 그녀의 품에 안겼다.

부엌에서는 아까부터 계속 뭔가가 끓고 있었는데 물어보니 계피라고 했다. 계피를 끓이면 온 집안을 향기롭게 한다는 것이다. 계피, 이 집에 처음 들어섰을 때 맡은 냄새가 그것이었다. 순간 기숙사로 돌아가면 나도 계피를 끓여야지 하고 생각했다.

리사는 계속해서 집 구경을 시켜주었는데, 부엌 뒤편으로 쭉 들어가니 TV룸이 있고, 그 뒤로 욕조가 딸린 커다란 부부 방이 있었다. 부부 방 반대쪽은 옷방이었다. 벽장을 여니 신발이 100켤레도 넘어 보였고 옷도 백화점보다 더 많은 것 같았다. 자신의 개인 화장실 옆 작은 공간에도 예쁜 가구들이 놓여 있었는데 그 중 한 서랍에는 보석이 가득했다. 액세서리가 아닌 진짜 보석들이 웬만한 보석점보다 더 많아 보였다.

나는 그만 기가 죽고 말았다. 우리 부모님이 떠올랐고, 식당 음식을 하나라도 더 가져가려고 음식을 감추던 나리다가 떠올랐고, 나를 돕겠다고 쉐라톤 호텔 쇼를 벌인 에드워드도 생각났다. 순간 되돌아 가고 싶은 강한 충동이 일었다.

리사는 만족한 듯 나를 쳐다보았으나 그렇다고 으스대지는 않았다. 그녀의 태도는 세련되고 우아했다. 겸손함마저도 비쳤다. 귀빈이란 이런 것이구나 싶었다. 부와 예를 갖춘 그녀가 부럽기도 했지만 질투심이나 시기심은 들지 않았다. 오히려 그 순간 내 머리 속에 떠오른 것은 한국을 떠나기 전 양파가 보여준, 한복을 곱게 차려입고 반듯하게 비녀를 꽂은 한국 여인의 아름다운 모습이었고, 그 모습을 떠올리면서 나는 침착하고 온화하게 미소를 지으며 리사를 향해 "매우 아름답습니다"라고 말할 수 있었다.

미국에서의 첫날밤, 나는 계피 향에 취해 잠이 들고, 다음날 계피 향을 맡으며 잠에서 깨어났다. 아침 식사로 리사가 베이컨 샌드위치를 차려주었다. 내가 베이컨을 빼고 먹으니 "채식주의자니?"라고 물었다. "아니요, 단지 고기보다 채소를 더 좋아해요." 사람들이 내게 채식주의냐고 물으면 나는 늘 그렇게 대답했다. 어떤 '주의자'가 되고 싶지 않았고, 경우에 따라 언제든 필요하면 육식을 수용할 수 있다고 생각했다. 스스로 선택의 폭을 좁히고 싶지 않았다.

식사가 끝나고 리사가 쇼핑을 가자고 했다.

"우리와 함께 어디라도 가려면 약간의 의복이 있어야겠다고 생각해서 그런 거니까 외출 준비를 하려무나."

'우리와 함께 어디라도 가려면'이라는 말 때문에 나는 거절할 수가 없었다. 무엇이라도 그들에게 불편한 것을 해서는 안 되겠기에 그렇게 하기로 했다. 하지만 귀빈석 항공권 등 지나친 친절에 오히려 큰 부담을 느낀다고 솔직하게 말했다. 리사는 조선호텔에서 자기를 뚫어지게 바라보는 눈빛이 인상적이었는데, 그 후 지갑 사건이나 식사 때 폐를 끼치지 않으려 조심하는 모습에서 남의 도움 없이 스스로 자기 문제를 해결하려는, 선이 분명하고 확실해 보이는 태도에 호감이 갔다고 말했다.

"지아, 너는 남다른 부분이 있어. 표현하는 것도, 말하는 것도, 예의 바른 것도, 그 무엇보다도 감사해하는 마음이 내 피부에 전달이 되고 너를 돕고 싶은 충동이 자연스럽게 일어나게 한단다. 그게 다 너의 순수한 마음 때문 아니겠니?"

"아니에요. 그렇게까지 저를 보시는 리사의 마음이야말로 관대하십니다. 어린 시절부터 아버지께서 남에게 신세지지 마라, 무엇이든 본인이 일한 만큼 구하라고 하셨어요. 아버지 말씀에 공감하고 정말로 신세를 지면 꼭 갚을 거예요."

나는 인도에서의 학교 생활, 에드워드와의 호텔 쇼, 카지노와 스리랑카에서의 경험까지 리사에게 다 털어놓았다. 리사는 신기해하고 재미있어하면서 내 이야기를 듣더니 여러 번 "사랑한다"는 말을 했다. 또 자기 집에서 함께 오래오래 살자고도 했다. 인도에 돌아가야 한다고 했으나 현대 무용을 보고 나서 반하면 미국에서 살고 싶어질 수도 있다면서 아직 모르는 일이라고 했다. 그녀는 "지아, 너는 마술가의 딸"이라며 호탕하게 웃더니 나를 자신의 양녀라고 하였다. "너는 내 딸이야. 그러니 나는 마술녀." 우린 갑자기 그렇게 매직으로 얽힌 관계가 되었다.

　백화점에서 실제로 그녀는 내게 수없이 마술을 부렸다. 양장, 정장, 드레스, 원피스, 투피스, 잠바, 스웨터, 코트, 재킷 등 나에게 어울릴 것 같은 옷들을 순식간에 골라내 입게 했다. 옷을 입을 때마다 나에게 요술방망이가 내리쳐진 것 같았다. 마치 신데렐라가 된 기분이었다. 옷에 이어 색색깔의 구두, 단화, 힐, 부츠, 조깅화, 워킹화, 수영복 가운, 수영모, 물안경, 오리발, 핸드백, 스포츠 가방, 스카프, 털장갑, 가죽장갑, 색색의 속옷, 양말, 스타킹, 로션, 매니큐어 등등 쇼핑은 끝없이 이어졌다.

　집에 돌아와 리사가 남편에게 그날의 쇼핑 얘기를 하면서, "글쎄 뭐든지 입는 대로 다 어울리는 거예요. 모델이 따로 없어요. 키도 크고 몸매가 좋고, 귀티 나게 생겼잖아요." 귀티라, 내게 그런 티가 있었던가, 스스로 웃었다. 그리고 다음날은 치과에 가자고 했다. 현대 무용을 보러 미국에 온 거라고 하자, "걱정 마. 무용 공연이 있으면 너를 데리고 갈 테니. 이제 겨우 하루가 지났잖아." 내 어깨를 툭 치며 말하더니 잠자기 전에는 우유를 꼭 한 컵 마시라고 했다. 칼슘을 섭취해야 한다면서.

　방에 돌아와 쇼핑한 물건들을 망연히 바라보는데, 설탕통을 주방에 감추던 바야 앞에서 소란을 피우던 내가 떠올라 웃음이 났다. 옷을 정리하는데 인도가 몹시 그리워졌다. 인도 옷의 화려한 원색이 그립고, 태양빛이 그립고, 시끄럽고 지저분한 그곳의 소음까지도 그리웠다. 나리다도, 에드워드의 윙크도. "생각이 많아. 더 이상 생각하지 않을 때 너는 사랑에 빠질 거야" 하던 그의 충고까지도 깊고 서럽게 떠올랐다.

날마다 치과에 가서 스케일링을 받고 그 사이 종합 진단까지 받으며 한 주가 지났다. 나는 이유를 알 수 없는 배려에 감사하며 또한 부담스러웠지만 뭐라고 말해야 할지 알 수 없었다. 리사는 다시 피부과 예약을 했으니 외출 준비를 하라고 했다. 레이저로 나의 빨간 몸을 정상으로 만들 수 있다고 했다. "마이클 잭슨의 검은 피부도 하얗게 되는데 그것이 뭐 어렵겠니?"

나는 순간 너무나 놀라 "안 돼요" 하고 외마디를 질렀다. "리사, 피부과만큼은 가지 않겠습니다. 이것 때문에 불편한 것도 없거니와, 오히려 이것이야말로 저에게 매직 같은 힘의 원천이라고 믿고 있어요. 게다가 저는 이대로 아름답다고 생각하고 느낀 지 오래됐습니다. 빨간색 몸을 사랑하고 소중히 여기고 있어요." 눈물이 고인 채 그녀를 바라보니 리사는 더 이상 피부과에 대해서는 말을 꺼내지 않겠다고 했다. 그러고도 나는 리사의 손에 이끌려 수영을 배우고 운전 교습을 하고 영어책을 읽으며 발음을 교정받았다. 멋진 옷에 구두와 액세서리, 영어 발음에 이르기까지 나는 이제야 정말로 귀티가 흐르기 시작했다.

보름이 내일로 다가온 아침에 현대 무용을 보고 인도에 돌아가야겠다고 하자 리사는 "지아, 인도가 그렇게 좋으니?" 하고 물으며 나의 눈빛을 유심히 바라보았다.

"네, 저는 인도를 사랑해요. 그곳에는 다른 데에 없는 무엇이 있어요. 아주 오래된 진한 향기 같은 것이요. 그 향기가 저의 아주 깊은 곳에서부터 뭔지 모를 그리움을 불러일으켜요. 그 그리움이 무엇에 대한 것인지 알지 못하니 돌아가야 해요. 그것을 알고 싶으니까요. 그리고 저는 인도의 하늘과 땅에 다시 돌아오겠다고 약속을 했어요. 제가 현대 무용을 보고 무슨 생각을 할지 모르지만 어쨌거나 인도와 한 약속을 어기지 않을 거예요."

"지아, 네 마음을 잘 알겠다. 그러나 너는 미국을 모르잖니? 보름이란 시간은 너무 짧은 시간이야. 최소한 6개월이나 1년 정도는 머무르려무나. 나중에 후회하는 일 없도록. 일단 너에게 운전면허증이 생기면 차를 준비해 줄게. 그러면 네 마음대로 자유롭게 밖을 나갈 수 있고, 친구도 생길 테고. 미국이 가진 장점을 누릴 이 기회를 놓치지 마. 1년이 너무 길다고 생각되면 6개월이라 하자. 그 후에 인도에 돌아가도 늦지 않잖니? 너는 젊고, 6개월은 금방 지나는 시간이니 잘 생각하려무나."

밤새 잠을 이루지 못하고 벽난로 앞에 앉아 나무 타는 소리에 귀를 기울였다. 나에게 은혜를 베푼 두 분께 이대로 떠난다고 말하기도 어려웠고, 리사의 말에도 일리가 있었다. 이 모든 것이 기회이고, 기회란 아무 때나 오지 않는다고 하지 않던가. 이 황금 같은 기회를 버리고 고집을 피우는 것도 옳지 않겠지만, 우선 나는 그 현대 무용을 아직 관람하지도 않았으니 말이다.

나는 벽난로 앞에 앉아서 이런저런 생각에 빠진 채 결국 비행기 표를 불 속에 던졌다. 불꽃을 내고 꿈틀거리며 타 들어가는 종이쪽지를 눈 한 번 깜박이지 않고 지켜보았다. 이미 다 타고 형태만 남은 재마저 이내 사그라졌다. 나는 자리에서 일어났고, 우유는 마시지 않았지만 계피 향을 들이마시며 잠자리에 들었다.

23. 나는 그런 것을 본 적이 없습니다

단번에 운전면허증을 땄다. 수영 자격증도 따서 다이빙, 잠수, 그리고 모든 체형의 수영을 습득했다. 랭귀지 스쿨에 등록해 영어도 배웠다. 리사는 나를 데리고 박물관에도 가고 돌고래 쇼나 아이스 쇼에도 갔다. 리사와 다닐 때면 가끔씩 비퍼라는 것이 울리곤 했다. 핸드폰이 나오기 전 우리가 일명 '삐삐'라고 부르던 것으로, 그것이 울리면 그녀는 어딘가에 가서 찍힌 번호로 전화를 하곤 했다. 가끔 그녀가 외출하고 없을 때 찰리는 나를 데리고 식사를 하러 가거나 경마장을 가기도 했다. 혼자서도 가끔 경마장을 찾는 것 같았다. 찰리는 집에서도 취미로 스포츠 경기 도박을 했다. 찰리가 가엾다는 생각이 들었다. 출가한 자식들도 있다는데 내가 있는 동안에는 아무도 찾아오지 않았다.

하루는 나와 함께 경마장에 갔다가 돌아온 찰리가 혼자 주방에서 위스키를 마시더니 취했는지 의자에 앉아 깊숙이 고개를 숙인 채 자고 있었다. 그날따라 늦어지는 리사를 기다리는 집 안에는 계피 향만 외롭게 진동했다. 나도 잠을 자러 가려고 일어서는데 현관에서 문을 여는 소리가 났다. 나를 본 리사가 깜짝 놀라며 문을 급하게 닫는데 언뜻 웬 남자의 뒷모습이 비쳤다. 키도 크고 훤칠한 젊은 남자 같았다. 내 방에 돌아와 눕는데 현대 무용이고 뭐고 어서 돌아가야겠다는 생각만 들었다.

다음날 나는 리사에게 이제 현대 무용을 볼 수 없다 해도 인도로 돌아가길 진심으로 바란다고 말했다. 그리고 "리사도 저랑 인도에 가요. 인도의 조각을 보셔야 해요. 문양, 색채 어느 것 하나 아름답지 않은 것이 없어요. 미의 극치예요. 그곳에 가면 당신도 미국에 돌아오고 싶지 않을 거예요"라고 덧붙였다. 그녀는 한참 생각하더니 말했다.

"그것도 좋은 생각이구나. 한번 생각해 볼게. 그나저나 너의 미국 비자가 만기가 되었다고 어제 우리 개인 변호사한테서 연락이 왔다. 그래서 비자 갱신을 위해 멕시코로 갈까 생각하던 참이었다. 멕시코에서는 비자 갱신이 쉽고 빠르다더라. 이참에 멕시코 여행을 해보는 것도 괜찮을 것 같고. 세상을 두루 보는 게 좋지 않겠니? 육로로 가면서 좋은 시간도 보내고. 네 생각은 어떠니?"

비자 갱신을 하지 않으면 출국할 수가 없고 불법 체류가 된다고 했다. 그때나 지금이나 변함없는 것이 있다면 세상일에는 내 머리가 잘 돌아가지 않는다는 것이다. 순간순간에 충실했으나 깊게 분석하거나 따져볼 줄 몰랐다. 리사가 불법 체류가 어떻고 비자가 어떻고 하는 순간 나는 아무런 판단도 못하고 "그럼, 그렇게 해야겠네요"라고 말해버렸다. 더구나 멕시코라는 단어는 엄청난 호기심과 충동을 불러일으켰다. 차를 타고 대륙을 종단해 멕시코까지 간다니 물리치기 어려운 유혹이었다. 찰리도 좋은 여행이 될 거라며 부추겼다.

 나는 모든 것을 잊고 그녀와 하나가 되어 웃고 수다를 떨면서 여행길에 올랐다. 저녁이 되면 호텔에 묵고 아침이면 다시 길을 달렸다. 이름 모르는 산과 강, 기름진 들판을 보면서 '내가 이런 미국 땅을 안 보고 떠날 뻔했구나. 잘했어, 잘했어'를 마음속으로 수십 번도 넘게 외쳤다. 텍사스를 지날 무렵 우리는 한 농가에 들러 핫 초콜릿을 마셨다. 달콤하고 향기로운 맛에 눈이 저절로 감겼다. 브라우니라는 쿠키도 샀는데, 조금 잘라서 입에 넣었더니 오묘하고 아찔한 맛이 갑자기 정수리에서 무엇인가가 튀어나오는 느낌이었다. 나는 브라우니에 자꾸 손이 갔고, 리사 또한 어느새 비어버린 봉지를 보며 아쉬워했다. 그 순간 우리는 서로 눈을 찡그리며 뭔가 통하는 게 있었다. 그녀는 차를 농장으로 되돌렸다. 그때 먹은 브라우니가 훗날 내 가족의 생계를 잇는 아주 중요한 것이 될 줄은 꿈에도 몰랐다.

 국경 검문소에 이르렀을 때 가방 속에서 여권을 꺼내려 하니 그녀가 내 손을 제재했다. 리사는 신분증 두 개를 그들에게 보여주었고 우리는 그대로 통과되었다. 그녀가 내민 여권에는 누군지 모르는 한국 여자 사진이 붙어 있었다. 누구의 여권인지 궁금했지만 일단 부정적인 생각은 털어버리고 그저 배려에 감사했다. 영어를 처음 배울 때 곧잘 쓰던 "네"와 "감사합니다"라는 두 단어를 습관처럼 반복하면서. 그녀의 자상한 눈빛 아래 어떤 일이 준비되고 있는지 전혀 느끼지 못한 채 말이다.

다음날 호텔에서 아침을 먹는데, 리사가 어제 다 끝내지 못한 이야기가 있다며 말을 꺼냈다. 많은 외국인이 미국인이 되는 가장 빠른 수단으로 위장 결혼을 한다며 그 때문에 오늘 아카풀코 해변에 가게 될 거라고 했다. 그곳에 한 미국인 청년이 기다리고 있다는 것이다. 나는 깜짝 놀라며 요란스럽게 찻잔을 내려놓았다.

"지아를 위한 거야. 언젠가 미국 시민이 되면 그때는 감사하다고 할 걸? 나는 네가 미국에 자유롭게 머물었으면 해. 내게는 집도 있고 충분한 돈도 있어. 늙어가는 나의 말동무도 해주고."

"리사, 저는 아니에요. 저는 피부색처럼 국적도 바꿀 생각이 없어요. 제가 관심이 있는 것은 춤이에요. 춤을 생각하면 내 심장이 뛰고 그리움과 갈망으로 치달려요. 이렇게 무엇인가에 미치도록 빠져본 것이 없어요. 춤을 사랑하고 춤으로 내 존재를 알고 싶어요. 그 알 수 없는 기운이 미국까지 오게 했어요. 그리고 불법한 일은 절대로 하지 않을 거예요. 리사! 저를 생각해 주는 것은 감사하지만 이건 아닌 것 같아요."

리사는 나에게 사과를 했지만 어쨌든 그 미국인 청년에게 경비를 지불해야 한대서 우리는 아카풀코로 향했다. 다음날 나는 굳이 리사의 마음을 불편하게 하기보다 사무적으로 일이 잘못되게 하면 더 간단하지 않을까 싶어 일단은 이민국에 가기로 했다. 미국인 청년은 건장하고 키가 컸으며 노란 머리에 콧수염도 있었다. 그가 내게 손을 내밀었으나 나는 악수를 거절하고 목례만 했다.

이민국 직원이 왜 그와 결혼하려고 하느냐고 묻길래, 나는 이렇게 말하면 결격 사유가 될 것 같아 "돈 많은 미국인이라서요. 저는 돈 많은 남자를 좋아합니다. 돈이 있어야 사랑도 하는 것 아닌가요?"라고 대답했다. 그런데 오후가 되어 청년과 함께 이민국에 갔더니 결혼이 성립되었다며 서류에 합동 사인을 하게 했다. 리사는 굉장히 만족해했으나 나는 어리둥절하고 불안하고 불쾌했다. 리사는 청년에게 두툼한 봉투를 건네주었다.

멕시코를 떠나기 전날, 잠수복을 입고 바다 속 깊이 들어갔다. 가지각색의 물고기와 해초, 산호 들을 바라보는데, 해초가 내 몸을 휘감으며 황홀하게 조이는 듯한 느낌에 놀라 수면으로 올라오고 말았다. 리사가 손짓을 하며 밝게 웃었다. 그녀가 너무 친절한 것이 이내 두렵기까지 했다. 그녀의 커다란 다이아몬드 반지가 빛에 반사되어 눈이 부시고 아팠다.

미국에 돌아온 뒤 리사는 보석 알들을 탁자에 소복이 쌓아놓고 작업을 하고 있었다. 루비, 에메랄드, 사파이어, 다이아몬드…… 명상을 통해 황홀경에 다다르면 다이아몬드 빛이 보인다던데, 이 아름다운 광채가 내 몸에서 자라 저런 빛을 낼 때까지 얼마나 많은 윤회를 겪어야 할까 생각하며 바라보는데, 리사가 갖고 싶으면 디자인해서 만들어주겠다고 했다. 물론 싫다고 했다. 내 삶을 통해서 내 몸과 마음 그 자체가 다이아몬드가 되는 것, 그것이 내가 갖고 싶은 다이아몬드였다.

리사가 원피스의 치맛단을 뜯어내는데 그 속에서 여섯 개나 되는 다이아몬드가 떨어졌다. 우리 엄마도 돈을 속옷 주머니에 꿰매 보관하는데 서양 사람도 귀한 것은 이상한 방법으로 감추는구나 하며 특별한 의문 없이 방에 돌아와 인도의 나리다에게 편지를 썼다. 곧 돌아갈 거라고, 에드워드에게도 안부를 전해달라고.

왠지 나 자신이 인도에서 보았던 까만 크리스털 눈을 반짝이며 말없이 짐을 나르는 당나귀 같다고 느껴졌다. 하얀 크리스털이 아닌 까맣게 빛이 나는 그 눈동자를 떠올리며 '안 되지' 하며 정원으로 달려 나가 나무들에게 빌었다. 리사가 매일 밤 따라주는 우유를 부어주며 양팔로 껴안다 돌아와 잠에 들곤 하던 나무들이었다. "나무야, 나무야, 내가 비자가 없어서 아무데도 갈 수 없다는구나. 비자가 빨리 나오게 도와주렴. 네가 아는 모두에게 내가 여기서 길을 잃고 혼자 있다고 말해주렴."

다음날 리사는 플로리다로 여행을 떠났다. 여행에서 돌아오면 함께 인도에 가자고 했다. 그 말이 진심처럼 느껴졌다. 찰리도 친구를 만나러 나가고 아무도 없는 집에 계피 향을 피우고 곧 인도로 돌아갈 것을 생각하면서 나무들에게 감사했다.

리사가 돌아오기 전날 나는 찰리를 따라 바닷게 식당에 갔다. 도구를 이용해 게 속살을 파먹는 이런 곳을 리사는 질색한다고 했다.

"리사는 변했어. 리사는 평범한 미술 교사였지. 나는 같은 학교의 교장이었고. 그때만 해도 순수했어. 나와 결혼한 후 여기저기 여행하면서 좋은 시간을 보냈지. 나한테는 부모로부터 받은 재산도 많았고.

그런데 리사가 변하기 시작한 거야. 큰 변화가 있다는 걸 직감한 건 몇 년 전부터야. 하지만 나로선 어쩔 방법이 없었어. 나는 점점 나이가 들고 리사는 갈수록 화려하고 젊어지고 싶어 했으니까."

순간 리사의 비퍼가 떠올랐다. 또 그날 밤 어느 남자의 뒷모습도.

다음날 아침 일찍부터 나는 온 집안을 구석구석 청소했다. 리사가 좋아하는 파인애플 고기 요리도 만들고 스파게티 소스도 만들었다. 옥수수 빵도 굽고 아침식사 때 함께 먹는 비스킷도 구웠다. 마지막으로 작은 냄비에 계피를 넣고 낮은 불로 천천히 끓이면서 온 집안에 계피 향이 번지도록 해두었다.

오후 5시가 되어서 찰리가 전화를 했다. 몸이 불편해 운전하기 어렵겠다고. 얼른 차를 몰고 그가 있다는 바에 가보니 술도 약간 취했지만 배가 아프다고 했다. 그분을 차에 태우고 집 가까이 오는데 멀리 리사의 하얀 차와 함께 승용차 몇 대가 집 앞에 서 있는 것이 보였다. '친구들과 함께 오셨나? 음식이 부족하면 어쩌지?' 하고 은근히 걱정이 되면서도 이제 인도에 돌아갈 날이 머지않았다 싶어 기쁨의 미소가 흘렀다.

리사에게 도움을 청하러 차에 찰리를 두고 현관문을 열려는 순간 안에서 문이 열리며 놀랍게도 남자 두 명이 내게 권총을 들이댔다. 경찰이라고 했다. 그들을 밀어내고 큰소리로 리사를 부르며 안으로 들어서자 다른 남자들이 집 안을 뒤지고 있었다. 쿠션과 방석이 뒹굴고 가구들은 뒤집어져 있었다. 마룻바닥도 뜯겨 있었다. 내가 잠깐 바를 다녀온 그 시간에 말이다. 그 중 한 명이 내게 누구냐고 물었고,

나는 이 집에 와 있는 손님이라고 했다. 신분증을 보여달라고 해서 여권을 보여주니 무엇인가를 적은 뒤 돌려주었다. 형사들이 차 안에 있는 찰리를 부축해서 데려왔는데 찰리는 소파에 쓰러진 채 아무 기척이 없었다. 순간 그가 술이 취한 듯 연기를 하고 있다는 생각이 들었다.

"리사는 입건되었습니다." 형사가 말했다. "몇 년 전부터 마약 밀수를 하는 걸 알고 죽 지켜봤는데, 이번에 아주 큰 건이 있다는 정보를 받고 헬기로 뒤쫓다가 드디어 이 집에서 다량의 마약을 발견했어요." 그러면서 나에게 이 집에서 하얀 가루로 된 마약을 본 적이 있느냐고 물었다.

"네, 저는 그런 것을 본 적이 없습니다. 제가 아는 하얀 가루는 밀가루와 설탕뿐이에요."

형사들은 서로 눈짓을 주고받더니 하나둘 나가기 시작했다. 어질러진 집 안을 정리하면서 나는 가방에서 인도 향을 꺼냈다. 그동안은 리사의 취향대로 계피 향을 맡으며 지냈으나 이제는 인도 향이 내게 필요했다. 리사와 〈더티 댄싱〉의 주제곡을 듣던 기억도 몰아내고 인도 음악을 들었다. 그동안 이 집에서 한 번도 내 것을 내세우지 않고 지냈지만 이제는 더 이상 아니라는 걸 증명이라도 하듯이 온 집안에 인도 향 냄새가 퍼지기 시작했다.

찰리는 리사와 이혼하겠다고, 그녀를 돕지 않겠다고 떨면서 소리치고 있었다. 나는 그분의 어깨를 감싸고 위로한 뒤 조용히 방문을 닫았다. 욕조에 더운 물을 가득 받아 비누거품을 풀고 들어갔다. 향굿한 인도 향과 음악이 나를 위로하기에 충분했다. 나는 형사가 묻던 그 하얀 가루를 본 적이 있었다. 큰 쟁반에 한 아름 담겨 있던 그 가루가 이상해 뭐냐고 물었더니 조각할 때 쓰이는 석고 가루라고 했다. 그것이 코카인이란 것인가 하며 눈을 감은 채 하얀 비누거품을 만졌다. 불이면 불을 따라, 물이면 물을 따라 겁도 없이 장대비를 맞으며 번개를 향해 내달리던 나를 떠올리며, 나야말로 위험하고 미치광이 같은 존재라며 양손으로 거품을 움켜쥐고는 울었다.

새벽에 추워서 깨어보니 식은 욕조 물에서 잠이 들어 있었다. 내가 혹시 꿈을 꾼 것인가 싶어 집안을 훑어보았다. 뜯긴 마루를 감추려고 끌어다놓은 가구를 보면서 다시 전기담요 속으로 깊숙이 들어가 잠을 잤다. 다시는 깨고 싶지 않은 그런 밤을 찾아서 깊이깊이 잠이 들었다.

24. 버터핑거를 쥐고 비행기에 오르다

아무 소리도 들리지 않는 아주 깊은 밤과도 같은 아침, 나는 문이란 문을 다 열고 어제와 똑같이 화단에 물을 주고 집 안팎을 청소했다. 계피 가루를 넣고 프렌치토스트를 굽고 핫 초콜릿도 끓였다. 찰리가 방에서 나오는데 눈이 퉁퉁 부어 있었다. 찰리는 아무것도 먹고 싶지 않다고 했다. 눈에는 분노가 가득했다.

"리사보다도 지아에게 면목이 없군. 비자가 어찌되었는지 변호사에게 물어봐야겠어. 또 비행기 표도 구입하고. 자네가 불이익을 받는 일은 없어야지."

나는 그분을 달래서 리사에게 가보게 하고 리사의 방을 청소했다. 해가 진 뒤 찰리가 리사를 데리고 들어왔다. 리사는 몰골이 말이 아니었다. 샤워를 못해 머리도 축 가라앉고 몸에서는 이상한 냄새가 났다. 찰리가 큰돈을 주고 리사를 데려왔다는데, 리사는 자신이 곧 재판을 받게 될 거고, 어쩌면 오랫동안 감옥에 가 있을 거라고 했다. 샤워를 하고 나온 리사에게 수프를 권했다.

"참 맛있게 만들었구나."

"저에게 리사의 어머니께서 친필로 쓴 요리 메모집을 보여주셨잖아요. 고기 요리, 생선 요리, 파스타, 각종 샐러드, 빵과 쿠키 등등. 그러니 드시고 싶은 것 있으면 말씀만 하세요."

그녀가 희미하게 미소를 지었다. 그녀가 방으로 들어가고 나자 찰리는 나에게 내일 자기와 함께 은행에 가자고 했다. 리사 때문에 재산을 압수당할 수도 있다면서, 그러느니 차라리 일부라도 내게 주고 싶다고 했다. 나는 한 푼도 받고 싶지 않다고 했다. 내 것이 아닌 것에 관심이 없고, 돈보다는 인도로 돌아가길 원한다면서. 왜 미래를 생각하지 않느냐고 되묻는 찰리에게 내가 말했다.

"저는 오늘을 살고 있어요. 오늘만 생각해요. 그것도 벅차고 힘든데 어떻게 미래를 생각해요? 미래는 하늘의 뜻이에요. 무엇보다 자유를 잃고 싶지 않아요. 우리의 삶은 이상한 저울대 위에 있어요. 무엇을 얻으면 항상 무엇인가를 잃지요. 왜 얻으면 잃어야 하지요? 그래서 얻어도 잃지 않는 것을 찾아야 해요. 그것이 무엇인지 모르지만 돈은 확실히 아니에요. 특히 남의 것은요. 안녕히 주무세요. 저는 은행에 가지 않습니다. 그러나 저를 생각해 주시는 마음은 정말로 감사드립니다. 굿나잇."

다음날 리사는 소포 상자에 자신의 옷과 액세서리, 신발 등 소중하다고 생각하는 것들을 넣기 시작했다. 친구 집으로 발송하기 위해서였다. 그녀는 정말 집착이라는 병에 걸린 것 같았다. 박스를 우체국으로 옮기면서 나에게 말했다.

"미안하다. 너를 차마 볼 수가 없구나. 이곳을 떠나거라. 일단 멕시코로 가. 나는 몇 년 형을 받게 될지 모르지만, 가능하면 적게 받으려고 수단과 방법을 가리지 않을 거다. 그래서 너에게 불리한 말을 할지도 몰라. 그러니 어서 떠나거라. 한 달 정도 기간으로 차를 렌트해 놓으마. 당분간은 연락할 수 없겠지만 언제라도 만나길 바란다. 남편과도 상의한 것이니 그렇게 알고 짐을 챙기도록 해라."

리사는 나를 꼭 안아주었고 눈물을 보이며 우체국으로 떠났다. 렌트카가 도착했고, 찰리 또한 미안하다며 말했다. "변호사가 지아의 안전을 위해서 취한 조치이니 이해해 주게. 자네는 내가 만난 아주 특별한 사람이었어. 신의 은총이 함께 있을 것이네. 여기 내 개인 변호사 연락처가 있으니 당분간 모든 연락은 이곳으로 하게나."

찰리가 고속도로 입구까지 동행해 주었고, 곧이어 나는 혼자 고속도로를 달리기 시작했다. 밤이고 낮이고 아무 생각 없이 오직 앞만 보며 미치도록 달렸다. 멕시코 국경을 넘었고, 숙소를 잡고 여장을 풀다가 나는 깜짝 놀라 소리쳤다.

"아, 내 궁그루! 이를 어쩌?"

내가 힘들 때면 벗삼아 하소연하던 궁그루, 하늘과 바람과 공기와 이슬과 별과 달과 함께하라고 정원의 나무 밑에 놔뒀던 그것을 두고 온 것이다. 인도에 가면 또 구할 수 있겠지만 나무 밑에서 주인을 잃은 그 궁그루는 어쩌란 말인가. 비자가 없으니 다시 국경을 넘을 수도 없고 변호사에게 보내달라고 할까?

다음날도 나는 무엇을 어떻게 해야 할지 몰랐다. 인도로 가는 비행기 표를 구입해야 하는지, 다른 어디로 가 있어야 하는지, 며칠 더 시간을 두고 결정하기로 하고 거리를 걸었다. 그러다 투우 경기 포스터가 눈에 띄어 투우장에 들어갔다. 결국 까만 소가 피를 질질 흘리며 끌려 나가는 모습을 보고 그 자리에서 토해버렸다. 너무나 속상해 투우장을 뛰쳐나오는데 땅에 발을 대기조차 싫었다. 세상이 이상했다. 그 어디에 눈을 돌려도 불안하기만 하고 소통이 되지 않은 느낌이었다. 그 순간 궁그루가 몹시 그리웠고, 궁그루를 찾아와야겠다는 결심이 들었다.

아직 동이 트지 않은 새벽, 차의 시동을 걸었다. 비자가 없는데 어떻게 미국 국경을 넘을지는 신경 쓰지 않았다. 다행히 렌트카가 미국 번호판을 달고 있으니 그것만 믿고 시도해 보기로 했다. 가슴이 두근거렸다. 내가 좋아하는 노란 민소매 원피스를 입고 까만 목걸이를 했다. 리사와 함께한 귀빈 생활이 몸에서 자연스럽게 묻어났고 말투도 여전히 배어 있었다.

동이 틀 무렵 저 멀리 검문소가 보였다. 두근거리는 심장의 박동을 지그시 누르고 호흡과 함께 숫자를 세며 가까이 다가갔다. 바리게이트가 차 앞에 내려졌다. 나는 창문을 열고 "굿모닝" 하고 인사를 했다. 오른손으로 여권을 내미는데 방금 잠에서 깬 듯한 눈으로 직원이 내 빨간 손과 팔을 바라보는 것이 느껴졌다. 중년이었고 목소리가 잠겨 있었는데 아마도 선천적으로 발성에 약간의 장애가 있는 듯했다. 내 팔과 얼굴을 번갈아 훔쳐보는데 나를 걱정하는 듯한 표정이었다. 그 사이 다른 직원들이 차 트렁크를 열고 짐을 조사했다. 초조함을 감추려고 내가 먼저 말을 걸었다. "왜 이렇게 검사를 심하게 하세요?"

직원이 여권을 돌려주면서 "가끔 미국 비자 없이 방문하거나 마약을 밀수하는 사람들이 있어서요" 하고 친절하게 말하는데, 눈은 또다시 내 팔을 바라보고 있었다. "천천히 운전하시고 좋은 하루 되세요." 바리게이트가 올라가고 시동을 거는데 그의 시선이 다시 내 얼굴과 팔에 와 닿는 것이 느껴졌다. 천천히 차를 움직이다가 조금 빠르게, 그리고 한참 후 아주 빠르게 달리는데 백미러에는 아무것도 보이지 않았다.

워싱턴에 도착하자 모두들 깜짝 놀라면서 반가워했다. 나는 곧바로 정원으로 가 나무를 껴안았다. 온몸 가득히 나무의 사랑이 전율로 느껴졌다. 이제야 세상과 소통되는 느낌이 들면서, 나는 궁그루를 떨리는 손으로 쥐고 가슴에, 볼에 비볐다. 리사는 9년형을 받았는데 항소를 준비중이라고 했다. 틈만 나면 다투는 그분들을 놔두고 떠나기가 괴로웠다. 처음 미국에 머무르려고 했던 것처럼 보름만 더 있다가 떠나겠다고 하자, 찰리는 그러면 뉴욕에 다녀오라고 했다. 나는 뉴욕으로 갔다.

뉴욕에서 마침내 현대 무용을 보았으나 나를 자리에서 벌떡 일으키지는 못했다. 브로드웨이의 현대무용센터에도 찾아가, 까만 타이즈를 입은 학생들이 팔다리를 쭉쭉 펴며 연습하는 것을 보았지만 역시 아무런 감흥이 없었다. 뉴욕 거리를 걷는데 김숙자 선생님과 그분의 도살풀이가 그리워졌다. 두 번째 소망이었던 현대 무용과 뉴욕은 그렇게 막을 내렸다. 스리랑카에서의 내 첫 번째 소원은 아름다웠고, 뉴욕에서의 두 번째 소원에서는 많은 가르침이 있었다.

뉴욕에서 돌아오자 기쁜 선물이 나를 기다리고 있었다. 인도로 돌아가는 귀빈석 항공 티켓이었다. 찰리가 내 여권을 찾아오겠다고 나간 뒤 리사가 내게 술을 한잔 하겠냐며 말을 걸었다.

"지아, 두렵고 무서워서 도망치고 싶어. 지아, 나와 함께 캐나다로 가자. 며칠 후면 마지막 재판이 있을 거야. 그러면 나는 감옥을 가야해. 나를 도와다오. 너야말로 마술가의 딸이잖니? 내가 갖고 있는 재산이면 어디든 자리를 잡고 살 수 있단다. 그러니 나와 함께 캐나다로 가자꾸나."

"이미 저는 항공권이 있고 그렇게 할 수 없어요. 죄송해요."

그러자 비행기 표를 들어올리며 "이것 때문에 네가 캐나다를 갈 수 없는 것이냐?" 하면서 항공권을 벽난로에 집어던졌다. 그렇게 또 비행기 표가 타고 있었다. 나는 더 이상 무엇에도 놀라지 않았다. 그저 심하게 허기가 졌다. 무엇이라도 먹고 싶은 충동에 주방으로 향했고, 리사는 흥분한 채 내 이름을 불러댔다. 항공권이 타들어 가는데도 태연하게 냉장고에서 스파게티를 꺼내 접시에 담고 레인지에 데우는 나를 보고 더 화가 난 모양이었다. 고개를 돌려보니 리사가 내게 총을 겨누고 있었다. 그리고 함께 캐나다로 가자고 협박을 했다.

"만약 캐나다로 함께 가지 않으면 너도 공모자라고 증언할 거야."

"저에게는 가야 할 길이 따로 있어요. 당신과 함께 갈 수 없습니다."

그녀가 나를 차갑게 바라보며 총을 만졌다. 찰칵 하고 섬뜩한 소리가 났다. 나는 눈 하나 깜짝이지 않고 똑바로 그녀의 눈동자를 바라보며 차갑게 말했다.

"저는 지금 배가 고파서 스파게티를 먹을 거예요. 제게 묻지 말고 하고 싶은 대로 하세요."

아무것도 생각하지 않았다. 오직 맛에만 집중했다. 마늘, 토마토 오레가노, 소금, 후추 치즈올리브유…… 그때 현관문이 열리는 소리가 났고, 허겁지겁 달아나는 발 소리가 들렸다. 주방에서 스파게티를 먹고 있는 내게 찰리가 여권을 건넸다. 그러고는 주방을 나가려다 권총을 보고 깜짝 놀라 무슨 일이냐고 물었다.

"저는 모르는 일입니다. 전 여기서 아까부터 스파게티를 먹고 있었어요."

찰리가 급하게 리사의 방으로 달려가 문을 열라고 소리를 쳤다. 한참 후 방문이 부서졌고, 방바닥엔 온통 수면제가 흩어져 있었다. 리사는 지진이 난 듯이 떨고 있었다. 가슴이 아프고 끔찍했다. 나는 얼른 들어가 그녀를 꼭 안아주었다.

"이해할 수 있어요. 얼마나 두렵고 무서운지도 알 것 같아요. 리사, 사랑해요. 당신이야말로 아름답고 좋은 분이에요. 밀려오는 거친 파도를 두려워하면 고꾸라져요. 똑바로 바라보고 가볍게 그 위에 올라타요. 할 수 있어요. 감옥에 가는 것을 두려워 마세요. 무엇인가 이유가 있어서 가게 되는 거예요. 리사는 그곳에서 자신은 물론 많은 이들을 돕게 될 거예요."

리사는 어느새 아까와는 달리 눈빛이 부드러워지고 음성 또한 차분해졌다. 계속해서 미안하다고, 용서해 달라고 했다.

"리사는 내게 많은 걸 주었어요. 이제 제가 무엇인가를 드리고 싶어요. 제가 '하타 요가'를 알려드릴게요. 반드시 필요할 거예요. 그리고 몸을 움직이는 기본 춤동작을 익혀보세요. 도움이 될 겁니다. 강제로 수행 시간이 주어졌다 여기시고 그 안에서 꼭 명상을 하세요. 저를 믿으세요. 리사에게 감사하고 저는 리사에게 아무런 미움이 없습니다."

마지막 재판 날, 리사는 눈부시도록 아름답고 우아한 원피스를 입었고, 나는 블루사파이어와 다이아몬드로 된 보석을 목에 걸어드렸다. 그 사이 리사는 더 이상 수면제를 먹지 않았고 거의 아무 말도 하지 않았다. 서로 눈이 마주치면 말없이 얼싸안고 함께 요가를 했다. 찰리는 내게 항공권을 다시 구해주었고, 나는 지금 이 상태로 인도 기숙사로 돌아가기가 힘들어 멕시코에 있는 엘레나라는 친구에게 가 한 달 정도 머물다 떠나겠다고 했다. 인도에서 함께 춤을 배우던 친구였다.

같은 날 나는 멕시코 행 비행기에 올랐다. 공항에서 찰리는 인도에 돌아가 춤을 잘 배우라며 격려해 주었다. 마지막으로 나는 멕시코 친구의 연락처를 드렸고, 찰리는 변호사를 통해서 연락하자고 하셨다. 떠나는 마음이 가볍지 않았다. 찰리에게 마지막으로 부탁이 하나 있다고 했다. 뭐든지 들어주겠다고 하기에 버터핑거 하나만 사달라고 했다. 드디어 버터핑거를 손에 쥐고 나는 비행기에 올랐다.

악몽을 꾸고 깨어난 듯도 하고 미리 주어진 대본에 따라 어디론가 이끌려 다닌 듯도 했다. 비행기 진동에 몸이 흔들리는 것을 느끼며 눈을 감았다. 비행기에서 내리니 이상한 언어들이 들리고, 작고 뚱뚱한 체구의 여인들이 어수선하게 움직이는 것이 보였다. 생동감으로 정신이 번쩍 나는 나라 멕시코에 다시 온 것이다. 미국에서의 시간들이 물거품처럼 사라지고 남미의 음악이 거칠게 들려왔다.

  오랜 시간이 지난 지금, 원고를 쓰면서 먼 기억 속의 시간들을 되돌리는데 나도 모르게 손이 부르르 떨며 울고 있다. 오래도록 억눌러 두었던 슬픔이 이제야 눈물로 터져 나오기라도 하는 듯이. 나는 어떻게 그리도 담담하게 그 두려움의 순간들을 견뎠을까? 마치 이미 줄거리를 알고 있는 연극의 대본을 읽어나가듯이 말이다. 돌이켜보건대 그것은 한 순간도 나에게서 떠나지 않고 내 심장을 뛰게 한 춤의 영혼 덕분이 아니었을까 싶다. 그런 나와는 정반대편에서 처참히 무너져 내리는 영혼의 연기를 한 리사, 이미 고인이 된 그녀를 새삼 떠올리며 그녀가 내게 준 사랑과 교훈을 가슴 깊이 새겨본다. 그녀의 영혼이 이미 자유와 편안함 속에 있으리라 믿으면서.

25. 그대는 여기서 무얼 하는가

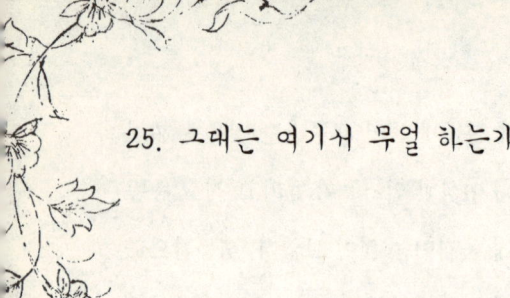

엘레나와 그녀의 여동생이 공항에서 기다리고 있었다. 엘레나의 집에 도착해 천장이 낮은 다락방에 들어서니 이제야 제자리에 온 것처럼 마음이 편했다. 짐을 푸는데 옷과 신발, 장신구 등을 들추어보고 놀라는 엘레나에게 "갖고 싶은 것 있으면 다 가져. 난 샤워를 하고 더도 말고 이틀만 푹 자고 싶어"라고 말한 뒤 자리에 누웠다. 아래층에서 연신 옷을 갈아입으며 탄성을 지르는 소리가 들렸다. 그 모든 것이 정겨웠다.

정말로 이틀 동안 잠을 잤다. 잠에서 깨어나니 변호사에게 여러 번 전화가 왔었다고 했다. 전화를 걸자, 변호사는 내가 떠나고 몇 시간 뒤에 경찰이 나를 마약 공범으로 체포하러 왔다고 했다. 마지막 재판 때 리사가 나를 라스베가스에서 도박을 일삼고, 스리랑카에서는 루비와 사파이어를 대량 밀수해 자신에게 넘겼으며, 멕시코에서 차량으로 마약을 들여왔다고, 총을 겨눠도 눈 하나 깜짝하지 않는 강심장이라고 증언했단다. 이젠 걱정하지 말라는 변호사에게 나는 위장 결혼 서류를 정리해 달라고 부탁했다.

　통화를 마치고 나는 다시 잠이 들었다. 잠이 나를 짓누르는 느낌이었다. 잠자는 동안에도 가끔씩 눈물이 흐르는 것이 느껴졌다. 잠만 자는 나에게 엘레나가 말했다. "지아, 플라맹고를 배워보지 않을래? 인도에서 돌아온 뒤 나도 플라맹고를 배우고 있는데, 카탁과 비슷한 게 많아. 네가 좋아할 것 같아서⋯⋯"

　그녀를 따라 교습실에 들어섰을 때 내 눈은 넓은 치마폭을 양손으로 휘두르며 움직이는 무용수들에게 가서 박히고 말았다. 엘레나는 그런 내 모습을 보고 미소를 지으며 말했다. "짐작하고 있었지. 다행이다." 그렇게 깊은 잠에서 깨어나 나는 스페인 춤, 플라맹고에 빠져들었다. 배우는 속도도 남들보다 빨랐다. 광활한 대륙을 질주하며 앞을 막는 모든 적을 쳐부수는 듯한 강렬한 느낌, 울분하듯 질러대는 음률 속으로 끌리듯 빨려들었기 때문이었다. 동시에 그 부드러운 선율은 빗물처럼 쏟아지는 내 눈물을 달래주기에 충분했다.

　나는 매일 교습소에 다녔다. 플라맹고의 구두소리보다 시원하고 상쾌한 것은 없었다. 내 몸은 리듬과 완전히 하나가 되었고, 나는 넓은 치마를 앞뒤로 휘두르며 제자리를 끝없이 내달렸다. 온몸에 엉그는 땀방울들은 보석처럼 투명하게 빛이 났다. 매번 교실 밖을 뛰쳐나가며 서러움을 감추지 못하던 과거의 나는 도대체 어디로 갔는가 싶었다. 나는 어느덧 초보자들에게 스텝을 가르칠 정도가 되었고, 스텝을 잘 따라하지 못하는 한 중년 부인의 요청으로 집에 가서 개인 레슨을 해주기도 했다.

그 사이 엘레나의 집에 문제가 있어 나는 코요아칸의 주택가인 런던거리의 작은 아파트로 집을 옮겼다. 집 주인 이사벨은 글을 쓰는 사람이라는데 담배를 심하게 피웠다. 영어가 능숙했고, 까만 곱슬머리가 어깨에 치렁거렸으며, 눈은 부리부리하게 툭 튀어나와 물고기를 연상시켰다. 담배를 빨아들이면 입가에 축축하게 침이 묻어났고, 앉을 때는 치마를 휙 휘둘러 속살이 거침없이 드러났다.

그러던 어느 날 아파트에서 새로 배운 스텝을 연습하려고 구두를 챙기고 있는데 전화벨이 울렸다. 이사벨이었다. 병원에 입원해 있는데 병문안을 와줄 수 있겠냐고 했다. 그곳은 정신병원이고, 1년에 한 번씩 보름에서 한 달 정도 의무적으로 입원해야 한다고 했다. 병원에 들어서자 이사벨은 하얀 환자복을 입고 있었고, 똑같은 옷을 입은 여자들이 넓은 마당에서 햇볕을 쬐고 있었다. 작고 앙상한 몇 그루의 나무와 사방이 담으로 둘러싸인 공간에서 해바라기를 하는 그들을 보는 순간 스리랑카의 바닷가를 함께 공유하고 싶다는 생각이 밀려들었다. 이사벨이 소매를 걷어 팔뚝을 보여주었는데 마약을 맞은 주사 자국이 가득했다. 두 눈은 깊이 패여 있었고 입술에도 검은빛이 돌았다.

그때 갑자기 어디선가 비명 소리가 들리고 간호사들이 급하게 뛰어가는 모습이 보였다. 들어가 보니 한 여자가 나가고 싶다며 옷을 찢으며 발작을 했고, 간호사들이 그녀를 붙잡아 누르며 주사를 놓고 있었다. 잠시 후 나는 그 여자에게 다가가 그녀를 가슴에 안고 손가락으로 머리를 빗겨주며 블라우스 단추를 잠가주었다. 이해받지도 사랑받지도 못한 채 버려진 이들이 약물로 통제되는 것이 가슴 아팠다. 그리고 원기소를 주며 하고픈 일을 꿈속에서 하라고 말씀하시던 어린 시절의 의사 선생님이 기억났다. 그 여자가 무슨 말을 하려고 하기에 손가락을 그녀의 입술에 대며 "말은 하지 않아도 돼. 리듬이 언어보다 먼저야. 그러니 숨을 쉬자꾸나. 우선 들이쉬고 천천히 내쉬어봐. 아무것도 생각하지 말고" 하고 말했다.

그 여자의 손을 내 가슴에 대고 내 손을 그 여자의 가슴에 대었다. 그리고 숫자를 세면서 공기를 들이마시고 내쉬기 시작했다. 여자의 심장 박동 소리를 들으니 눈물이 나려고 했다. 눈물을 간신히 참으며 여자의 양말을 벗기고 일으켜 세웠다. "발바닥을 치면서 숫자를 세어봐. 마음속으로 하나라는 숫자를 세고 발을 치면 네 마음이 정한 소리가 하나라고 울리지. 네 마음이 편안하다고 느끼고 발을 치면 편안함이 울리고, 슬프다고 느끼고 발을 치면 슬픔이 울리고, 분노를 느끼고 발을 치면 분노의 소리가 울려. 네가 소리를 지르면 사람들이 달려와 주사를 놓으니 다음엔 그렇게 하지 마. 다음에 또 갑갑하면 천천히 숨을 쉬고 숫자를 세며 아름다운 것을 상상해 봐." 그리고 여자의 몸을 돌리며 천천히 원을 돌게 했다. 여자가 미소를 지으며 내게 안겼다. 눈가에는 눈물이 글썽거렸다.

집에 돌아와 아주 오랫동안 샤워를 했다. 욕실을 나와 단정하게 머리를 빗고 얼굴을 다듬은 뒤 넓은 치마를 입고 못이 박힌 구두를 신고 구둣발로 따다다 다다다다 소리를 내며 플라맹고를 추기 시작했다. 눈은 정면을 똑바로 아주 멀리 내다보고, 모든 동작들에는 힘이 더 가해졌다. 어느새 나는 춤과 음악 속으로 깊이깊이 빠져들어 갔다. 그리고 구두 소리가 나를 쫓아오는 느낌이 들 무렵 긴 치마에 휘 감긴 채 구두도 벗지 않고 소파에서 그대로 잠이 들었다.

멕시코에 있으면서 스페인 춤만 익힌다는 것이 아이러니하다는 생각이 들어 멕시코 국립민속무용학교를 한 학기 다니고 수료증까지 받기도 했지만 별다른 감흥은 없었다. 그보다는 엘레나를 따라가서 본 위니라는 젊은 여성의 탱고 플라맹고가 나에겐 몹시 강렬한 인상을 남겼다. 그때 나는 탱고 플라맹고가 무엇인지 볼 수 있었다. 무 썰듯이 딱딱 떨어지는 아찔하면서도 정확한 몸동작, 화살처럼 공중을 나는 종아리의 탄력감, 조롱하고 어르는 듯한 표정, 한 치의 여백도 없이 도도하게 휘몰아가는 열정, 칼끝이 와 닿아도 미소를 짓고 더 한껏 가슴을 열어 보이는 듯한 당당함이 나를 꼼짝도 못하게 휘어잡았다. 강약을 조절하며 숨을 조였다 풀었다 하더니 음악이 끝나는 순간 '딱' 하는 구두소리와 함께 춤이 멈추고, 위니의 눈빛 또한 세상을 정지시키듯 한 순간에 정지했다. 나는 현기증을 느꼈고, 여운처럼 남아 있는 리듬과 춤 속의 그녀 육체를 한동안 더듬을 수밖에 없었다.

엘레나와 함께 인도 무용 오디시를 전공한 자엘이라는 사람의 무용 연구소를 찾아간 적도 있었다. 아름다웠으나 오디시가 내가 추고 싶은 춤인지는 여전히 선명하지 않았다. 자엘의 연구소 사람들과 함께 일본 무용가의 부토라는 춤 워크숍에 보름 동안 참가하기도 했는데, 죽음의 춤이라 불린다는 부토와 그 무용가를 만난다는 기대감에 들떠 있던 내게 엘레나가 "지아, 너는 꿈이 뭐야? 무용가가 되는 거야?" 하고 물어서 당황했던 기억이 난다. 그때 나는 "로켓을 타고 지구 밖을 나가서 행성들을 직접 바라보는 것"이라고 대답했다. "너는 정말 유별나. 너는 언젠가 모든 행성들을 네 눈으로 보게 될 거야"라고 엘레나가 했던 말도 기억난다. 나 또한 그럴 수 있기를 진심으로 바랐다.

그때 마침 부토 춤 워크숍에서 알게 된 소피아라는 친구가 내가 플라맹고에 빠져 있는 것을 알고, "플라맹고를 배우려면 스페인을 가야 하지 않겠니? 그곳 학교와 숙소 정보를 내가 잘 챙겨줄게. 일단 파리로 와보면 어때?" 하며 나를 초대했다. 어떻게 답장을 써야 할지 몰라 망설일 무렵 이사벨과 친구들이 1년에 한 번 열리는 큰 파티가 있다며, 거길 가봐야 멕시코를 안다고 할 수 있다길래 따라나섰다.

그곳은 길 전체가 파티장이었다. 이 집 저 집 모두 창문과 대문이 활짝 열려 있고 여기저기서 음악이 들려왔다. 집집마다 커다란 식탁에 음식과 술이 차려져 있고, 누구나 들어가 먹고 마실 수 있었다. 뾰족구두에 짧은 치마를 입고 가슴은 불룩하게 하고 얼굴엔 짙은 화장을 한, 여성 분장을 한 남자들이 여기저기 눈에 띄었다. 게이 파티였다.

이사벨은 연신 술잔을 비우고 담배를 피우면서 즐거워했다. 게이에 대한 편견은 없었지만 오래 머물고 싶지는 않았다. 나는 친구들과 포옹을 하고 그곳을 빠져 나오는데, 마치 하늘에서 차가운 눈이 내려와 내 가슴에 소리 없이 차곡차곡 쌓이는 듯하고, 몸에서는 냉기가 느껴졌다. 태양이 간절하게 그리웠다. 태양이 뜨기를 고대하며 새벽이 되도록 걸었다. 서울의 거리를 그렇게 걸어 다니더니 이제는 사람들 생김새도 다르고 언어와 문화도 다른 멕시코의 거리를 그렇게 걷고 있었다. 외로움의 무게가 한층 더 무겁게 느껴졌다.

어느덧 동이 터오는 아침 하늘을 바라보며 나는 발길을 멈추고 양손을 한데 모아 합장을 했다. 그리고 간절한 음성으로 말했다. "저, 여기 있습니다." 눈을 뜨자 이미 해가 눈높이까지 와 있었다. 태양과 눈을 마주하고 다시 한 번 "저, 여기에 있습니다" 하고 되뇌었다. 그 순간 "그대는 여기서 무엇을 하는가?" 하는 소리가 어디선가 들려왔다. 마치 멕시코 땅에서 이제 그만 떠나라고 말하는 듯했다. 가슴이 철렁하면서 하체에 힘이 빠졌다. 내가 유일하게 잘할 수 있는 답은 눈물뿐이었다. 태양을 바라보며 뜨거운 눈물을 흘렸다. 그러곤 침착하게 대답했다. "네, 떠나겠습니다. 이제 떠날 때가 되었음을 알겠습니다." 벤치에 앉아 햇빛에 얼굴을 내밀고 가슴을 데웠다. 엄마가 햇볕에 이불을 말리듯이, 내 육체와 정신을 햇볕에 말리며 소독했다.

파리행 비행기에 몸을 실었다. 이번에는 일반석이었다. 비행기가 경유지인 미국의 달라스 공항에 도착하고, 두 시간 후 프랑스 항공기로 갈아타려는데 직원이 내 여권과 얼굴을 훑더니 여권을 한쪽으로 밀어놓은 채 다음 사람의 신분증을 받아서 보기 시작했다. 아무런 설명도 듣지 못하고 나는 탑승객들이 다 통과하도록 그렇게 서 있어야 했다. 한참 후 직원이 창문도 없는 조그만 사무실로 나를 데려가더니 여권을 확인해야겠다며, 만약 이상이 있으면 압송당할 거라고 하고는 문을 닫고 나갔다.
 '압송이라······.'
 이제는 내가 깊은 심호흡과 함께 숫자를 세어야 했다. 하나, 둘, 셋, 넷······ 숫자가 아닌 땃가의 리듬 소리로 열여섯까지 세었다. 다딘딘다 다딘딘다 다띤띤따 다딘딘다······ 우리의 호흡과 가장 가까운 리듬이 16박자라고 한다. 이 좁은 공간에 이유도 모르고 갇혀 있는 나로선 무엇보다도 먼저 나의 리듬인 심장의 소리를 들어야 했고 아름다운 것들을 상상해야 했다. 입 안 천장이 울리도록 되뇌면서 눈을 감고 자유를 향한 여행을 시작했다. '다딘딘다'의 '다' 소리를 내니까 모든 사물이 물러나는 듯한 느낌이 들었다. '딘' 소리를 내자 침체된 심정이 사라졌다. 다음으로 '다띤띤따'의 '다' 소리를 내자 마치 호수 위로 물이 번지는 것 같았다. '띤' 소리에 동굴 속 천장에 매달린 물방울이 떨어지려고 했다. '따' 소리는 청량하게 떨어지는 물소리였다. 다시 '다딘딘다'의 '다' 소리에 어둠이 밀려나는 것이 보였고, '딘' 소리에서는 빛이 있음이 느껴졌으며, 두 번째의 '딘' 소리에서 빛이 보였다. 끝으로 '다' 소리를 내자 편안함과 고요함 속에서 비로소 미소 지을 수 있었다.
 그렇게 계속 반복하면서 나는 심장 소리와 하나가 되고 리듬의 파장과 하나가 되어갔다. 어떤 일이 생겨도 이 리듬만은 놓지 않으리라 다짐하며 땃가의 리듬을 만트라처럼 되뇌었다. 심장 소리와 땃가의 리듬, 발바닥이 바닥에 닿아 울리는 소리가 그렇게 하나가 되어 마음속의 장애가 모두 사라졌을 때, 흑인 여직원이 내 어깨를 살짝 건드리며 물 잔을 내밀었다. 여권도 돌려주었다. 조사 결과 아무 이상이 없고, 가장 빠른 다음 비행기로 연결해 주겠다고 했다. 죄송하다는 말과 함께, 국제 전화 카드, 공항 내 식당 이용권, 그리고 귀빈석 탑승권이 내게 주어졌다. 그것을 받아 쥐고는 괜찮다고 짧게 인사한 후, 여직원의 연두색 원피스가 유난히 환하고 아름답다고 느끼며 사무실을 천천히 걸어 나왔다. 네 시간 뒤 나는 다시 귀빈석에 앉아 멀어지는 미국 땅을 내려다보고 있었다.

파리에서 나는 무용 연구실을 운영하는 소피아의 친구 요청으로 플라맹고를 가르치게 되었다. 크루아상이라는 빵을 그곳에서 처음 먹어보았는데, 그 부드럽고 향기로운 맛에 반해 매일 빵가게 앞에 줄을 서서 크루아상을 샀다. 루브르 박물관에도 매일 갔다. 천재 화가들의 그림을 접하면서 그들의 가슴이 붓이고 손이 붓이며 붓은 곧 그들의 영적인 눈빛이었음을 느끼고 그것들이 뿜어내는 에너지를 마음속 깊은 곳에 저장하곤 했다. 오후가 되면 세느 강을 걸었고, 저녁이면 개선문 근처를 산책했다. 늦은 밤에는 카페에 앉아 내가 가르치는 학생들과 어울리기도 했다. 그러다 빵을 사려고 매일 줄을 서는 내 모습이 보이고 학생들이 떠나지 말고 계속 머물러주기를 바라기 시작할 때 비로소 이곳도 떠나야 한다는 것을 알게 되었다.

그러나 스페인으로 갈 것인지 인도로 되돌아갈 것인지 고민이 되었다. 박물관 앞 피라미드에서 동전을 던지기로 마음먹었다. 앞면이 나오면 스페인으로, 뒷면이 나오면 인도로 가기로 했다. 하늘을 향해

종을 치는 마음으로 힘껏 동전을 던졌다. 한참을 구르다 동전이 멈췄고 나는 손바닥으로 그것을 덮었다. 그리고 살며시 들추어본 순간 내 운명이 인도로 향하는 것을 알았다. 왜 인도로 돌아가야 하는지는 나중에 생각하기로 했다.

  돌이켜보니 그때는 홀로 떠돌고 있는 자신을 생각하면 가슴이 숨막힐 듯 조여오곤 했는데, 달이 바뀔 때면 더 그랬던 것 같다. 아무리 주위를 돌아봐도 나처럼 살아가는 사람은 없었다. 나는 길을 잘못 가고 있는 것은 아닌지 자주 묻곤 했지만, 그렇다고 길을 접고 되돌아서서 남들처럼 살고 싶지도 않았다. 가슴이 조여들 때마다 앞으로 한 걸음 더 내딛는 것 외엔 다른 길이 없었다. 그리고 스스로를 껴안고 위로하면서 사랑한다고 말해주는 것밖에는……

4부
스승을 만나다

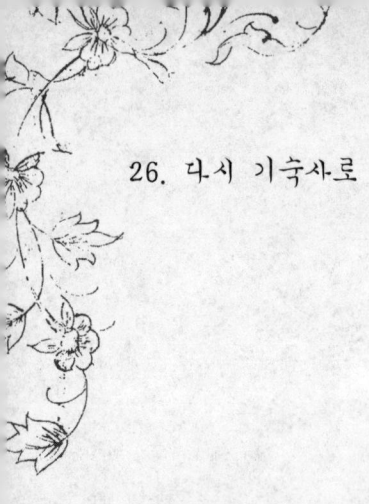

26. 다시 기숙사로

비행기 속에서 줄곧 내 운명이 왜 인도로 향했을지 생각했다. 플라맹고는 남녀의 애틋한 사랑을 테마로 한 것이고, 인도 춤은 신을 향하는 염원이 담긴 테마라는 생각이 들었을 때에야 비로소 왜 인도로 돌아가게 되었는지 알 수 있었다. 양손을 모아 합장을 하고 신께 말없이 감사를 드렸다.

퀴퀴하고 우중충한 냄새와 확하고 덤벼드는 뜨거운 더위, 그리고 소란과 무질서가 나를 반겼다. 택시 기사가 어디로 가느냐고 묻는데 순간 망설이다가 타지팔라스 호텔로 가자는 말이 내 입에서 나왔다. 스스로도 놀랐다. 이대로 기숙사에 들어갈 준비가 덜 되어 있나 싶었다. 호텔에 도착하니 빨간 복장을 한 직원이 택시 문을 열어주고 벨보이가 짐을 들고 앞장서 걸어 들어갔다.

문을 닫고 커튼을 걷으니 수영장이 내려다보였다. 주변의 불빛으로 환하게 비치는 수면을 바라보는데, 내 안과 밖에도 전등이 켜지고 내 몸 안에 있는 고여 있는 많은 물이 그 빛을 받아내는 느낌이 들었다. 긴 방황과 갈망 끝에 돌아온 인도에서의 첫날밤이 기쁨보다는 심란함으로 떨리고 있었다. 욕조에 따뜻한 물을 가득 담아 몸을 담그고 마치 꿈을 꾸는 듯 천천히 눈을 감았다 떴다 했다. 무슨 생각을 하랴? 그저 모든 것이 시계의 초침처럼 정확하게 분배된 시간 안에서 다음으로, 다음으로 그렇게 차례대로 옮겨가는 느낌뿐이었다.

다음날 기숙사에 들르는데 마치 집에 돌아오는 기분이었다. 수위 아저씨가 먼저 나를 반겼다. 단숨에 5층까지 올라가 기쁨과 흥분으로 방문을 당겼다. 그러나 문은 잠겨 있었고, 자물통도 바뀌어 있었다. 어찌된 것일까 심란해하면서 계단을 내려오는데 라오스에서 온 교환 학생 눗이 나를 기억하고 반겼다.

나리다는 한 달 전에 기숙사를 떠났다고 했다. 내가 돌아오면 자기 거처를 알려주라고 했다면서 눗이 나를 그곳에 데려갔다. 나리다가 옮겨간 곳은 델리 대학교 근처였다. 그녀는 옥상 방에 살고 있었다. 마침 그녀가 빨래를 하고 있는 뒷모습을 바라보니 가슴이 뛰었다.

"나리다."

뒤를 돌아보며 어찌나 깜짝 놀라는지. 우린 부둥켜안고 한참 동안 반가움의 눈물을 흘렸다.

"지아, 나는 네가 다시는 안 돌아올 줄 알았어!"

"돌아온다고 했잖아. 근데 왜 기숙사를 나왔어?"

나리다는 무용을 그만두었다고 했다. 대학에서 공부한 뒤 고국에 돌아가 직장을 얻기로 했다는 것이다. 에드워드도 떠났다고 했다. 떠나기 전 나에게 전해달라고 했다며 작은 상자를 꺼내주었다. 나리다는 자꾸 미국 얘기를 들려달라고 했으나 나는 하고 싶지 않았다. 그때 한 청년이 오토바이 헬멧을 들고 방 안에 들어서다 나리다의 눈짓에 나중에 보자며 나가는 것을 보고 나도 자리를 떴다.

호텔방에 돌아온 나는 공허했다. 뭔지 모르지만 예전의 느낌이 아니었다. 나리다가 내게 대접한 점심이 혹시 그 청년과 함께 먹으려던 것이 아닌지, 살이 많이 찐 모습과 더 이상 무용을 하지 않기로 했다는 그녀의 말…… 막내동생 같던 나리다가 갑자기 언니가 되고 성숙한 느낌이 들었다. 에드워드가 남긴 상자를 풀기 시작했다. 피리와 예쁜 수를 놓은 지갑이 나왔다. 그리고 편지.

"사랑하는 지아, 네가 떠나고 아주 평범한 날들의 연속이었다. 아마도 네가 있는 그곳에는 반드시 신비한 일이 있을 것이라는 확신이 들어. 늘 소식을 기다렸으나…… 마치 따로 떨어진 섬처럼 떠도는 너를 많이도 그리워했다. 아마도 우리가 다시 만날 수 없을 듯한 예감으로 나는 독일로 떠난다. 만약 우리가 어디서 다시 만난다면 남미의 색다른 뜨거움을 공유하고 싶다. 그러나 아직도 인도는 너의 땅임을 느끼고 네가 돌아올 것을 확신한단다. 모든 것에 행운이 있기를. 인도가 점점 더 뜨거운 것은 누군가 너를 기다리고, 누군가 너를 사랑하고, 누군가 너를 열망하기 때문이란 것, 점점 더워지는 인도를 느낄 때 이것도 함께 기억하길 바라. 너무 깊게 생각하지 말고 인생을 즐기기를…… 에드워드."

편지를 한쪽에 밀어놓고, 손지갑과 대나무 피리를 만지작거렸다.

밤이 유난히 길었다.

　다음날엔 사원에 찾아갔다. 맨발로 대리석 바닥에 서 있는데 인도와 내가 하나라는 느낌이 강하게 들었다. 꽃을 들고 대리석 바닥을 천천히 걸으며 사원 안으로 향했고, 차례를 기다려 헌화를 했다. 빨간 신두가 양미간에 그려지고, 꽃이 머리 위에 뿌려지고, 코코넛 물이 얼굴에 튀었다. 양손을 합장한 채 "여기에 제가 있습니다" 하는데 갑자기 뜨거운 눈물이 주르륵 흘렀다.

　그리고 마침내 기숙사로 돌아갔다. 방문이 열리자마자 묵은 먼지들이 정신없이 일어났다. 나리다의 침대에는 덜렁 매트리스만 놓여 있고 캐비닛은 열려 있었다. 양동이를 들고 수도꼭지에서 물을 받았다. 창문과 방문을 활짝 열고 먼지를 털어낸 뒤 쓸고 닦기 시작했다. 몇 개 안 되는 소꿉장난 같은 부엌 도구들도 정리하고 짐도 풀어 제자리에 놓았다. 그리고 다시 양동이를 들고 샤워장으로 갔다. 그래, 이것이 바로 나의 진짜 모습이고 현실이었다. 달라진 것이 있다면 예전의 친구들이 어디론가 사라지고 나 혼자 뒤처진 시간 속에 고독하게 서 있다는 사실이었다. 기분이 야릇했다. 그 야릇함이 허기로 이어져 식당으로 향했다. 주방장은 반가워했으나, 설탕통을 감추던 바야는 여전히 나를 못마땅하게 쳐다보았다. 음식을 아주 적게 먹고 설탕도 찾지 않고서 조용히 식당 문을 나가니 바야가 어리둥절해하며 뒷모습을 바라보는 것이 느껴졌다.

　궁그루를 챙겨 카탁 연습실로 향했다. 혹시라도 그 사이 선생님이 바뀌었기를 바라는 내 마음을 느끼며 조심스레 문을 열었다. 학생들은 벌써 땃가 연습을 하고 있었다. 몇몇 아는 얼굴도 있고 새로운 학생도 있었다. 이렇게 다시 내 발목에 궁그루를 매고 있는 것에 감격하던 때 선생님이 들어왔다. 그때 그 선생님이었다. 반갑게 웃으며 맞았으나 이내 퉁명하고 쌀쌀하고 무관심한 얼굴로 돌아갔다. 그것은 심한 고통이었다. 불안한 마음을 누르며 맨 뒷줄에 서서 천천히 땃가를 시작했으나 자꾸 발 위치가 틀렸다. 정신을 더욱 집중해 보았지만 속도마저 처지고 있었는지 결국 복도로 쫓겨나고 말았다. 복도에서 다시 정신을 차리고 발동작을 해봤으나 이내 무너지고 말았다. 무엇인가에 겁을 내고 있었고, 불안하고 무섭기까지 했다. 그렇게 진땀을 흘리며 첫날이 지나갔다.

사감 선생님으로부터 러시아에서 온 나타샤를 소개받고 함께 방을 쓰게 되었다. 눈꼬리가 길고 컸으며 입술은 얇고 선명했다. 코는 오똑했고 키는 나보다 컸다. 몸은 가늘고 굴곡이 있었다. 무용을 오래 했음이 확연히 드러나는 몸매였다. 국립무용단에서 발레를 했고 국제 교환 학생으로 왔다고 했다. 카탁을 배울 거라고 했다. 함께 기본을 하게 될 친구가 생겨서 반가웠다.

다음날 그녀와 어깨를 나란히 하고 연습실에 들어갔다. 많은 학생들이 몸을 풀고 있었다. 수업이 앞선 학생들은 손과 발을 자유자재로 움직였고 미소까지도 여유로웠다. 땃가를 하면서 걸어 다니는 친구도 있었고 옆 사람과 농담을 주고받는 친구도 있었다. 선생님이 들어오고 동작을 멈추라고 할 때까지 우린 그렇게 땃가를 하고 있어야 했다. 선생님은 나타샤를 보더니 조곤조곤 말을 나누며 발 위치를 부드럽게 가르쳐주기 시작했다. 나타샤가 처음이라 발동작이 자주 틀리면서 힐끗힐끗 나를 쳐다보자, 선생님은 "지아를 쳐다보지 말도록 해. 정확하지 않으니까"라고 했다.

그러더니 몇 주 후엔 나타샤가 나를 가르치고 있었다. 시간은 계속 지나는데 새로운 학생이 들어오면 나는 매번 그들과 뒷줄에서 연습을 하고 있었다. 그들이 뒷줄을 벗어나 중간이나 앞줄로 옮겨가는 것을 보며 나는 또 다른 신입생이 들어오기를 기다렸다. 그와 반대로 오디시 춤은 정해진 기본을 다 익혔고, 어느 정도 기본 스텝이며 몸의 움직임을 따라가는 단계였다. 그런데도 나는 오디시 춤보다 카탁에 집착하듯 매달리고 있었다.

하루는 선생님이 회전을 하라고 했다. 왼발 뒤꿈치에 중심을 두고 문지르듯 빠르게 회전해야 했다. 몸을 움직일 때마다 균형이 흔들려 비틀거리고, 심지어는 머릿속이 어지럽기까지 했다. 발뒤꿈치의 살이 벗겨지고 아려서 더 이상 바닥을 딛기도 어려웠다. 그런 나에게 선생님은 아무런 지시나 가르침도 주지 않았다. 그날도 복도에서 혼자 회전 연습을 하는데 한 친구가 귀에 대고 "벽면 눈높이에 점을 하나 찍고 그곳만 바라보면서 회전을 해봐. 그러면 머리가 어지럽지 않아"라고 했다. 그 방법은 효과가 있었다. 그런데 왜 선생님은 나에게 이런 것조차 가르쳐주지 않는 걸까? 내가 춤을 추기에 너무나 부족한 조건을 가진 건가? 숨이 막힐 듯이 괴로웠다.

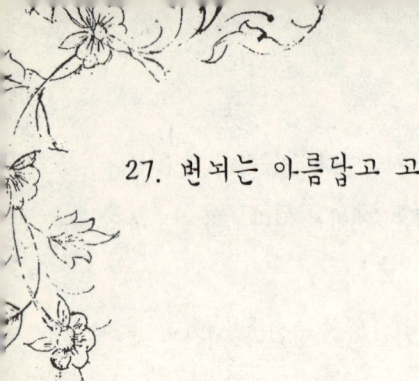

27. 번뇌는 아름답고 고통은 의미 있게

장시간 춤을 춰도 숨이 차지 않도록 아침 일찍 일어나 산책이나 조깅을 해야겠다고 생각했다. 더 자고 싶은 욕구와 일어나야지 하는 마음 사이에서 한참 실랑이를 하다가 겨우 일어나 운동을 시작했다. 식당에서 만난 나타샤가 아침 운동을 시작한 내게 파이팅을 외치더니 자신은 며칠 전부터 개인 레슨을 받고 있다고 했다.

"개인 레슨? 누구한테 받는 건데? 개인 레슨 받는 것 구경 가면 안 되니?"

그날 점심을 사주는 조건으로 나타샤가 나를 데려갔다. 나타샤와 함께 찾아간 레슨실은 골목이 좁고 한쪽으로 구정물이 흘러 악취가 심한 곳에 있었다. 스카프로 온몸을 감싸며 코를 막았다. 개인 레슨이란 말이 무색할 정도로 누추한 집이었다. 철 대문이 제대로 짝이 맞지 않아 간신히 문을 닫았다. 호기심은 사라지고 난감한 기분이 들었다. 안으로 들어가니 마치 운동 선수처럼 몸집이 큰 남자가 나를 바라보는데 눈빛이 탁해 보였다. 나타샤가 정중하게 인사를 하며 그의 발등에 손을 대고 스승에 대한 예를 표했다. 나는 "나마스테" 하고 합장을 했을 뿐 더 가까이 가지 않았다.

나타샤가 배우는 것은 '툼무리'라는, 크리슈나에 대한 연모를 주제로 한 춤으로 표정이나 몸짓에 최고의 아름다움을 담아 사랑을 표현해야 하는 어려운 춤이었다. 나타샤처럼 빠르게 춤을 익혀갈 수 있는 능력이 내겐 아직 없었으나 느낌이나 감정이 어떻게 표현되어야 하는지는 잘 알고 있었다. 사랑을 귀하게 표현하는 것은 동작을 오래 연습한다고 되는 것이 아니었다. 그것은 내면 깊은 곳의 순수함을 담아내지 않으면 표현하기 어려웠다. 자칫 잘못하면 사랑을 기교적으로 표현하기 쉬웠다.

나는 나타샤의 표정에 나타난, 크리슈나에 대한 사랑의 표현을 커다란 지우개로 벅벅 문지르고 싶었다. 눈꼬리와 입술 끝이 어느 선을 조금만 넘어도 그 자태를 잃어버리기 쉬운데 선생님은 그 점을 지적해 주지도 않았고, 그런 그녀의 표정을 보고 느글느글 재미있어하는 것도 견디기 힘들었다. 그분은 내게도 과외 지도가 필요하냐고 물었지만, 나는 아직 그런 단계가 아니라며 말을 끊었다. 나타샤는 싱글벙글하며 곧 공연을 할 수 있게 될 것이라고 행복해했다.

다음날 새벽 4시에 눈을 떴다. 세상의 온갖 더러움에서 달아나듯이 새벽길을 뛰었다. 아침 햇살이 내 얼굴에 포개지는 황홀한 순간, 나는 달라스 공항 사무실에 갇혀 있을 때처럼 심장의 박동 소리에 맞춰 '하나' 하면서 고요함을, '둘' 하면서 선명함을, '셋' 하면서 당당함을, '넷' 하면서 자유로움을 느꼈다. 더도 말고 이렇게 하나 둘 셋 넷을 천천히 세면서 그 숫자의 의미를 알고 숫자와 나와의 관계를 느끼고 싶었다.

'하나' 하는 울림은 목구멍을 타고 내려가 뱃속을 울리고 이내 생식기에 닿아 전율을 일으켰다. 머릿속에는 환한 공간이 생겼다. 그것이 반복되면서 하나라는 숫자와 소리가 육체 속에 들어가 진동을 일으키며 여행하는 것을 경험하게 되었다. 순간 내가 육체를 갖고 있는지 의심이 되었고, 꿈과 현실의 구분이 사라지는 듯했다. 숫자와 리듬 소리가 영원히 끊이지 않을 것처럼 이어졌고, 나의 눈빛은 멀리 아주 먼 곳을 바라보며 환희에 차올랐다.

그러나 현실은 여전히 복도에 서 있어야 했다. 마음과 육체가 하나 되지 못함을 매번 복도로 쫓겨나면서 확인해야 했다. 마치 줄넘기를 할 때 줄 속에 들어가려는 욕심에 무작정 달려들어 줄넘기의 속도와 자신의 호흡 속도를 맞추지 못하고 줄을 밟는 것과 같았다. 호흡이 얼마나 중요한지 새삼 느끼게 되었다. 욕심 때문에 리듬에서 어긋나고 있다는 것을 알았지만 여전히 육체는 제멋대로였다. 계속해서 그것을 지켜보아야 했고, 한없이 참아야 했다.

수업의 진전은 느린데 방학은 빠르게 다가왔다. 첫 방학에 에드워드와 네팔에 갔던 기억을 더듬으며 이번에는 조용히 기숙사에 머물기로 했는데, 늦이 부다가야의 타이 사찰에 일을 하러 떠난다며 함께 가자고 해서 따라나섰다. 사찰에 묵는 것이 처음이라 무엇을 도와야 할지 몰라 우선 마당을 쓸고 주방에서 채소 다듬는 일을 도왔다.

며칠이 지나니 낯을 익힌 스님과 차도 마시고 스님의 방에 들어가 창문 밖으로 멀리 아름다운 경치도 즐겼다. 불교 서적과 승복을 빼고는 여느 대학생의 자취방 같았다. 숙소에서 주방일을 돕고 있는데 그새 친해진 스님이 내게 눈길을 돌리며 기회만 되면 말을 시키는데 나에게 호기심이 많다는 느낌이 들었다.

그곳에서 죽은 사람을 화장하는 모습을 보았다. 토할 것 같은 독한 냄새가 몸속을 구렁이처럼 휘젓는데 마당 한가운데를 보니 시커먼 연기가 솟고 있었다. 나는 머리가 아프고 숨이 콱 막힐 것 같더니 결국은 토하고 말았다. 기숙사로 돌아온 뒤에도 며칠 동안 음식을 입에 대지 못했다. 신선한 산달향의 비누와 꽃향기를 맡으며 육체가 타 들어가는 냄새를 잊으려 애를 썼다. 그날 이후로 나는 꽃을 가까이하게 되었고, 그 향기를 맡으며 하루를 맞게 되었다.

"다시 한 번만 반복해 줄래? 조금만 천천히 해줄 수 있겠니?"

나는 창피함도 자존심도 잊고 친구들에게 사정하고 매달리면서 어떻게든 동작을 따라가려고 애를 썼다. 생각으론 부드럽게 하늘을 날 것 같았으나 발에서 나는 소리는 씩씩하기만 했지 여전히 무겁고 거칠었다. 시간이 가면서 내게 변화가 생길 거라는 기대감도 줄었다. 그러나 울고 있는 스스로를 사랑하는 마음만은 버리지 않았다.

그날도 땀과 눈물이 범벅이 된 채 복도에서 연습을 하고 있는데 수위 아저씨가 누군가 정문에서 나를 찾는다고 했다. 누굴까 궁금해하며 천천히 다가가 보니 타이 사찰에서 뵌 스님이었다. 승복을 입고 있지 않아서 깜짝 놀라 늦을 찾으러 왔느냐고 물었더니 나를 만나러 왔다고 했다.

"사찰에서 뵌 후로 잊을 수가 없었어요. 너무나 고민이 되어……"

맙소사, 내가 무슨 실수를 했기에 승려로 하여금 무용 학교까지 찾아오게 한 것일까? 그는 내게 사진 몇 장을 보여주었다. 사진 속에는 호화스런 저택과 꿈처럼 아름다운 정원이 있었다. 수백 명이 넘는 사람들이 일하는 모습과 건물이 담긴 사진도 있었다. 그의 아버지는 타이에서 손꼽히는 대기업 사장이고 자신은 그의 외아들이라고 했다. 그러면서 나와 함께라면 얼마든지 되돌아갈 수 있고 충분히 누리며 살 수 있다고 어느새 청혼을 하고 있었다. 잠시 침묵이 흘렀다. 그의 모습을 거울삼아 나 자신을 비추어보았다.

"스님께서 그런 마음을 갖게 되었다면 제게도 잘못이 있는 것 같습니다. 스님이 부처의 길을 따르고자 집을 두고 멀리 인도까지 오셨듯이 저 또한 집을 두고 오직 춤만을 위하여 이곳 인도까지 왔습니다. 춤과 인연을 맺은 지 얼마 되지 않아 결과가 미미하지만 그렇다고 마음이 약해져 포기하거나 중단할 수는 없습니다. 마찬가지로 스님도 불교와 인연을 맺어 승복까지 입은 귀한 몸이니 처음의 그 마음을 버리지 마시고 자신을 잘 이겨냈으면 합니다. 오늘 저는 아무 얘기도 듣지 않았으니 아무것도 걱정 말고 안녕히 돌아가십시오."

두 손을 모아 합장을 하니 그가 합장한 내 손을 양손으로 감쌌다. 나는 자연스럽게 손을 빼고 말했다. "스님은 저보다도 앞선 길을 가고 계십니다. 그것을 아셔야 합니다. 부모님의 부와 권력을 물리치고 승복을 입은 것만으로 이미 훌륭한 길을 선택했음을 잊지 마세요. 춤이란 것도 승려의 길과 같아 곧고 순수한 마음이 있어야 깊게 정진할 수 있다고 저는 믿습니다. 승려의 길은 당신이 택한 길이고, 이 길은 제가 선택한 길입니다. 그 어떤 것도 지금의 제 선택을 바꿀 수 없습니다. 승복을 입은 귀한 인연을 헛된 꿈에 날려버리지 마시고 어서 꿈에서 깨어나십시오. 저는 승복은 입지 않았으나 마음으로는 그렇게 귀한 옷을 이 몸에 걸칠 수 있는 날을 기다리는 사람입니다. 그것은 의복에 있는 것이 아니라는 것을 알게 해주신 것에 깊이 감사드립니다."

그의 번뇌가 나에게까지 전해지면서 바른 길을 가고 있는가 반성을 하게 되었다. 마음이 편하지 않았다. 나 또한 춤으로 가는 길에 심한 번뇌가 쌓이고 있었기 때문에 말이다. 학교 옆 대극장으로 달려갔다. 음악이든 춤이든 연극이든 뭔가에 집중하고 싶었다. 입장 시간이 지나 문이 닫혔길래 기숙사 식당 뒤 비밀 통로로 극장 안에 들어갔다. 곧 카탁 공연이 시작된다는 진행자의 말이 들렸다.

무대가 열리고 분홍빛과 흰빛의 무대 의상과 머리에 화려한 꽃 장식을 한 무용수의 뒷모습이 조명에 비추어졌다. 서서히 움직이면서 정면을 향하는데 눈은 모두 감겨 있었다. 음악이 고요하고 감미롭게 흐르고 상체가 오른쪽에서 왼쪽으로 바람에 흔들리듯 천천히 움직였다. 무용수가 눈을 뜨자 마치 나를 정면에서 바라보는 듯했다. 그녀의 아름다운 자태가 무대를 꽉 채우고 표정에는 감성이 그대로 묻어나고 있었다. 춤은 점점 빨라졌고, 회전할 때는 치마폭이 열리면서 팽이처럼 무대 위를 돌았다. 환상을 보는 듯했다. 나도 언젠가 내 몸으로 저렇게 아름답게 표현할 수 있기를 갈망하며 돌아왔다.

다음날 학교에 들어서는데 어제 그 승려가 기다리고 있었다. 그는 내게 "어제 당신이 얼마나 귀한 분인지 알게 되었고, 그래서 당신을 사모하는 마음이 더 커졌습니다"라고 했다. 나는 조용하게 수업에 늦었다며 교실로 향했다. 그가 안쓰러웠으나, 그 번뇌 역시 아름다운 것이라는 생각이 들었다. 그의 고통이 의미 있게 끝나기를 진심으로 바랐다.

그 후로 그는 더 이상 나를 찾지 않았으나, 나는 그를 통해 오직 한 길을 번뇌하지 않고 굽힘없이 가는 것이 얼마나 중요한지 알게 되었다. 덕분에 나는 중요한 결심을 하게 되었다. 그 전날 카탁 춤을 보면서 인도에 오기 전 처음 촛불 명상을 할 때처럼 몸이 진동하며 좌우로 흔들리던 기억을 떠올리면서, 나는 오직 카탁만이 나를 높게 끌어올릴 수 있겠다는 확신이 들었고, 그렇다면 오직 그 한 길에만 전념해야겠다고 결심하게 된 것이다.

국립 카탁무용학교에 들어가기로 마음먹었다. 기숙사도 나오기로 했다. 곧 입학 시험이 있다는 것을 알고 마음이 불안해 여기저기 알아보니 국립 카탁무용학교의 기초 과정을 가르치는 여자 교수님 한 분이 그동안 많은 학생들을 개별적으로 지도해 오셨다는 정보를 듣게 되었다. 나는 그분에게 도움을 청하기로 하고 무작정 찾아갔다.

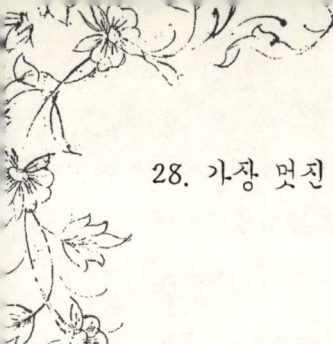

28. 가장 멋진 줄넘기 놀이

그 교수님은 성함이 레바지라고 했다. 막상 그분의 연습실에 다가서니 문을 열고 들어갈 용기가 나지 않았다. 밖에서 문이 열리기만을 기다리고 있는데, 안에서 궁그루 소리가 들려왔다. 학생들이 땃가를 하고 있구나 짐작을 했다. 잠시 후 궁그루 소리가 점점 빨라지는데 누군가 한 사람이 속도를 따라가지 못하고 있는 것이 느껴졌다. 리듬에 어긋나는 것은 물론 다른 학생들을 방해하고 있다는 것도 알게 되었다. 아마도 그래서 내가 매번 복도로 쫓겨났는가 싶었다.

그때 갑자기 문이 열리고 나이가 지긋한 여자 분이 나오셨다.

"자네는 누군가? 여기서 누굴 기다리는가?"

"네, 저는 신지아라고 합니다. 이곳에서 레바지 교수님을 만나 뵈려고 기다리고 있습니다."

그분은 나에게 안으로 들어오라고 했다. 연습실에서는 학생 일곱 명이 온몸이 땀으로 범벅이 돼 땃가를 연습하고 있었다. 그 중 남학생한 명이 시선을 먼 곳에 둔 채 리듬과 하나가 되어 땀을 흘리고 있는데 그 모습이 아름다웠다. 드디어 땃가를 마치고 모두들 땀을 닦은 후 카탁의 기본 동작을 하기 시작했다. 그렇게 땃가를 잘하던 학생도 동작이 어설퍼 보였는데, 그런 생각을 하고 있는 나 자신에게 스스로도 놀라고 있었다. 언제 이런 모든 것을 볼 수 있는 눈이 생겼는지 말이다. 수업이 끝나고 학생들이 선생님의 발등에 양손을 대고 무릎을 꿇은 채로 절을 했다. 그 모습이 몹시 아름답고 감동적이었다.

학생들이 다 나간 뒤 찾아온 사연과 이유를 밝혔다. 선생님이 "그럼 언제부터 시작할까?" 하고 묻기에, 나는 "괜찮으시다면 오늘이라도……" 하고 말끝을 흐렸다. 그분은 불편한 몸을 일으키더니 내게 가방을 탁 하고 던졌다. 가방이 내 배에 떨어지는 순간 눈물이 핑 돌았다. 그 옛날 김숙자 선생님의 가방을 들고 나서면서 기쁜 마음에 종종걸음으로 뒤따르던 기억이 났다.

선생님 댁은 대문을 열면 곧바로 현관이었다. 현관을 들어서니 어두침침했다. 선생님은 내게 춤을 배우고자 먼 나라까지 왔으니 배움의 꽃을 피우길 바란다고 하셨다. 다정하고 애정이 넘치는 한마디 한마디에 눈물이 나오고 말았다. 일주일에 세 번씩 선생님 댁에 찾아가 지도를 받기로 했다.

다음날, 약속 시간보다 일찍 도착해 대문 앞에서 어슬렁거리고 있으니 선생님의 남편 되는 분이 보고 왜 초인종을 누르지 그러고 있었느냐며 웃으며 문을 열어주셨다. 선생님은 낮잠을 즐기다 일어난 듯한 얼굴로 나에게 차이를 만들 줄 아느냐고 물었다. 아직 인도 차를 끓일 줄 모른다고 하자, 만드는 법을 일러주며 나보고 한번 만들어보라고 하셨다. 낯선 부엌에서 진땀을 흘리며 차를 만들어 방에 들어서니 선생님은 인도 전통 의상인 사리를 곱게 차려입고 머리는 단정하게 쪽을 짓고 앉아 계셨다.

차를 한 모금 드시더니 처음 만든 것 치고는 아주 잘했으나 너무 달고 계피 향은 조금 부족하다고 하셨다. 너무 달고 향이 부족하다니, 그것은 마치 나를 두고 하는 말 같았다. 언젠가는 차이도 잘 만들 수 있기를 바랐지만, 동시에 나 또한 적당한 단맛과 은은한 향기로 가득한 사람이 되고 싶다는 마음이 들었다. 선생님은 어려운 것을 택해 실수하는 것보다 쉬운 것을 정확하게 잘해내는 것이 우선이라며 마치 어린아이 대하듯 기본부터 차근차근 일러주셨다. 무엇보다도 사랑이 담긴 그분의 말씀 하나하나가 큰 힘이 되었다. 예의도 바르고 적극적이고 마음이 곱다며 수시로 칭찬을 해주시니 나는 더욱더 최선을 다하려 애를 썼다.

드디어 국립 카탁무용학교 시험 보는 날, 시험장에는 여자 심사위원 다섯 분과 남자 심사위원 두 분, 그리고 악사들이 있었다. 학장님이 직접 이름과 국적, 그리고 누구의 지도를 받았는지 물었다. 질문과 답이 끝나고 곧이어 음악이 흘렀다. 마치 줄넘기 줄에 들어서는 것처럼 리듬의 시작을 잡고 음악 속으로 들어섰다. 강물에 종이배를 띄우는 심정으로 리듬을 따르며 몸을 움직였다. 다행히 리듬에 어긋나지 않고 소박하게 시험을 마칠 수 있었다.

보름이 지나서 학교 정문에 붙은 합격자 명단에는 다행히도 내 이름이 있었다. 레바지 선생님의 제자로 정식 입학이 된 것이다. 나는 시험 결과에 따라 기본 2학년에 입학되었다. 정규 수업 후에는 레바지 선생님의 개인 레슨도 계속 받았다. 약간의 돈이 있어 그렇게 할 수 있었던 것과 선생님의 따뜻한 관심에 크게 감사했다. 예전같이 복도로 밀려나는 일은 더 이상 생기지 않았고, 매일처럼 공연장을 다니며 남들이 공연하는 것도 보았다.

그러나 마음 한편에서는 우울증이 조금씩 자라고 있었다. 춤을 배우겠다고 한국을 떠나와 몇 해가 지났는데도 특별히 진전이 없는 자신을 볼 때마다 과연 내가 바른 길을 가고 있는지 불안해졌다. 한국으로 돌아갈 여비라도 있을 때 돌아가는 것이 어떨까, 시간을 더 낭비해서는 안 되지 않는가 하는 생각에 시달리기 시작했다. 한번 무너지기 시작하자 끝이 없었다.

여행사가 즐비한 구역을 걸었다. 그러곤 망설이다가 마침내 한 여행사에 들어섰다. 몇몇 외국인이 항공권을 예약하는 동안 그만 눈물을 감추지 못하고 훌쩍이는 내 모습이 보였다. 항공권을 예약하고 돈을 지불하려는데 너무나 눈물이 쏟아져 "잠시 밖에 나갔다 올게요" 하고는 손수건으로 얼굴을 가리고 나왔다. 거기 있던 사람들은 아마도 내가 장례식에라도 가려는 줄 알았을 것이다. 춤 때문에 번민하며 울 거라고는 상상도 하지 못했을 것이다.

거리를 걸었다. 멈추지 않고 흘러가는 시간에게 조금만 천천히 가자고 애타게 사정을 했다. 떠나기로 마음을 먹었지만, 그러자 또 온갖 것들이 나를 붙잡으며 힘들게 했다. 어느덧 여행사와는 반대 방향으로 걷고 있었다. 결국 항공권 대신 아그라 행 기차표를 샀고, 한국으로 떠나기 전 짧게나마 여행을 하기로 했다. 이제 돌아가면 언제 올 수 있겠나 싶었다.

다음날 천천히 달리는 기차 안에 앉아 바깥 풍경들을 바라보고 있었다. 깡통을 들고 돌아다니는 사람들, 길가에 편하게 앉아서 볼일을 보는 사람들 모습이 그칠 줄 모르고 이어졌다. 보기에 민망했지만 딱히 눈을 돌릴 만한 곳도 없었다. 아그라 역은 먼저 기차에 오르려고 밀고 잡아당기고 소리 지르는 사람들로 난리통이었다. 역 앞도 혼란스럽기는 마찬가지였다. 나는 그 혼란이 나에게 옮겨 붙지 않도록 입 속으로 숫자를 세며 타지마할로 향했다.

다음날 아침, 나는 샤워와 빨래, 식사를 마친 뒤 걷기 시작했다. 수없이 반복해 온 질문이 내 안에서 다시 시작되었다. '나는 누구인가? 나는 무엇을 하는가? 나는 무엇을 할 것인가? 나는 어디로 가는가?' 호숫가에서 링감을 정성스럽게 닦는 노인, 가방과 의류를 재봉질하는 사람, 차와 음식을 파는 사람, 돌과 보석으로 액세서리를 만드는 사람, 흙으로 다기를 굽는 사람, 소를 끌고 가는 여인, 고작 몇 개의 도구만으로 신발을 고치는 사람, 낙타에 관광객을 태우고 가는 사람, 악기를 들고 연주하는 사람, 그저 멍하니 앉아 있는 사람, 누워서 자고 있는 사람 등등이 하루 종일 내 눈에 들어왔다가 사라졌다. 그들을 보면서 나는 무엇을 위해 내 시간을 쓰고 내 존재를 이끌어가고 있는지 계속 질문이 이어졌다.

늦은 오후에는 사막을 걷기 시작했다. 맨발로 부드러운 모래를 밟으며 걷다가 그대로 누워버렸다. 눈에는 온통 모래언덕만 가득했다. 양 손을 벌렸다. 양 손에 커다란 줄넘기 줄이 쥐어져 있는 것 같았다. 나는 누운 채 천천히 사뿐사뿐 그 줄을 넘고 있었다. 산을 넘고, 달을 넘고, 방금 떠오른 금성도 넘었다. 그렇게 상상의 줄넘기로 이제는 행성들을 넘기 시작했다. 그것은 여태껏 해본 줄넘기 중 가장 멋진 줄넘기였다. 그렇게 줄넘기를 하면서도 눈물은 계속 흘렀다.

밑도 끝도 없는 생각 사이로 문득 벌레 소리가 들려왔다. 뿌, 지그지그 지끄지끄 뿌. 벗삼아 그 벌레 소리에 심장의 박동 소리를 맞춰보았다. 벌레 소리는 열두 번에 끝나기도 하고 열세 번에 끝나기도 했다. 계속해서 벌레 소리와 심장 박동 소리에 집중하다 보니 나중에는 그 두 소리의 간격이 똑같아졌다. 그런 놀이에 빠져 어두워지는 줄도 몰랐다. 마을의 불빛을 따라서 뛰다시피 걸어 숙소로 돌아왔.

그날 이후로 벌레 소리 말고도 들리는 모든 소리에 심장의 리듬을 맞춰보는 놀이를 했다. 개들의 울음소리, 사람들이 내는 온갖 소음에도 심장의 리듬을 맞췄다. 그러고 나니 세상이 온통 리듬으로 구성된 완벽한 오케스트라라는 느낌이 들고, 세상에 시끄러운 소리는 없다는 걸 깨닫게 되었다. 그 중에서도 가장 귀 기울여 들은 소리는 내 심장의 박동 소리였다. 누군가와 얘기를 하면서도 심장에 귀를 기울였고, 흥분할 때에도 심장의 리듬을 일정한 간격으로 유지하려고 노력했다. 결국 심장의 박동은 자연스럽게 뛰게 두고 숫자를 세는 리듬만 빠르게 느리게 하면서 즐겨야 하는데, 숫자를 세는 리듬에 따라 심장의 박동도 덩달아 빨라지거나 느려진다는 것을 알았다.

짐을 챙기고 버스에 앉아 출발하기만 기다리는데 창문 밖에 소가 무엇인가를 계속 핥고 있어서 가만 바라보니 게시판의 광고지에 침을 묻혀 핥고 있었다. 쥐고 있던 버스표를 내미니 그것도 받아먹었다. 버스 안내원이 표 검사를 하기에 소를 가리키며 저 소가 먹었다고 하니까 화를 내며 한참 소란을 피웠으나 나는 숫자만 계속 세었다. 나는 바라보고 듣는 모든 것에 집중하며 계속해서 숫자를 세고 리듬화하는 것에만 미쳐 있었다. 그렇게 델리의 방까지 되돌아왔다.

다음날 새벽 일찍 눈을 뜬 나는 평소 좋아하던 노란색 옷을 입고 머리를 단정히 빗고 차를 마셨다. 오늘은 항공권도 구입하고 선생님께 작별 인사도 하려고 말이다. 차를 마시며 집안을 죽 둘러보는데 선반 위에 올려진 궁그루가 눈에 들어왔다. 위험을 무릅쓰고 국경을 넘어 가져온 궁그루였다. 눈시울이 뜨거워졌다. 조심스럽게 다가가 양손으로 귀하게 받들고 얼굴에 비비니 심장이 쿵쾅거렸다. 마지막이라는 게 이런 건가 싶어 떨리는 손으로 궁그루를 발목에 찼다.

눈을 정면을 향한 채 땃가를 추기 시작했다. 한참 동안 울면서 땃가를 추었다. 기본 동작을 마치고 몸을 이리저리 자유롭게 움직여보았다. 거울에 내 모습이 비치는데 뭔가 느낌이 달랐다. 거울 속 모습이 전봇대처럼 뻣뻣한 예전의 모습이 아니었다. 반복해서 내 움직임을 지켜보았다. 그렇게 몇 시간이 흐른 뒤 거울 속 얼굴을 다시 들여다보았다. 얼굴의 표정도 조금 달라 보였다. 어느 순간 거울 앞으로 다가가 두 눈을 똑바로 쳐다보며 내가 말하고 있었다.

"지아, 사랑해. 난 너를 사랑해. 너의 아름다움을 사랑해. 그러니 더 이상 울지 말고 떠나지도 말아. 이대로 떠나선 안 돼. 이제부터 시작이야. 무엇인가 보이기 시작했으니 이대로 물러서서는 안 돼. 내가 너를 사랑하는데 어디로 떠나려 하니? 안 돼. 떠나지 마……"

여행이 나를 변화시킨 것인지, 그동안 변화해 오고 있었는데 내가 인식하지 못했을 뿐인지 그것은 상관없었다. 단지 변화의 가능성을 봤으니 더 노력하면 될 것 같았다. 다른 무엇보다 내가 나를 사랑한다는 사실에 스스로 감동했다.

아침에 내가 달려간 곳은 여행사도 선생님 댁도 아닌 미용실이었다. 머리카락을 단발로 자르며 스스로와 약속했다. 머리카락이 내 키의 절반이 될 때까지는 오로지 춤에만 정진하기로. 오후에 연습실 문을 열고 들어서니 선생님이 노한 목소리로 왜 학교에 나오지 않았느냐고 물었다. 그러더니 짧아진 머리카락을 바라보고는 더 이상 아무것도 묻지 않고 어서 궁그루를 매라고 호통을 쳤다.

"오직 땟가뿐이야. 땟가는 호흡이야. 숨 쉬는 것을 잊어버려서는 안 돼. 무슨 일이 있어도 땟가를 놓아서는 안 된다고!"

선생님의 호통에 연습실이 흔들렸다. 세 시간이 넘도록 쉬지 않고 땟가를 했고, 모두가 떠나고 난 뒤에도 연습실에 혼자 남아 오로지 땟가만을 했다. 호흡 소리와 궁그루 소리, 쏟아지듯 흐르는 땀과 눈물, 그리고 환희의 미소만이 나와 함께했다.

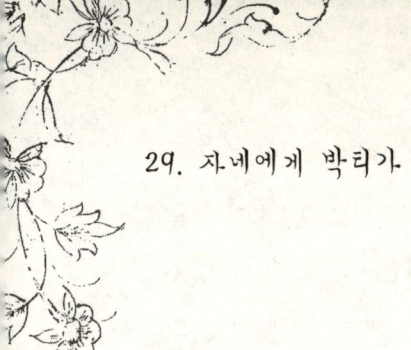

29. 자네에게 박티가 있다네

발소리엔 희망이 찼고 얼굴에는 생기가 돌았다. 눈부신 발전을 거두지는 못했으나 포기하지 않고 열심히 선생님의 지도를 따랐다. 그 외중에도 매일 저녁 공연은 빠지지 않고 보러 다녔다. 무용은 물론 음악 드라마까지. 지금은 어떤지 모르겠으나 그 당시는 모든 공연이 무료였다. 러시아 발레나 외국에서 온 현대 무용 공연도 국립무용학교 학생증만 있으면 다 무료였다. 공연 관람을 하면서 얻는 것이 꽤 많았다. 공연 때의 음악, 조명, 의상, 분장까지 무대 공연에 필요한 모든 것을 놓치지 않고 기억 속에 소중히 담아두었다.

어느덧 시간이 지나고 기본 과정을 마치는 공연을 하게 되었다. 기초 과정을 마치는 우리는 20분의 솔로 공연을, 졸업생들은 두 개 이상의 테마로 45분 솔로 공연을 하는 것이 규정이었다. 무대 의상의 선택과 분장까지 스스로 해야 했다. 그것 또한 점수에 포함되었다.

첫 공연을 앞두고 긴장과 불안감에 한숨도 못 자고 무대에 올랐다.

무대에 오르자 환한 조명 외에는 아무것도 보이지 않았다. 그러나 그 조명은 마치 태양처럼 나를 향해 내리비쳤고, 나는 그 느낌에 황홀해지기 시작했다. 음악 소리에만 온통 집중하면서 그 소리를 따라 움직였다. 어린 시절 확성기 소리를 따라서 학교에 가던 것처럼. 20분의 공연이 끝나고 큰 박수소리가 들렸다. 분장실에 되돌아온 내게 선생님이 제일 먼저 다가와 격려를 해주셨다. 마치 어머니처럼 귓속말로 "축하한다. 잘했어"라고. 나는 선생님을 끌어안고 가슴에 얼굴을 묻었다. 그저 감사할 뿐이었다. 내 모습이 어땠냐고 몇 번이고 묻고 싶었지만 묻지 않았다. 집에 돌아와 분장을 지우고 땀이 밴 의상을 잠시 말린 뒤 그대로 잘 접었다. 땀 냄새와 갈채가 담긴 그대로 간직하고 싶었다. 그날 밤 어느 때보다 달콤하고 편안한 잠을 잤다.

다음날 학교는 전날의 공연 이야기로 가득했다. 나는 많은 이들로부터 축하를 받았다. 선생님은 나를 따로 부르더니 마하라지 스승이 어제 공연 중 유일하게 박티를 보인 학생이 나라고 하셨다며, 이름이 무엇인지 묻기까지 했다고 하셨다. 그러면서 학년이 바뀌면 학생 스스로 스승을 선택할 수 있는데 혹시 교만해져 마하라지 스승에게 간다고 하지 말라고 은근히 충고까지 하셨다. 계속 선생님 밑에서 지도를 받겠다고 하니 그때서야 선생님은 미소를 지으셨다. 마하라지가 누구길래 선생님이 이토록 흥분하고 불안해하기까지 하는 걸까?

교실을 나와 운동장을 지나는 동안에도 몇몇 선배들로부터 어제 공연을 축하한다는 말을 들었다. 쑥스러우면서도 하늘을 날듯이 행복했다. 다른 반 선생님도 머리를 쓰다듬으며 "축하하네. 어제 마하라지 스승님께서 자네 이름이 무엇이냐고 물으셨네. 좋은 징조야, 아주 좋은 징조이고말고. 유일하게 박티가 있다고 하셨다네. 자네, 박티가 뭔지 아는가?" 하고 말씀하셨다.

그러지 않아도 그 말이 무슨 뜻인지 궁금해하던 차였다. 그분은 지긋이 웃더니 말씀하셨다. "춤을 하는 사람에게 가장 중요한 것이 박티라네. 가지려고 노력해서 가질 수 있는 게 아니거든. 타고나는 것이지. 박티란 신에 대한 그리움, 감사함, 갈망, 다시 말하면 신을 향하는 순수한 마음이지. 그러잖아도 방금 마하라지 스승님이 강의중에 박티가 있어야 춤의 깊은 곳에 도달한다고 하셨다네. 축하하네. 나는 자네의 무대 매너가 훌륭했다고 했지. 아무튼 정진하게."

얼마나 민망하고 부끄러운지 얼굴이 빨개졌다.

동료와 선배들 사이에서 나를 둘러싸고 이상한 말들이 오가기 시작했다. 다음 학기 수강 신청 때 내가 어느 스승님을 택할지가 관심사가 되고 있는 모양이었다. 곧이어 다음 학기 신청을 했고, 나는 레바지 선생님을 그대로 선택했다.

수업이 끝나면 곧장 집으로 돌아가 연습을 하고, 저녁이면 공연장 맨 뒷좌석에 앉아 공연을 관람하고, 공연이 끝나면 재빨리 돌아와 춤동작을 더 향상시킬 방법을 연구하는 나날이 계속되었다.

몇 달 후 카탁을 비롯한 각 분야 최고 무용가들의 화려한 무대가 사흘 동안 이어지는 특별 공연이 있었다. 마지막 날 공연은 밤 12시 너머까지 이어졌다. 12시 20분 전쯤 되자 관객들이 점점 늘어나더니 통로와 무대 앞 바닥까지 관객들로 가득해지고, 심지어 내 발등에 앞

사람의 엉덩이가 닿을 정도로 공연장이 꽉 찼다. 이런 날은 처음이었다. 도대체 누구의 공연이기에 하면서 눈만 굴리고 있는데, "오늘의 주인공 반덧비르쥬 마하라지"라는 소개와 함께 우레와 같은 박수갈채가 터져 나오고 무대의 막이 열렸다. 가슴이 쿵쾅거렸다. 내게 박티가 있다고 칭찬해 주신 분, 카탁 무용의 대가라는 그분을 처음으로 보는 순간이었다. 우렁찬 박수가 내 온몸을 쳐대는 듯했다.

그분은 완벽한 몸의 선과 강하고 부드러운 움직임으로 자신이 곧 리듬임을 여실히 보여주고 있었다. 그는 우리를 강으로, 바다로, 산으로, 숲으로, 하늘로, 분노와 슬픔으로, 사랑과 희열로, 마침내는 황홀경으로 몰아가고 있었다. 그가 표현하는 꽃에서는 향기가 났고, 그가 표현하는 강물에서는 물살이 느껴졌다. 내 손에 물이 적셔지는 듯했다. 크리슈나 신 앞에 표현하는 사랑은 고귀하고 우아하고 겸손했으며 청아하고 완전했다. 그의 육체, 그의 영혼이 도대체 어디에서 오는 것인지 나는 넋을 잃고 바라보다 몇 번이고 자리에서 일어났고, 그때마다 뒤에 있던 사람이 내 어깨를 짓눌러 앉혔다. 점점 심장박동이 강렬해지더니 마침내 감동의 눈물이 내 볼 위로 흘러내렸다. 충격이었다. 사랑에 대한, 아름다움의 극치에 대한 충격! 그것은 다른 관객들도 마찬가지였다. 모두 함께 영혼의 자유로움과 황홀함을 경험하고 있었다.

우레와 같은 박수가 끊이지 않았고, 그는 겸손하게 합장을 한 후 무대 뒤로 사라졌다. 여기저기서 "훌륭해!" 감탄사를 터트리며 하나둘 자리를 뜨고 있었다. 새벽 2시가 다 되어가는 시각, 나는 관객들과 함께 흘러나와 소리 없이 흐느꼈다. 아주 오랜만에 방황이 시작되었다. 밤거리를 천천히 걸어 다녔다. 그 벅찬 에너지를 안은 채 들어갈 공간이 없었다. 새벽 동이 틀 즈음에야 방문의 열쇠를 열었다. 방에 들어서는 순간 눈물이 나기 시작했다. 방의 공간이 작고 답답했다. 창문을 열고 까악까악 하는 새소리를 들으며 청소를 하고 샤워를 했다. 그리고 오렌지색 커튼으로 창문을 가린 채 향을 피우고 책상 앞에 단정히 앉아 편지를 쓰기 시작했다.

"존경하는 마하라지, 저의 이기심과 무례함을 용서해 주십시오. 국립 무용학교에 입학해서 4년 동안 아침에 등교하고 하교하기까지 저는 마하라지 님이 누군지 몰랐고 알려고도 하지 않았으며, 가끔은 학교 내에서 뵈온 적은 있으나 그냥 스쳐 지났을 뿐입니다. 저는 어제 비로소 마하라지 님의 공연을 처음 보았고, 그러므로 한 번도 제대로 인사를 드리지 못했음을 송구하게 생각합니다.

마하라지, 예를 갖추어 청을 드립니다. 저는 이제 그 누구에게도 갈 수가 없다는 것을 알게 되었습니다. 어젯밤 공연을 본 후 밤새 걸었고, 아침에 향과 초를 밝혀놓고 마하라지 님의 제자가 되기를 간절히 갈망하면서 이 글을 씁니다. 마하라지께서는 높고 푸른 커다란 산과 같습니다. 저는 그 산을 바라보며 한 마리 독수리가 되어 하늘 높이 날 수 있게 되길 소망합니다. 그 자유를 얻기 위해 마하라지 님의 도움을 받아야 한다는 것을 알고 있습니다. 저를 도와주세요. 저는 이제 다른 누구에게도 갈 수가 없습니다. 스승님으로 모시고 싶습니다. 신지아 올림."

샤워를 다시 하고 침대에 기운 없이 앉았다가 푹 쓰러져 잠깐 잠이 들었다. 깜짝 놀라 후다닥 다시 샤워를 한 뒤 하얀 인도 옷을 입고 꽃과 편지를 들고서 두근거리는 심정으로 걷기 시작했다.

 4년 동안 늘 보아온 학교 정문이 처음 보는 듯 새로웠다. 마치 신전을 들어서는 것처럼 나를 비우고 겸손한 마음으로 들어섰다. 지나는 학생들에게 "마하라지 연구실이 어디 있니?"라고 물으니 모두들 나를 이상하게 쳐다보았다. 이 학교 학생이 마하라지 연구실도 모른다는 게 믿어지지 않는다는 듯 "저기 있잖아" 하고 손가락으로 가리킨 곳을 보니 그곳은 기숙사였다.

 연구실은 생각보다 작았다. 입구 양쪽으로 시들시들한 화분이 몇 개 놓여 있었고 안쪽으로 차를 끓이는 공간과 세면대가 정리되지 않은 채 지저분하게 있었다. 벽에는 아주 오래된 흑백 사진들이 걸려 있었다. 청소를 하던 아저씨가 머뭇거리는 나를 보더니 친절하게 말했다. "스승님을 뵈러 왔나? 어서 들어가 보게나. 조금 있으면 사람들이 많이 와."

 그분은 방 안의 단 위에 방석을 깔고 앉아 있었다. 마침 손수건으로 눈을 닦고 계셨다. 어젯밤 그 많은 사람들을 황홀하게 하신 그분에게 눈물은 당치 않을 것이고, 아마도 티가 들어가 닦고 계셨을 것이다. 그것이 무엇이건 성스럽고 아름답게 느껴졌다.

 마하라지는 내가 누구이고 무엇 때문에 왔는지 묻지도 않고 하모늄(손풍금)을 갖다달라고 했다. 조심스럽게 갖다드린 뒤 그분의 발등에 손을 가볍게 올리고 정성껏 절을 드렸다. 그러고는 마하라지가 하모늄을 연주하려는 순간, 떨리는 목소리로 "마하라지, 저는 어젯밤 처음으로 춤을 보았습니다" 말하고는 더 이상 말을 잇지 못했다. 어젯밤의 그 전율이 갑자기 나를 덮쳤기 때문이다.

마하라지는 웃으며 하모늄을 켜더니 노래를 부르기 시작했다. 나는 아무 말도 더 할 수 없었다. 감미로운 선율과 자상하면서도 크리스털처럼 강렬하게 빛나는 눈동자에 어느새 빠져들고 말았다. 잠시 후 손가락 마디마디를 짚으며 무언가 리듬을 창작하는 듯하더니 이제는 타블라라는 악기를 갖다달라고 했다. 그렇게 한 시간이 훌쩍 지났다. 그 사이 마하라지는 계속 잔심부름을 시키셨다. 차를 끓여 오너라, 창문을 열어다오, 물을 떠와라…… 그러고 있는데 제자인 듯한 학생들이 우르르 몰려와 예를 올리고는 연습실로 들어갔다.

나는 이때다 싶어 "마하라지, 이것은 제 편지입니다. 읽어보시고, 답변을 기다리겠습니다"라고 말씀드렸다. 그때서야 그분이 "너는 누구냐?" 하고 물었다. 나는 레바지 선생님한테서 지도를 받고 있고, 몇 달 전 기본 과정을 마친 상태라고 대답했다. 다른 대꾸 없이 다시 손풍금을 붙들기에 나는 조용히 자리에서 일어났다. 그분의 눈빛 또한 노래를 따라 방이 아닌 어디론가 떠나고 있었다. 닫힌 방문 앞에서 나는 다시 한 번 큰절을 올렸다.

이제야 제가 만날 수 있었습니다. 감사합니다. 나의 스승이여……

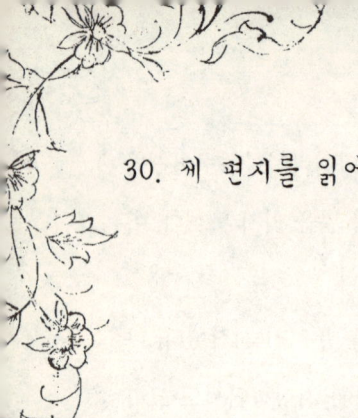

30. 제 편지를 읽어보셨나요?

　설레어 잠이 오지 않았다. 마하라지가 내일 무슨 말씀을 해주실까 궁금하고 계속 갈증이 났다. 엎치락뒤치락하며 간신히 밤을 새우고 새벽에 조용히 앉아 기도를 올렸다. 방문을 닫고 길을 걷는데 환한 웃음이 절로 났다.
　마하라지는 아직 나오지 않았는데 어디선가 땃가 연습하는 소리가 청명하게 들려왔다. 생명력 넘치는 그 소리에 왠지 더 설레고 기뻤다. 한참 만에 마하라지가 모습을 나타내는데 동행인 한 사람이 마하라지의 가방을 들고 있고, 또 한 사람은 서류를 읽으면서 뭐가 중요한 이야기를 하는 듯했다. 지나가던 제자들이 그분 발등에 공손하게 예를 표했고, 그때마다 마하라지는 잠시 멈춰 제자의 머리를 쓰다듬어주었다.
　이러다가는 말씀드릴 기회를 놓칠 것 같아 그분 발길을 막고 발등에 양손을 대고 존경을 표했다. 그분은 나를 기억하지 못하는 듯 머리를 쓰다듬어줄 뿐 더 이상 아무 말씀도 없었다. 나는 제자들 맨 뒤에서 쭐쭐거리며 연구실까지 따라 들어갔다. 뒷전에 서서 어찌할 바를 몰라 하는데 마하라지와 눈이 마주쳤다. 그분은 어제처럼 아무렇지도 않게 "차를 내오너라" 하셨다. 순간 너무 감사하고 흥분되어 "네" 하고 나와 작은 부엌 찬장을 뒤져 차와 우유를 찾았다.

　인도인들은 입담배를 '빤'이라고 하는데 그것을 씹으면 입 안팎이 모두 뻘겋게 물들었다. 그것을 한참 씹은 후 뱉는데 악사들이며 사무실 직원들이 오가며 내뱉어서 그런지 세면대가 붉게 물들어 있었다. 부엌 안도 지저분했고, 제대로 된 다기 세트 하나 없었다. 일단 차를 만들어 가져다드리고 가까운 시장에서 청소 도구와 다기 세트를 사왔다. 부엌도 정리하고 세면대는 반질반질 윤기 나게 닦았다. 그러나 그날 마하라지와 대면할 기회는 더 없었다.

　다음날도 청소만 하고 돌아왔다. 그 다음날, 부엌 정리를 하고 있는데 마하라지께서 제자들과 함께 연구실로 들어오며 차를 내오라고 했다. 차를 내가자 한 모금 마시더니 "차 맛이 아주 좋구나. 이런 것은 어디서 배웠느냐?" 하고 물었다.

　"네, 레바지 선생님으로부터 배웠습니다."

　"음 제대로 배웠군. 차 맛이 아주 좋아."

　이때다 싶어 "마하라지, 드릴 말씀이…… 제 편지는 읽어보셨는지요?" 하고 여쭈었다.

　"음, 아직" 하며 눈빛으로 벽면을 가리켰다. 그곳을 보니 액자 뒤로 편지가 끼워져 있었다. "아직 읽어보지 못했는데 읽어봐야지" 하시며 태연히 차만 드셨다. 벽면에 꽂혀 있는 편지를 바라보며 그것만으로도 감사해 찻잔을 씻고 얼른 자리를 비워드렸다. 혹시 차를 마시면서 편지를 읽을지도 모른다는 생각에 말이다.

다음날도 부엌을 정리했다. 누구든 일이 눈에 보이는 자가 일을 하는 거라며 그것이 복이 된다고 하신 어머니 말씀을 기억했다. 그날따라 손님이 많아 정신없이 벗어놓은 신발들을 정리하고 있는데 연구실 문이 열리고 마하라지가 세면대로 다가가 손을 씻길래 수건을 들고 기다리며 "마하라지, 제 편지는 읽어보셨나요?" 하고 다시 여쭈었다. 마하라지는 "아직 시간이 나지 않았구나. 그런데 편지는 아직도 벽에 있더냐?" 하고 오히려 내게 되물으셨다.

마하라지 연구실 주변 청소는 점점 나의 일이 되어가고 있었다. 여전히 마하라지의 대답은 "아직 읽어볼 기회가 없었구나"였다. 섭섭하기도 하고 괴롭기도 했으나 이제나 저제나 기다릴 뿐이었다. 그날도 언제나처럼 연구실 주변을 청소하고 있는데 레바지 선생님 밑에서 함께 공부하던 친구가 나를 찾았다. 그 순간 가슴이 쿵쾅거렸다. 그제야 거의 한 달이 넘도록 레바지 선생님 수업을 빠지고 있었다는 것을 깨달았다. 그 친구는 "레바지 선생님이 너를 찾으셔. 여기서 빗자루질 그만하고 찾아뵙는 게 도리 아니겠니?" 하고 비웃으며 떠났다. 내가 마하라지 제자가 되지도 못한 주제에 허드렛일이나 하고 있다고 학교 안에 이미 소문이 나 있는 걸 나만 모르고 있었다.

'마하라지가 아직도 편지를 읽지 않은 것은 내가 자격 미달이라서 그런 건데 그것도 모르고 마냥 기다리기만 하는 건 아닌가?' 나의 욕심과 이기심이 결국 레바지 선생님께 무례를 범하고 배신감마저 안 겨드리고 있다는 생각이 들었다. 하던 일을 마무리하며 빗자루로 내 마음속을 쓸었다. 레바지 선생님의 연습실로 갔다. 수업중이던 레바지 선생님이 노여움 가득한 얼굴로 나를 바라보셨다. 그분 옆에 다가가 발등에 양손을 대고 예를 표해 절을 했다. 그러고는 아무 말 없이 수업을 지켜보았다. 수업이 끝나고 모두들 나간 뒤 선생님은 아까와는 달리 마치 어머니 같은 인자한 음성으로 "그동안 몸이 아팠느냐? 왜 수업을 빠졌느냐?" 하고 물었다. 이미 소문을 듣고 알고 계셨을 텐데 그렇게 물으셨다.

"네, 몸도 아프고 마음도 아프고 수업에 전념할 수가 없습니다. 이제 제가 무엇을 해야 하는지 길을 잃어버렸습니다" 하고 솔직하게 말씀드렸다.

"마하라지께서 너를 부르셨더냐?"

"아니에요, 선생님. 저를 부르지도 인정하지도 않으셨어요."

"그런데 들려오는 말에 마하라지 연구실에서 허드렛일을 한다는데 그것이 사실이냐?"

눈물이 쏟아졌다. "네, 사실입니다. 저는 지난달 늦은 밤 자정 공연에서 마하라지의 춤을 처음 보고 그때부터 마음이 갈피를 잡지 못한 채 흔들리고 있습니다. 용서해 주십시오. 제 마음이 뭔가를 찾고 있으나 그것이 무엇인지 모르겠습니다."

선생님께서는 천천히 내 등을 쓰다듬어주셨다.

"이제 너도 크고 있구나. 겨드랑이에서 날개가 돋으려고 말이야!

마하라지의 춤을 보고 감동하지 않는 것이 오히려 이상하지. 그분의 춤을 보고 흔들리는 너는 정상이다. 암, 정상이구말구. 나 또한 그분의 춤을 보면 마음에 진동이 아주 심하지. 그럴수록 방황하지 말고 땃가를 해야 한다. 그것만이 유일한 것이라고 늘 말하지 않았더냐? 땃가는 호흡이야. 무용가로서 살아있는 길은 오직 땃가를 통해 호흡하는 것뿐이야. 땃가를 하면서 그 속에서 숨을 쉬어라. 땃가만이 너에게 정답을 줄 것이다."

"선생님, 죄송합니다. 저는 마하라지 스승님의 제자가 되길 갈망하고 있습니다."

"알고 있다. 당연히 그렇겠지. 지난번 너의 공연 때 마하라지께서 너만이 박티를 가진 학생이라고 하셨지. 무용을 하는 사람으로서 그것은 극찬이란다. 무용가가 된다는 건 자신의 욕망과 갈채에 머무르는 것이 아니라 곧 박티에 이르려 하는 것이라고 나는 생각한다. 그러니 네가 그분의 춤을 보고 어떤 마음을 먹게 되었는지 이해할 수 있단다. 내가 마하라지께 너를 추천하마."

"아닙니다, 선생님. 선생님의 말씀대로 땃가를 하며 기다리겠습니다. 무용가의 호흡은 땃가로만 이루어진다는 말씀을 한 번 더 새기며 땃가를 하렵니다. 벌써 땃가를 안 한 지 한 달이 넘고 있습니다. 저는 춤추는 자로서 호흡을 멈추고 있었습니다."

선생님께서는 흐르는 눈물을 닦아주며 "많이 컸구나. 내 힘이 벅차게 성장을 했어"라고 하셨다. 선생님의 표정은 깊고 외로웠으나 눈빛은 한없는 사랑으로 가득했다.

다음날도 마하라지 연구실로 가 청소를 하고 화분에 물을 주는데, 마하라지가 연구실이 아닌 연습실로 빠른 걸음으로 가고 있었다. 나는 얼른 쫓아가 발등에 예를 표하고 길을 비켜드렸다. 오늘은 묻지 않았다. 주제도 모르고 간청하는 스스로가 부끄러웠다. 마음속으로 땃가를 하며 춤추는 자의 호흡을 했다. 그러나 눈은 마하라지 뒤로 많은 제자들이 뒤따르는 것을 부럽게 뒤쫓고 있었다. 그때 갑자기 마하라지가 뒤를 돌아보며 물었다.

"오늘은 왜 편지에 대해서 묻지 않는 것이냐?"

"마하라지, 편지를 읽으셨는지요?"

그분은 미소를 짓더니 "아직 읽지는 않았지만 곧 읽어보마" 하며 가던 길을 가셨다. 그렇게 며칠 "편지는 읽으셨는지요?" "아니, 곧 읽으마" 하는 대화를 반복하는데, "갑자기 누가 끓인 차인데 이렇게 맛이 없느냐?" 하면서 차를 물리셨다. 등줄기에 땀이 흐르며 얼른 새 차를 정성껏 올렸다. 마하라지가 내게 가까이 앉으라고 하셨다. 가슴이 쿵쾅거렸다.

"죄송합니다. 좀 전에 차를 잘못 올려서요."

"이름이 무엇이냐?"

"네? 제 이름이요? 아, 네, 지아라고 합니다."

아직까지 기본적인 대화조차 나누지 못했구나 싶었다. 더욱 당황하고 있는데 "지아……" 하고 마하라지가 천천히 음미하듯 길게 내 이름을 불렀다. 나는 이때다 싶어 "마하라지, 제 편지는 읽어보셨나요?" 하고 여쭸다.

마하라지는 대답 대신 손풍금을 가져오라고 시키셨다. 손풍금을 가져다드리자 "지아, 지금 뭐라고 했지?" 하고 물으셨다.

"아, 네, 편지를 읽으셨는지……"

"제자가 되고 싶다고? 그런데 학교에는 규율이 있어. 시험을 보아야 하는데 시험을 치를 준비는 되어 있느냐?"

"시험이요? 아니요. 그러나 제게 1년이란 시간을 주십시오. 제가 준비해서 오겠습니다."

얼떨결에 대답하고 나온 순간 "와" 소리가 절로 났다. 기뻤다. 그러나 시험이라니 무얼 어떻게 해야 할지 막막했다. 집에 돌아와 레바지 선생님으로부터 배운 것을 하나하나 연습을 했다. 밤이 되니 1년이란 시간이 너무나 길게 느껴졌다.

다음날 차를 끓여 올리며 "마하라지, 어젯밤에 곰곰이 생각을 해보니 1년이란 시간은 너무 길게 잡은 듯합니다. 6개월 후에 시험을 치르겠습니다"라고 했다. 마하라지는 무심하게 "그러려무나" 하셨다. 이토록 내 가슴이 타고 있는데 그분은 고요하기만 했다.

집에 돌아와서는 어제처럼 연습을 했고, 밤이 되자 다시 6개월도 너무 길다는 생각이 들었다. 다음날 세면대에서 손을 씻고 있는 마하라지 옆에서 수건을 들고 "마하라지, 어젯밤 생각을 하니 6개월도 좀 긴 듯싶어 3개월 후에 준비해서 시험을 보겠습니다"라고 했다.

"그러려무나. 지아, 차를 마시고 싶구나."

집에 돌아와 자려는데 잠이 오지 않았다. 3개월이라니…… 다음날 연습실을 나오는데 마하라지가 내게 가방을 맡겼다. 내가 마하라지의 가방을 들게 되다니! 차를 준비해 올리며 "마하라지, 어젯밤에……"
라고 말하려는 순간, 마하라지가 "너는 매일 밤 생각만 하며 보내는
구나. 그래, 어젯밤에 또 무슨 생각을 했느냐?" 하고 말씀하셨다.

"네, 저, 3개월도 긴 것 같아 한 달 후에 시험을 보는 건 어떨까 하
고요."

마하라지께서는 아무 말 없이 차를 들며 어딘가로 전화를 걸었다.
학장님께 건 전화였는데, 내일 아침 10시에 모든 선생님들과 외부의
시험관들, 또 고학년 학생들, 악사들 모두 대강당 연습실에 모이도록
협조를 요청하는 전화였다. 내일 한국에서 온 '신지아'라는 학생이
시험을 치를 거라며 전화를 끊으셨다. 정수리에 얼음물을 끼얹은 것
처럼 아찔했다. 마하라지는 내일 아침 10시 정각에 대강당에서 시험
치를 준비를 하라며 손풍금을 켜기 시작했다.

'이 일을 어쩌지…… 생각이 많은 탓에 시험이 당장 내일로 다가왔
으니.' 집으로 돌아왔지만 어떤 내용으로 시험을 치를지 몰라 불안하
기만 했다. "오로지 땃가"라고 하신 레바지 선생님의 말씀을 떠올리
며 땃가만 할 뿐이었다. 잠을 설치고 새벽에 일어나 다시 한 번 땃가
와 기본 동작을 했다. 찬물로 여러 번 샤워를 하고는 흰색 순면 옷을
입고 머리를 단정히 한 후 궁그루를 가슴에 품고 시험장으로 갔다.

강당은 무대 공연장보다도 훨씬 크고 넓었다. 뒤쪽으로는 무대처
럼 검은 커튼이 쳐져 있었다. 고학년 선배들이 줄을 맞춰 앉아, 떨면
서 들어서는 나를 유심히 바라보고 있었고, 오른쪽으로는 악사들이
악기를 만지고 있었다. 곧이어 무용 선생님들이 들어오고 레바지 선

생님도 불편한 몸으로 제자들의 부축을 받으며 들어왔다. 레바지 선생님은 내게 미소를 보이며 "이런 날이 이렇게 빨리 올 줄은 몰랐구나. 그동안 내가 일러준 것을 최선을 다해 펼쳐 보이거라. 호흡에 모든 것이 있다는 것을 잊지 말고"라고 하셨다.

미안함과 감사함에 가슴이 두근거렸다. 잠시 후 마하라지가 들어와 단상에 자리를 잡고 앉자 일어나 예를 표하던 사람들도 모두 자리에 앉았다. 곧이어 내 이름이 불려졌다. 온몸이 잠깐 부르르 떨렸다. 우선 마하라지께 인사를 드리고 곧이어 레바지 선생님께 인사를 드린 후 자신을 소개했다.

"저는 한국에서 온 신지아라고 합니다. 그동안 레바지 선생님으로부터 지도를 받았으며, 제가 오늘 이 자리에 있기까지 사랑과 격려를 아끼지 않으신 레바지 선생님께 다시 한 번 감사함을 전합니다. 저는 띤딸 16박자의 리듬을 선택했으며 탓 아머드와 티하이등으로 순서를 진행할 것입니다. 이 자리의 모든 분께 감사드립니다."

악사 쪽을 쳐다보자 연주가 시작되었다. 드디어 띤딸의 기본 리듬이 퍼지고 나는 모든 춤의 기본 동작인 '나마스테'를 시작했다. 양손을 벌린 후 하늘과 땅을 가리키며 이곳에 내가 존재하면서 배움의 꽃으로 향기를 피울 수 있음에 감사하는 동작을 했다. 곧이어 타악기 소리에 내 발의 리듬을 섞었다. 다행히도 내 발의 마지막 소리가 타악기 소리와 맞아 떨어졌다. 순간, 내가 해냈다는 생각이 들었다. 레바지 선생님을 바라보자 양손을 합장하며 응원을 보내주셨다. 이어서 기본 동작을 마치고 그동안 익혀온 춤을 추는데 내 손이 조금씩 떨리는 것이 느껴졌다.

그렇게 모든 춤이 끝이 났다. 마하라지는 손풍금을 켜 몇 곡의 노래를 연달아 부른 뒤 나에게 앞에 보이는 것이 무엇이고 뒤에 보이는 것이 무엇인지 말해보라고 하셨다. 숨을 조심스럽게 내쉬며 땀에 젖은 양손을 포갠 채 내가 대답했다.

"마하라지, 청이 있습니다. 뒤를 잠시 돌아보아도 되겠습니까?"

"그러게나."

모든 이들이 침묵 속에서 나의 대답을 기다리고 있었다. 두근거리는 심장 소리를 들으며 천천히 돌아서 뒤를 바라보니 아까 들어오면서 보았던 검은 무대 커튼이 내려져 있는 것이 보였다. 두 손을 합장한 후 잠시 그렇게 있다가 대답했다.

"마하라지, 앞에 보이는 것은 빛입니다. 문이 있어 그 빛을 보았으며, 문밖에 있는 나무에는 새가 앉아 있습니다. 그렇게 빛과 자연과 함께 스승 마하라지가 제 앞에 계시는 것을 보았습니다. 마하라지, 뒤에 있는 것은 어둠입니다. 검은 커튼 속에 문이 없어 달빛도 별빛도 볼 수 없답니다. 오직 마하라지께서는 크리스털 같은 눈동자에 빛이 있어 그 어둠의 문을 열 수 있으며, 그 속에서 많은 알지 못하는 것들을 바라보고 계십니다. 저는 아직 볼 수 없으나 스승과 함께라면 이 어둠 또한 바라볼 수 있을 것입니다."

시험장엔 침묵이 흐르고 마하라지는 말없이 짧게 손풍금을 켜더니 이내 단상에서 일어나 내게 천천히 다가오셨다. 두 무릎을 바닥에 대고 나의 발등을 양손으로 덮고 기도를 하면서 만트라를 부르셨다.

아, 이게 무슨 일이란 말인가? 많은 사람들이 보고 있는 앞에서 이렇게 커다란 은총을 받다니 믿어지지가 않았다. 온몸이 떨리고 마룻바닥에는 눈물이 뚝뚝 떨어졌다. 모든 이들이 침묵으로 그 광경을 지켜보고 있었다.

시험이 끝나고 많은 사람들의 격려를 받았다. 레바지 선생님이 아주 낮은 음성으로 말씀하셨다. "마하라지께서 유일하게 박티를 가진 학생이라며 너를 처음 보실 때 말씀하시더니 그 말씀의 뜻을 알겠구나. 참으로 아름답구나, 너의 깊은 마음이. 진심으로 축하한다. 훌륭한 분의 제자가 된 것을 축하해. 열심히 노력하거라."

마하라지의 제자인 선배들도 축하해 주었다. 그러나 동시에 시기와 질투와 미움을 한쪽에서 받고 있는 줄을 그때는 알지 못했다. 집에 돌아와 꿈속에서 울면서 몇 번이고 감사했다. '나의 스승 마하라지, 저는 이렇게 세 가지 소원을 다 이루었고, 인도에 오게 된 이유를 알게 되었습니다. 이제 곧 스승님의 가르침으로 다시 태어날 것입니다.'

나는 그렇게 모든 소원을 차분히 이루어갔다. 소원을 이룰 수 있었던 가장 큰 이유는 아마도 춤에 대한 갈망을 절대로 포기하지 않았기 때문일 것이다. 지금도 나의 갈망이 무엇이냐고 묻는다면 내 마음이 춤을 추는 것이요 그런 나 자신을 미소로 바라보며 죽는 것이라고 나는 답할 것이다.

31. 너는 바보짓을 하고 있어

새로 태어나는 것이 바로 이런 것이었다. 인도 최고의 무용가 집안에서 7대째 내려오는 스승의 제자가 될 줄이야. 다음날 일찍 나와 연구실 청소를 하고 있는데 유난히 일찍 나온 마하라지께서 땃가를 했는지부터 묻고 바로 연습실로 가서 땃가를 하라고 시키셨다. 마하라지께 차를 올리고 궁그루를 가슴에 껴안고서 연습실로 향했다.

며칠 후 제자 의식을 하고 나면 수업에 참여할 수 있다고 했는데, 땃가 연습을 마치고 사무실에 들렀더니 내가 마하라지의 제자가 됨으로써 국제문화교류센터로부터 학비 보조금을 받게 되었다는 소식을 전해주었다. 또 올해는 프랑스에서 마하라지에 관한 다큐멘터리를 만드는 것 때문에 따로 저학년 수업이 없다고 했는데 갑자기 마하라지가 시간을 만들어 나 혼자 수업을 받게 되었다고도 했다. 그저 감사할 뿐이었다.

제자 의식에 필요한 것은 꽃, 코코넛, 스위트, 약간의 쌀, 빨간 실, 빨간 신두, 스승님께 바치는 옷감, 궁그루가 전부였다. 제자 의식이 있는 날 하숙집 할머니는 하얀색 천에 산스크리트어로 만트라를 적어주셨고 빨간 꽃을 직접 그려 선물로 주셨다. 제자 의식에는 많은 이들이 함께해 그 자리를 뜻 깊게 해주었다. 마하라지는 궁그루를 7대 무용가들의 흑백 사진 앞에 두고 향과 촛불을 켰다. 그리고 양미간에 신두를 바른 후 그 자리에 쌀가루를 붙여주셨다. 또 코코넛을 깨 그 안의 코코넛 주스를 몸에 골고루 뿌려주며, 신성함이 육체와 정신에 영원히 남으라고 말씀해 주셨다. 궁그루를 양손에 들고 한참 기도하고 나서 내게 돌려주셨는데, 그러고 나서 나는 첫 수업을 받았다.

첫 수업의 첫 말씀은 "시기하지 말라"는 것이었다. 자기만을 들여다볼 뿐 남이 하는 것을 보고 시기하는 마음을 품으면 아무것도 얻을 수 없다고 하셨다. 땃가의 자세도 일러주셨다. 왼손을 아래에 두고 오른손을 그 위에 포개는 것은 자신과 리듬이 하나되기로 약속하는 의미라면서, 마음이 산만하고 호흡이 고르지 못할 때는 무조건 양손을 포개 잡은 이유를 상기하라고 하셨다. 육체가 호흡을 통해 영혼과 하나가 되듯이, 일정한 호흡 속에서 자유자재로 땃가를 할 수 있을 때 리듬과 하나가 되고 춤이 무엇인지 알게 될 거라고도 하셨다. 그러면서 아무리 빠른 리듬이라도 호흡이 흔들리지 않고 고요함과 평정을 유지하면서 리듬과 하나가 되도록 노력해야 한다는 점을 거듭 강조하셨다.

커다란 연습실에서 많은 선배들이 바라보는 중에 혼자 서서 땃가를 연습하기 시작했다. 몇 달이 지나도록 그렇게 땃가만을 했다. 마하라지로부터 무슨 특별한 지도라도 받을 줄 알고 질투와 긴장이 역력한 빛으로 내 수업을 참관하던 선배들이 그런 내 모습에 긴장도 풀어지고 기대감도 사라졌는지 하나둘씩 떨어져나가고, 마하라지와 악사, 그리고 나만이 하는 수업이 거의 매일 되었다.

　마하라지는 내게 오직 땃가만 시켰고, 그것도 빠른 속도가 아닌 보통 속도를 계속 반복하게 했다. 발바닥이 바닥에 닿을 때는 나뭇잎에 매달린 이슬이 떨어지는 듯한 청아한 소리가 나야 하고, 허리를 곧게 펴 정면을 바라보는데 시야를 아주 멀리하고 어느 순간 먼 곳에 초점이 닿았을 때는 그것이 입체적 구조로 보일 때까지 집중해서 깊이 바라보라고 했다. 또 먼 곳의 초점과 가장 가까운 초점 사이에도 '입체적 시각'으로 '입체적 구조'가 보이도록 집중하며 동시에 청아한 소리를 놓쳐서는 안 된다고 했다. 그 말씀을 들은 후로 나는 나무 한 그루를 보아도 보이지 않는 그 뒷면과 땅속에 박힌 뿌리, 눈에 보이지 않는 에너지와 공간을 함께 느끼며 입체적으로 바라보려고 노력했다. 걸을 때에도 지금 눈앞에 보이는 풍경과 이미 지나간 풍경을 파노라마처럼 연결 지어서 보는 연습을 놓치지 않았다.

　두세 시간이면 지치고 힘들던 땃가를 매일 열 시간이 넘도록 했다. 입체적 구조를 보고 청아한 소리를 듣게 되기를 염원하며 호흡과 리듬에 집중하는 그 시간이 나에게는 마치 보물을 손에 넣고 양손을 포갠 듯 귀하고 의미 있었다. 몇 날 며칠이라도 양손을 포갠 채 하나됨을 약속하며 오직 땃가만을 할 수 있을 것 같았다. 신비한 느낌이 차곡차곡 발바닥으로 올라오기 시작했다. 그 와중에도 연구실 청소는 빠지지 않고 했다.

　수업 시간에 오로지 땃가만을 한 지 1년이 넘어가고 있었다. 시험 기간이 다가와서 그런지 선배들이 오전 수업이 있는 나의 시간과 공간을 차지하며 악사들과 연습을 하고 있을 때였다. 보통 때보다 한 시간이나 늦게 도착한 마하라지가 단상에 앉자 선배들이 당당하게 악사들에게 14박자 리듬을 넣으라고 눈짓을 했다. 마하라지가 연습실을 둘러보고는 모두들 제자리에 돌아가 앉게 하고 "지아" 하고 부르셨다. 선배들은 그런 나를 못마땅해 했다.

　나는 눈치를 보며 넓은 연습실에 홀로 서서 악사들에게 늘 연습해 오던 16박자의 리듬을 청했다. 악사들이 자장가처럼 아주 느리게 곡을 연주하기 시작했고, 나는 거기에 맞춰 천천히 몸을 움직였다. 몇몇 선배들은 그런 내가 답답한지 연습실 밖으로 나갔다. 마하라지는 노래 몇 곡을 잔잔히 부른 뒤 단상에서 내려와 내게 오더니 양손을 내 어깨 위에 올려놓으며 나지막이 말씀하셨다. "이제부터는 육체를 등분하거라. 육체의 앞면과 뒷면, 오른쪽과 왼쪽으로."

　그러면서 검지로 내 몸에 선을 긋기 시작하셨다. 나는 지금도 그분의 손가락이 닿던 부분들을 기억하고 있다. 몸을 칼로 자르듯 구분해 주며 그 어느 것도 이 선을 넘거나 침범할 수 없다고 하셨다. 도화지에 선을 긋듯 검지의 펜으로 내 몸을 등분하고 있는 스승의 눈빛을 내 눈이 놓치지 않고 따라갔다. 잠시 후 얼굴에도 금이 그어지고 있었다. 그 순간 내 눈에 눈물이 글썽거렸다. 마하라지는 글썽이는 내 눈을 아주 고요히 바라보면서 말씀하셨다.

"지아, 앞에 있는 몸체는 등잔대와 같고, 포개 쥔 양손은 기름을 가득 담은 그릇이며, 너의 눈은 등잔의 불빛이란다. 네가 눈을 뜰 때마다 빛이 번지는 것이며, 그것은 마음에서 일어나는 움직임이다. 또 네 뒤편에 있는 몸체는 한 그루 나무이며, 뒤편에 있는 네 팔은 나뭇가지이고, 꽃은 뒷면에 있는 눈이며, 향기는 뒤에 숨어 있는 너의 마음이니라. 그렇게 육체의 앞에는 빛이 있고 뒤에는 향기가 있다. 명심하도록 해라. 몸체의 양 옆으로는 바람이 있고 공기와 물이 있어 자유자재로 유동할 수 있으나, 정확하게 육체를 등분하여 이것과 저것을 구분할 때에만 이 자유로움의 깊이가 다양해진다. 이것을 참고하며 이제부터 네 가지 동작을 익히도록 해라.

첫째 동작은 팔을 올렸다 내리는 것이고, 둘째는 팔을 옆으로 폈다가 되돌아오는 것이며, 셋째는 손 방향이 아래를 향하고 반원을 그리면서 제자리에 돌아오는 것이다. 이것을 아주 느리게 시작해서 속도를 점점 빠르게, 아주 빠르게를 반복하되, 제자리에 돌아올 때는 반드시 평정을 유지해야 한다. 이때 평정이란 잠시 멈추는 것을 말하는데, 이것을 자물통에 비유한다면 자물통의 몸을 여는 시간에 비해서 몸을 잠그는 순간은 아주 잠깐인 것과 비슷하다. 그 잠시잠깐의 순간은 그 누구도 눈치 채지 못하도록 해야 하는데, 민첩하게 정면을 응시하고 집중하면서 정확함을 느낄 때 생기는 고요함의 순간이 바로 그것이다. 그러니 너의 육체는 움직임과 정지 상태가 동시에 완전하게 이루어져야 한다. 잠긴 모습을 보여서는 안 돼. 빛과 같은 속도로 빠르게 고요 속에 잠겨야 한다. 그 순간이 바로 너 자신이 희열을 느끼는 순간이야. 몸을 열고 움직일 때에 나타나는 환희는 너의 것이 아닌 세상의 것이니라. 어떤 리듬의 강약으로든 고요함을 놓쳐서는 안 되고, 고요함이 있을 때에만 움직임을 통해 자유를 느낄 수 있고, 그럴 때에 비로소 춤을 춘다고 말할 수 있어.

네 번째 동작은 회전인데, 그것도 아주 천천히 시작해서 점점 속도를 높이되 빛과 향기와 고요함을 느끼며 회전하도록 하거라. 이 모든 것과 더불어 기본인 땃가까지 이렇게 다섯 개의 가르침을 통해 무엇을 어떻게 느꼈는지 표현할 수 있을 때 다음 단계로 넘어갈 것이다. 시간에 개의치 말고 6개월이든 1년이든 아니면 10년이 걸리든 양손을 겸손하게 포갠 채 천천히, 섬세하게 느끼고, 빛과 향기를 뿜으면서 고요함 속으로 다가가도록 정진하거라."

마하라지는 단상으로 되돌아가 손풍금을 만지며 사랑 가득한 음성으로 간절하고 애틋한 노래를 들려주셨다. 감당하기 벅찬 수업이었다. 머리로는 충분히 이해가 되었으나 육체에게 어떻게 이해시킬 것인가? 계획표를 짜서 연습을 하기로 했다. 아침에 일어나면 무조건 땃가를 하고, 세 방향의 손동작과 회전 연습을 한 시간씩 하기로 했다. 그렇게 회전을 하니까 발뒤꿈치 살이 벗겨져 쓰리고 아리더니 동그랗게 굳은살이 박혀가기 시작했다. 연습량이 충분하지 않으면 밥을 먹지 않았다. 책임을 다하지 못했을 때는 식욕도 일지 않았다.

"너는 바보짓을 하고 있어. 너에게 맞는 스승을 찾아가. 지금 남들은 새로운 것들도 많이 배우고 공연도 하는데 너는 지금 몇 년째 기본만 익히고 있잖니?" 걱정삼아 해주는 친구들의 말은 식욕을 더욱 떨어뜨렸다. 하지만 그 말은 사실이었다. 착잡하고 답답한 날엔 울기도 하고 그러다 어떨 때는 통곡을 하기도 했다.

그러는 사이에도 연구실 청소는 내게 중요했다. 어느 날 책장을 정리하는데 마하라지에 관한 기사와 화보가 담긴 신문이 먼지 속에 수북이 쌓여 있는 것이 눈에 띄었다. 나는 안타까움에 허락도 받지 않고 며칠에 걸쳐 신문들을 집으로 가져갔다. 그리고 날짜별로 분류해서 스크랩을 하기 시작하였다. 대형 스크랩북으로 몇 권이 나왔다. 몇 달에 걸쳐 작업을 마친 나는 기쁜 마음으로 그것을 마하라지께 갖다드렸다.

칭찬해 주실 줄 알았는데 마하라지는 오히려 모든 에너지를 맛가와 동작 연습에 쓰지 않고 이미 지나간 쓸모없는 기사나 정리하는데 쏟았다며 호되게 꾸중을 했다. 그것도 모자라 내게 근신을 내려, 보름 동안 연구실은 물론 연습실 근처에도 오지 못하게 했다. 눈물을 흘리며 근신을 거두어달라고 했다가 말이 많다며 하루를 더해 16일 근신을 받았다. 연구실을 울면서 나왔고 거리를 울면서 걸었다.

집에 돌아와서도 한참을 울다가 회전을 시작했다. 현기증이 나도록 미치게 회전을 했다. 호흡이 고르지 않을 때는 양손을 포갠 채 천천히 아주 느린 속도로 하라고 하셨지만, 나는 빠르게 아주 빠르게 회전을 했고, 발뒤꿈치에서는 피가 나고 있었다. 테라스에 나가 울퉁불퉁한 돌바닥에 발을 문질렀다. 육체가 아픈 것보다 마음이 더 괴롭고 고통스러웠다. 혼잣말로 큰소리로 말했다.

"나는 너를 따를 수 없어. 아픈 것은 내가 아니고 바로 너야. 나를 힘들게 하는 것은 내가 아니고 바로 너야. 발뒤꿈치, 네가 이렇게 낮은 곳에서 어둡게 붙잡고 있으니 내가 회전을 하지 못하잖아. 제발 찢어지지 말고 강하게 더 강하게 도와달란 말이야."

온 바닥에 핏자국을 남기며 회전을 하다가 쓰러져 잠이 들었다. 아침에 일어나 바짝 마른 핏자국을 젖은 걸레로 몇 번을 문질러 닦고 또다시 회전을 시작했다. 땃가를 하고 네 가지 동작을 하다가 가끔씩 엎어져 울다가 잠이 들었다. 밤에는 연고를 바르고 아침에는 마른 핏자국을 걸레질하는 날이 계속되었다. 회전 숫자는 점점 늘어 60번, 80번, 100번이 되었고, 근신 마지막 날에는 아침에 300번, 오후에 300번, 밤에 300번을 하니 하루가 꽉 찼다. 더 이상 방바닥을 젖은 걸레로 닦을 일이 없어졌다.

연구실에 찾아가니 사람들이 스크랩북을 보고 있었다. 마하라지가 "지아가 정성껏 만든 것이야"라고 덧붙이셨다. 차를 끓여드리자 마하라지는 이제 연습실에 가라고 하셨고, 오랜만에 맛있는 차를 마신다며 미소를 지으셨다.

32. 무대는 나의 신전

어느덧 다시 졸업 때가 다가왔다. 졸업 공연을 하는 선배들이 부러웠다. 그러나 첫 수업 때 "시기하지 말라"고 한 스승의 말씀대로 그들을 시기하지는 않았다. 양손을 포개 잡은 채 선배들의 화려하고 멋진 공연을 보고 돌아와 거울 속에 비친 내 모습을 바라보았다. 내가 닮고 싶은 것은 마하라지 스승의 자태, 음성, 노래, 연주, 그리고 그분의 말씀이란 걸 거울 속의 나를 보며 다시금 확인할 수 있었다.

'나는 그분 속에서 싹이 돋기를 기다리는 씨앗과도 같아. 언젠가 줄기가 생기고 꽃이 피고 향기도 나겠지.' 거울 속의 나를 위로하며 궁그루를 쓰다듬고 발바닥을 두드리다가 어느새 잠이 들었다. 꿈속에서 청아한 물소리를 들었는지 깜짝 놀라 잠을 깼다. 어렴풋이 다시 잠이 들었는데 또다시 청아한 물소리에 깨어났다. 잠자리에서 일어났다. 그 소리가 귀에서 아른거렸다. 땃가를 시작했다. 오른발 왼발을 번갈아가며 바닥에 대고 소리를 내니 청아한 수준은 아니어도 선명한 소리가 들려왔다.

　눈을 감은 채 손을 천천히 위로 올리는데 하늘이 보였다. 깜짝 놀라 눈을 뜨고 보니 천장이 있을 뿐이었다. 다시 눈을 감고 손을 올리니 또 하늘이 보였다. 이번에는 놀라지 않았다. 내 손이 하늘을 만지고 있었다. 흥분을 누르고 팔을 옆으로 벌리자 광활한 대지가 펼쳐지고 내 손이 대지를 만지고 있었다. 다시 한 번 해보았다. 땅의 에너지가 손에 닿는 것이 느껴졌다. 눈을 뜨고 다시 팔을 벌려보는데 벽이 보이는 것이 아니라 넓은 땅이 훤하게 보이고 만져졌다. 이제는 손을 아래로 내려보았다. 한없이 푸르고 깊은 바닷물이 보이고 내 손이 바닷물 속에 들어가 아주 깊이 반원을 그리며 바다의 표면으로 올라왔다.

　'이런 환상 같은 일이 있을까? 내가 미쳤나?' 하며 다시 해보았다. 천장과 벽과 바닥이 있는 공간에서 확실히 하늘과 땅과 바다가 보이고 만져지고 냄새 또한 느껴졌다. 회전을 해보았다. 내가 지구 밖에서 지구가 회전하는 것을 바라보고 있었다. 이제는 발로 땟가를 하니 발의 움직임에 따라 지구가 돌아가고 있는 것 같은 느낌이 들었다. 땟가를 계속 하는데 여전히 발밑에서 나의 호흡과 리듬에 따라 지구가 움직였다. 하늘과 바다와 땅을 자유로이 거닐며 만지고 있었고, 나아가 내가 행성이 되어 우주 안을 회전하면서 돌아다니고 있었다. 황홀하고 놀라워 "마하라지, 드릴 말씀이 있습니다" 하며 나 혼자 흥분해 소리쳤다.

　"마하라지."

　다음날 호들갑스럽게 연구실에 들어섰다. 마하라지는 아침 명상을 하고 있었다. 밖에서 한참을 기다리다가 차를 준비해 들어서니 손을 비벼 두 눈을 양손으로 덮고 계셨다. 눈치를 살피다가 "마하라지, 그동안의 숙제에 대한 답을 찾았습니다"라고 말했다.

어느새 음성이 들떠 있었는지 "지아, 네가 답을 준비한 것은 좋으나, 아침부터 호흡이 고르지 못하고 흥분되어 있는 것은 좋지 않구나. 네가 준비한 답을 어떻게 표현해야 할지는 아직 준비가 안 된 것 같다. 명심해라. 네가 준비한 것을 어떻게 무대에 올릴 것인지 더 깊이 느껴지거든 다시 오거라. 오늘은 돌아가 양손을 포개고 겸손하게 궁그루의 소리를 듣도록 해라. 무엇보다 중요한 것은 호흡과 리듬 속의 고요함이다. 그것을 모르고는 춤을 알 수가 없다. 오늘 너의 수업은 이것이니 그만 돌아가거라."

시무룩하게 연구실을 나왔다. 기쁨도 흥분인가, 고개를 갸우뚱거리며 돌아와 다시 땃가를 했다. 양손을 포갠 채 들뜸과 흥분, 그리고 고르지 않는 호흡을 손바닥에 담고 천천히 마음을 바라보았다. 이내 눈물이 흘렀다. 기뻐서 흥분하는가 하면 지금은 이렇게 눈물이 나고 있으니 도대체 중간 상태란 어떤 것인가? 고요함과 평정이 중간 상태라면 아직 그것은 내 것이 아니었다. 말로만 고요함이니 평정이니 내뱉으며 잡아보려고 애쓰는 모습이 선명했다.

선배들의 수업 시간과 달리 거북이 수업이라고 소문난 나의 수업을 참관하는 이는 거의 없었다. 오늘따라 악사도 한 분만 나와 있었다. 리듬에 맞춰 땃가를 시작하면서 마음속으로 천천히 팔을 올리고 내리는 내 모습을 느끼고 있었다. 잠시 후 내가 마하라지께 말하고 있었다. "마하라지, 제 눈에 하늘이 보입니다. 그 하늘이 만져져요." 또 손을 옆으로 자신 있게 밀어내며 말했다. "마하라지, 제 눈에 광활한 대지가 보입니다. 손끝이 땅을 만지고 있습니다." 다시 숨을 깊이 들이마시며 손을 아래쪽으로 반원을 그리며 말했다. "마하라지, 제 눈에 바다가 보입니다. 제 손이 바닷물과 그 표면을 만지고 있습니다." 이제는 천천히 회전을 하며 말했다. "마하라지, 저는 지아라는 행성이며 우주 안을 회전하고 있습니다." 속도가 빨라지면서 다시 내가 말했다. "마하라지, 제가 공놀이를 하듯 지구를 돌리고 있습니다."

그러고 나서 흐트러짐 없이 정면을 바라보니 내가 바라보는 저 앞에서 무언가가 나를 중력으로 당기고 있었다. 내가 저 먼 곳을 갈망하듯이 그쪽에서도 그렇게 나를 갈망하는 것 같았다. 어느 순간 끝마무리를 하며 오른쪽 사선 방향으로 몸을 향한 채 정지했다. 잠시지만 아름답고 황홀한 침묵이 흘렀다.

"지아, 내일부터는 오후 수업도 듣도록 해라. 또 수업이 끝나면 매일 연구실에 들렀다 가거라."

마하라지는 손풍금을 만지며 내게 잔잔한 멜로디를 선물해 주셨다. 눈시울이 뜨거워지고 감사와 감동에 울고 싶은 것을 숨을 들이마시며 간신히 참았다. 가까이 다가가 스승의 발등에 양손을 대고 예를 올렸다. 내 몸이 떨리는 것을 느낄 뿐 아무 말도 할 수 없었다. 마하라지는 내게 차를 달라고 하셨고, 내가 만드는 차 맛이 좋다며 미소를 지었다. 그때 문득 엉뚱한 생각이 하나 떠올라서 마하라지께 말씀드렸다.

"마하라지, 여태까지는 제가 순면의 하얀색 옷만 입었는데, 그건 스승님이 일러주신 네 가지 동작에 대해 제 나름대로 어떤 느낌이 들 때까지 그러기로 마음먹어서였어요. 이젠 색이 있는 옷을 입고 싶습니다."

"그래, 꼭 너다운 엉뚱한 생각이구나. 어떤 색 옷을 입고 싶으냐?"

"네, 월요일에는 하얀색이나 크림색, 화요일에는 빨간색, 수요일에는 파란색, 목요일에는 초록색, 금요일에는 노란색이나 황금색, 토요일에는 오렌지색 옷을 입고 싶어요. 일요일은 아직 모르겠어요."

"잘 모르겠으면 보라색을 입거라. 네 덕분에 요일이 선명해지겠구나. 이제부터 수업량이 많아진다고 땃가 연습에 소홀하면 안 된다. 네 눈빛은 투명하고 순수해. 그것이 춤의 심지에 닿아 빛을 발할 수 있도록 해라."

"네, 마하라지, 그 말씀 절대로 잊지 않겠습니다."

절대로 흥분하지 않겠다고 했지만, 학교 정문을 나선 순간 나는 이 가게 저 가게를 기웃거리며 갖가지 문양과 색감의 옷감을 만져보고 감촉을 느끼며 황홀해하고 있었다. 내 몸에 빨간 물감이 묻히고 태어나서 그런지 내 몸을 모든 색에 담가보고 싶었다.

스승의 가방은 내게 더없이 귀하고 소중했다. 그때부터 마하라지의 가방이 있는 곳이면 내가 함께 있었다. 그로 인해 나를 시기하는 소리들이 들리기도 했다. 수업량은 정말로 많아졌고 연습량은 그 이상이었다. 그러는 사이 어느덧 선배들이 모두 졸업하고 내가 선배의 자리에 있었다. 미국에서 마하라지 제자가 잠시 돌아와 함께 수업을 하게 되었는데, 나보다 선배인 그녀는 나와 같이 수업받는 것을 몹시 거북해했다. 수업 시간에 내가 아직 모르는 리듬으로 춤을 이끌어가는 바람에 나를 당혹스럽게 하기도 했다.

그런데 그 선배와 함께 내가 무용 페스티벌에서 공연을 하게 되었다. 나는 페스티벌의 첫날 첫 공연을 맡았고, 그녀는 마지막 날 마지막 공연을 하게 되었다. 마하라지 제자였기에 그런 기회가 생긴 것이기도 했다. 첫 공연과 마지막 공연은 전체 공연 중에서도 하이라이트였다. 나는 30분 동안의 솔로 공연이고, 선배는 45분간의 솔로 공연이었다. 그러나 공연 경험이 많은 그 선배는 나와 공연하게 된 것을 마땅찮아했다. 마하라지 제자로서 첫 공연이라 부담이 컸는데 그녀까지도 나를 무척 힘들게 했다.

마하라지는 생음악으로 공연하게 될 거라며 악사들과 시간을 잡아 연습을 충분히 하라고 지시했으나, 공연을 앞둔 2주 동안 나는 한 번도 악사와 시간을 맞출 수가 없었다. 이유는 그 선배가 어떤 방법이었는지는 몰라도 악사들과의 스케줄을 혼자 다 채워버렸기 때문이었다. 나는 누구에게도 항의할 수 없었고, 마하라지께도 말씀드릴 수가 없었다. 그런 문제로 걱정을 끼쳐드리고 싶지 않았고, 어쨌든 그것은 나의 문제라고 생각되었기 때문이다.

공연이 가까워질수록 선배는 노골적으로 나를 무시했고, 기초를 겨우 마친 실력으로 자기와 함께 공연하게 된 것이 창피하다는 말도 서슴지 않았다. 내가 할 수 있는 것은 양손을 포개 잡고 고요함과 평정을 잃지 않는 것뿐이었다. 스포츠도 아닌 춤을 두고 경쟁 아닌 경쟁을 한다는 사실이 몹시 불편했고, 악사들과 한 번도 맞춰보지 않고 무대에 섰다가 실수라도 하지 않을까 두려웠다. "시기하지 말아라. 흥분하지 말아라"라는 스승의 말씀을 새기며 끝까지 양손을 꼭 잡고 호흡과 리듬의 소리에만 귀 기울였다. 눈물 속에서도 땀을 흘리며 아주 많이 연습을 했다. 선배는 10박자의 리듬과 14박자의 리듬으로 공연 스케줄을 잡았고, 나는 평범한 16박자의 리듬을 선택했다.

공연 날, 무대 뒤 악사들이 나와 눈이 마주치자 불편해하면서 몸둘 바를 몰라 했다. 지금이라도 한번 맞춰보자는 그들에게 나는 차분히 "괜찮아요"라고 대답했다. 그 대신 무대 위에서 내 움직임을 잘 보면서 따라와 달라고 부탁했다. 분장이 끝난 후 의자에 앉아 양손을 포갠 채 두 눈을 감고 모든 생각에서 벗어나 호흡과 리듬만을 느끼고 있는데, 마침내 내 이름이 불려졌다.

"오늘 이와 같은 큰 행사에 공연할 수 있게 해주셔서 진심으로 감사드립니다. 이 공연을 준비하면서 느낀 것 몇 가지 나누고자 합니다. 우리가 알고 있는 소금물에 대해서 말입니다. 제가 처음 알게 된 소금물은 저의 눈물이었습니다. 두 번째는 저의 땀이었고, 그리고 세 번째 소금물은 오늘 모이신 여러분입니다. 여러분은 오늘 저의 바다입니다. 눈물과 땀 끝에 이렇게 바닷물 앞에 서자니 두렵고 떨립니다. 더 이상 눈물도 아니고 땀도 아닌 바닷물이 되고자 하는 제 마음이 이 자리를 통해서 전달되었으면 합니다. 저는 반딧비르쥬 마하라지의 제자로, 한국에서 온 신지아입니다. 감사합니다."

나의 인사말이 끝나자 우레와 같은 박수가 터져 나왔다. 공연은 아주 성공적으로 끝났다. 여기저기 방송사에서 인터뷰를 하자며 마이크를 들이댔다. 누군가 무대에 오를 때 무슨 생각을 하느냐고 물었다. 나는 이렇게 대답했다. "무대는 저의 사원입니다. 호흡과 리듬을 일치시켜 그 자유로운 움직임을 통해 내가 자연과 우주와 합일되는 곳입니다. 무대는 저의 신전입니다."

그날 나는 깊은 잠을 잤다. 다음날 신문에 커다랗게 인터뷰 내용과 사진이 실렸고, TV 방송에도 공연과 인터뷰가 나갔다. 많은 칭찬과 격려가 부끄러웠다. 며칠 후 선배의 공연을 관람하기 위해 객석에 앉아 있었다. 어려운 리듬을 완전히 소화해 45분 동안 흠집 하나 없이 매끄럽게 춤을 추었다. 그러나 다음날 신문 기사에는 사진도 없이 한 줄짜리 기사만 실렸고, 선배는 몹시 화를 내며 울었다.

연습실을 나오는데 신발이 보이지 않았다. 또 한 번 맨발로 거리를 걸어야 했다. 다음날 연구실 쓰레기통을 정리하는데 그곳에 나의 신발이 버려져 있었다.

"스승님, 감사합니다. 시기하지도, 흥분하지도 말라 하셨지요. 가르침을 잊지 않고 따를 것입니다."

침묵한 채 인도의 더위를 껴안았다.

33. 너는 춤의 영혼을 가지고 태어났다

연구실 벽에는 마하라지가 직접 그린 수채화 그림이 많이 걸려 있었다. 그 중에 탐이 날 정도로 갖고 싶어 매일 바라보는 그림이 하나 있었다. 그 그림의 오른쪽 위에는 까만색으로 원형의 회오리가 그려져 있고, 그 주변으로 파란색이, 다시 회색과 흰색이 번지듯이 칠해져 있었다. 회오리 안에 크리슈나가 있고 바깥으로는 춤을 추는 무희들과 파란 물이 가득 고인 호수가 있었다. 나는 검은색의 그 원형 회오리가 인상적이어서 어느 날 스승님께 왜 그 속을 까맣게 표현했는지 여쭈어보았다.

마하라지는 자상하게 대답을 해주셨다.

"네가 매일 관심 있게 바라보는 것을 알고 있다. 그것은 쉼도 끝도 없이 돌아가는 회오리란다. 검은색은 실은 검은색이 아니야. 너무나 멀리 있어서 검은색으로 표현한 것뿐, 사실은 짙은 푸른색이란다. 간격을 두고 바라보면 파란색으로 보일 것이다."

그러고는 이렇게 덧붙였다.

"너도 알다시피 나는 무용가 집안의 7대손으로 태어났다. 우리 집안에는 7대째 내려오는 책자가 있는데 나도 그것을 자손에게 물려줄 것이다. 거기에는 제자들의 명단도 올라 있어. 물론 모두 다 기재하는 것은 아니고 스승의 눈에 들어온 특별한 제자만 거기에 올리지. 한번 거기에 오르면 책자를 물려받은 이는 그들 모두에게 매번 기도를 하게 되어 있다. 예를 들어 네 이름이 기재되어 있다면 몇 대가 지나도 매일 네 영혼이 춤의 영혼임을 상기하며 기도하는 것이지. 지금 네가 다른 나라에서 태어났어도 춤의 영혼이 너에게 있기에 이곳에 되돌아온 것이다. 나 또한 그런 춤의 오래된 영혼이기에 이 집안의 7대손으로 태어난 것이고.

소년 시절 나는 스승이셨던 삼촌들에게 특별 지도를 받았고, 그 때문에 어머니는 나를 3년 동안 방안에 가둬놓고 오직 춤만 배우게 하셨단다. 물론 어머니께서 작은 창문을 통해 음식과 물을 넣어주셨지만, 그 음식이란 게 우유와 곡물, 채소, 과일 등 익히지 않은 음식이었어. 아무와도 대화할 수 없었고, 어머니의 모습조차 볼 수 없었지. 이 그림은 그때 춤을 통해서 경험한 합일의 느낌을 그린 것이란다. 그때의 3년이 오늘의 나를 만들었다고도 할 수 있지, 그러고 몇 년 지나지 않아 내가 인간문화재가 되었으니. 너도 그렇게 외부와 접촉 없이 오직 리듬과 움직임만으로 몇 년을 지낸다면 큰 성과를 얻을 수 있을 텐데…… 너는 춤의 영혼을 가지고 태어났으니 말이다. 3일, 3주, 3개월, 3년, 30년, 300년, 3,000년…… 시간에 구애받지 않고 춤을 통해 우주의 심지와 합일하는 경험을 해본다면……"

 나는 그렇게 귀한 말씀을 나누어준 마하라지의 발등에 손을 대고 존경과 감사의 마음으로 인사를 드렸고, 수백 번 머리를 조아려도 부족할 것 같은 느낌으로 연구실을 나왔다. 그날 하루 아무와도 말을 하지 않았고, 누구와도 시선을 맞추지 않으려 했다. 춤과 함께 우주의 심지 속으로 다가가는 나를 도울 사람은 오직 나뿐이었다.

 단지 사흘만이라도 그렇게 우주의 심지에 다가가고 싶었다. 문을 잠그고 향과 초와 곡식을 준비했다. 첫날은 아주 힘들었다. 세상과 단절된 채 혼자 방 안에 갇혀 있다는 생각이 나를 힘들게 했다. 모르는 새로운 공간을 들어가려고 대기실에서 기다리고 있는 느낌이었다. 쉼 없이 몸을 움직이고 땃가를 하고 회전을 했다. 각각의 사선 방향으로 몸을 옮겨가면서 눈은 10센티미터 간격으로 위아래를 훑었다. 그렇게 일주일이 지나고 2주가 지났다.

 처음에는 생각과 언어가 없는 침묵의 빈 공간으로 들어가기가 쉽지 않았다. 수다스런 아낙네처럼 속으로 끊임없이 떠들어대고 있었다. 그러는 와중에 식욕이 점점 줄어 물만 마시기 시작했다. 조금씩 식물처럼 말이 없어지는 것이 느껴졌고, 생각 속 독백의 대상이던 나 자신도 더 이상 찾지 않았다. 오직 몸의 느낌만 남은 것 같았다. 눈으로 냄새를 맡고, 코로 바라보고, 귀로 느끼며, 입으로 듣기 시작했다. 손바닥에 눈이 있어 바라보는 것 같고, 손바닥으로 냄새를 맡는 것 같고, 손바닥으로 듣는 것 같았다. 그렇게 오감이 자유롭게 이동하는 것이 신비로웠다.

이번에는 내 몸을 동서남북으로 나누고, 다시 레오나르도 다빈치의 인체 비례도를 떠올리며 몸을 수많은 각도로 나누어 초침이 움직이듯 한 칸씩 시계 방향으로 움직여보았다. 그러다가 머리끝부터 발끝까지 정확한 구조로 등분했다는 느낌이 드는 순간 마치 몸에 전기가 흐르는 듯 짜릿한 기운이 나를 덮쳤다. 그러다 쓰러졌는데 뜨거운 기운을 느끼며 눈을 떠보니 인체 비례도가 위에 선명하게 나타나 마치 나를 포옹하듯이 내려왔다. 이윽고 그림과 내 몸이 하나가 되었고, 각각의 사선 방향으로 빛이 눈부시게 퍼져 나갔다. 동시에 심장이 박동하는 소리가 북소리처럼 울려 퍼지기 시작했다.

그것은 꿈이었다. 그리고 박동하는 소리는 우편배달부가 대문을 두드리는 소리였다. 그것은 어머니로부터 온 편지였다. 바깥세상과 접촉하지 않겠다는 약속을 깨고 편지를 열어보았다. "평소 너를 아끼고 사랑하시던 큰아버님이 위암으로 병원에 입원해서 너를 찾는구나. 많이 위독하시다……" 나는 편지를 한쪽으로 밀어놓고 다시 딴가를 시작했다. 온몸이 땀으로 범벅이 되어갔다.

호흡과 리듬이 완전히 일치되었다 싶을 즈음이었다. 새로운 공간의 문이 열리고 내가 그 속으로 들어가고 있다는 느낌이 들었다. 발에 닿는 느낌이 완전히 달랐다. 새로운 공간이 눈앞에 드러나고, 생전 처음 느끼는 냄새가 느껴졌다. 무언가와 하나가 되는 야릇한 느낌이었다. 발이 닿는 순간마다 공간이 착착 정확하게 열리고 있다고밖에는 표현할 수 없었다. 타블라 소리가 심장에서 진동하면서 혈관을 타고 빨갛게 질주했다. 소리와 나 그리고 공간이 완벽하게 하나가 된 듯한 황홀경에 빠졌고, 이것이야말로 아름다움의 극치라는 걸 느끼고 또 알 수 있었다.

다음날 아침, 방문을 열고 밖으로 나왔다. 눈이 부시고 모든 것이 낯설었다. 낯선 풍경의 소음 속을 고무풍선이 되어 떠다니는 것 같았다. 무질서하고 더럽고 습한 냄새로 가득한 세상이 그저 한 폭의 조잡한 그림처럼 보였다. 3개월을 끝내 마치지 못하고 현실 세계로 되돌아왔다는 아쉬움이 컸다. 그러나 그 경험만은 결코 놓지 않겠노라고 몇 번이고 다짐했다. 30년, 300년, 3,000년이 걸릴지라도 춤과 리듬과 하나가 되어 우주의 심지로 되돌아가리라 다짐하며 양손을 포갠 채 걸었다.

며칠 뒤 나는 한국의 병실에 있었다. 큰아버지는 바짝 타들어가는 몸으로 사경을 헤매고 계셨다. "계숙이가 돌아왔어요"라고 누군가가 말했으나, 큰아버지는 이미 이 세상의 껍질을 벗고 다른 공간으로 옮겨가고 있었다. 내 눈에는 큰아버지가 고통으로 힘들어하기보다 고통을 하나씩 내려놓으며 더 가볍고 더 자유로워지고 계신 것처럼 보였다. 마침내 마지막 숨마저 내려놓고 죽음 속으로 들어가는 순간이 마치 또 다른 탄생의 순간이기라도 한 듯 더할 나위 없이 아름다웠다.

장례를 마치고 인사동 전통 찻집에 들어가 잠시 정면의 공백을 바라보고 앉아 있었다. 아직 차를 주문하지 않았는데 직원이 차를 갖다 주었다. "저쪽에 계신 스님께서 손님께 차를 드리라고……" 고개를 돌려보니 회색의 승복이 눈에 띄었다. 스님에게 다가가 무슨 연유로 차 대접을 하는지 물었다.

"비구니 한 분이 머리를 길게 늘어뜨리고 앉아 계시기에 차를 대접하고 싶었습니다. 아직 승복을 입고 계시지 않은데, 지금 어디에 계시기에……"

"저는 인도에서 춤을 공부하고 있습니다. 집안에 상사가 생겨 잠시 들어와 있습니다. 어린 시절 탁발승 한 분이 제가 장차 승려가 될 거라고 했다는 얘기를 할머니한테 들은 적이 있습니다. 만약 제가 승려가 되어야 하는데 다른 길을 가고 있다면 만행을 하고 있나 봅니다."

그분은 다음날 1시 비행기로 제주도 사찰로 되돌아간다며 "혹시 방문할 뜻이 있으면 공항에서 뵙시다" 하며 나를 초대했다. 그 스님과 함께 사찰에서 닷새를 묵었다. 새벽이면 법당에 갔고, 오후에는 스님이 읽어주는 경전을 들었다. 법당에 앉아 커다란 황금 부처를 바라보는데 우리가 알지 못하는 아주 먼 공간에서 황금빛 에너지가 내려오는 것 같았다. 그 황홀한 빛을 바라보며 스님께 말씀드렸다.

"저는 지금 마하라지의 제자로 있습니다. 아직 부처님의 제자가 되기에는 부족한 사람이고 아직 그럴 때도 되지 않은 것 같지만, 언젠가 저렇게 황금빛으로 회전하는 중심으로 들어가 부처님을 만나뵙길 간절히 소망합니다."

사찰을 떠나는 마지막 순간까지 스님은 나를 위해 경전을 읽어주셨다. 인도에 돌아와 마하라지께 그동안의 일을 말씀드렸더니 마하라지는 다시 한 번 세상과 격리되어 춤에만 몰두하는 시간을 가져보라고 하셨다. 그러나 멕시코에서의 첫 해외 공연을 준비하게 돼 다음으로 미루지 않을 수 없었다.

공연 준비로 마하라지 스승 댁을 찾아갔다. 그런데 전에 없던 일이 벌어졌다. 집안 식구들이 아무런 설명 없이 나의 방문을 거절하는 것이었다. 영문을 몰라 어리둥절해하는 나를 발견하고 마하라지가 집안에는 들어서되 1미터 이상은 들어오지 말라고 했다. 그것은 되돌아가라는 말과 같았으나 나는 너무나 궁금해 돌아 나올 수가 없었다.

집안에서는 음악 소리가 계속 들려오고 있었다. 마하라지가 집안의 신전에 궁그루를 내려놓자 집안의 남자들이 그 뒤로 줄을 맞춰 궁그루를 내려놓았다. 마하라지가 오래된 책자 몇 권을 신전 앞에 내려놓는데, 전에 이야기한 책자가 저것이구나 싶었다. 감동으로 온몸이 쿵쾅거렸다. 마하라지는 궁그루마다 신두를 바르고 쌀과 코코넛 주스를 뿌린 후 꽃으로 덮고 기도를 했다. 잠시 후 마하라지가 궁그루를 높이 들어 입을 맞춘 뒤 발목에 감자 곧이어 다른 이들이 궁그루를 감았다. 잠시 후 땃가를 시작하는데 그 소리가 환상적이었다. 온몸의 피가 몸 밖으로 튀어나와 순식간에 지구를 떠나서 스승의 그림 속 짙푸른 소용돌이를 향해 질주하는 듯했다. 몸이 부르르 떨리고 눈물이 흘러나왔다.

축복의 의식 같았다. 굳이 무엇을 축복하는 의식인지 묻지 않아도 알 것 같았다. 경건하고 고귀한 에너지만으로 그것을 충분히 느낄 수 있었다. 탄생을 축하하는 의식! 땃가로 완전하게 보호받으며 아기가 태어나고 있었다. 무용가의 가문에서 춤과 음악으로 축복을 받으며 다음 세대의 스승이 태어나고 있었다.

나는 합장을 하고 새로 태어난 스승에게 예를 표한 뒤 거리로 나왔다. 내 마음속에서는 심한 진동과 함께 간절한 갈망이 일고 있었다. 나 또한 언젠가 신이 허락한 시간에 완벽한 리듬과 호흡과 움직임 속에서 태어나는 축복을 받을 수 있기를 말이다. 어느새 내 얼굴이 촉촉이 젖어 있었다.

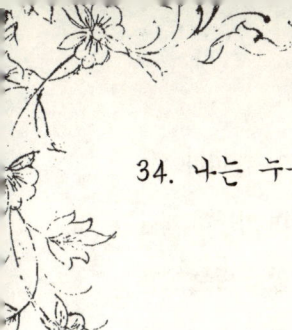

34. 나는 누구인가?

연주가들이 5일 동안 쉬지 않고 24시간 연주를 하는 음악 페스티벌이 캘커타에서 열렸다. 도로들에는 빨간색 카펫이 깔려 있었는데, 이때는 무용 공연도 야외 무대에서 함께 열리곤 했다. 그날은 인도의 최고 무용가들이 공연하는 댄스 페스티벌이 열리는 날이었다. 이 행사를 위해 전통 무용의 테마들을 엮어 특별 안무를 준비한 마하라지가 우리에게 무용가들이 어떤 리듬에 어떤 동작을 선택하는지 자세히 보라고 당부했다.

나는 분장실에서 마하라지를 도와 잔심부름을 끝낸 뒤 야외 공연장에 자리를 잡았다. 이미 많은 관객으로 뒷좌석밖에 남지 않았지만 무대와 밤하늘은 더 넓게 바라보이는 곳이었다. 나이가 꽤 들어 보이는 한 남자 무용수가 오래된 건물의 대리석 기둥 사이를 천천히 걸어 나오고 있었다. 하얀 인도 옷을 입은 무용가의 걸음걸이가 예사롭지 않았다. 계단을 내려오는 발걸음 하나하나에 내 혈관의 피를 빼앗

267

기고 있는 느낌이었다. 내 눈길이 그분의 발길에 붙박인 채 따라가는데, 그분이 마치 니르바나를 바라보듯 먼 곳을 바라보며 가만히 계단 위에 앉았다. 하얀 대리석 기둥과 밤하늘을 배경삼아 앉아 있는 그분 뒤로 보름달이 조명처럼 내리비쳤다. 빨려 들어가듯 그 모습을 바라보는데 그분이 잠시 후 일어나 다시 계단을 올라서더니 대리석 기둥 사이를 가뿐히 걸어 사라졌다.

그분의 자태와 걸음걸이, 눈빛에 놀라 가슴이 뭉클하였다. 이게 무슨 느낌이지? 내가 무언가를 그분으로부터 전달받았는데 그 순간에는 그것이 인식이 되지 않고 충격만 있었다. 객석에서 일어나지도 않았고, 눈물이 나지도 않았으며, 무대 뒤로 그분을 찾아가고 싶은 충동도 자제할 수 있었으나, 나는 한동안 망연하게 밤하늘을 바라볼 수밖에 없었다. 곧이어 마하라지와 다른 무용가들의 화려하고 완벽한 춤이 시작되었지만, 나는 그저 침묵한 채 박수칠 생각조차 못했다. 내 눈길은 아직도 그 무용수의 자태를 더듬고 있었다.

무대 뒤 분장실로 많은 관객들이 마하라지를 만나러 왔다. 그 사람들 사이에서 마하라지가 짧게 내 눈빛을 관찰하고 있었다. 심지어는 내게 "공연을 어떻게 보았느냐?"고 질문을 하기까지 했다. 내 눈빛이 다른 곳에 가 있음을 그분 또한 아는 것 같았다. 마하라지는 분장실에서 유난히 자주 나를 찾았고, 나는 자꾸만 야외 공연장으로 빠져 나갔다. 조명 기술자들이 뒷정리를 하는 빈 무대를 바라보며 카펫 위에 몸을 눕히고 밤하늘을 바라보았다. '이건 무슨 느낌이지? 왜 또 이러나? 나는 도대체 무엇을 원하는 거지?'

무용수가 어디의 누구인지 알려고 하지 않았다. 언제까지 무언가에 이끌려 뛰쳐나갈 수는 없었다. 다시 눈물이 흘렀다. 내 눈물은 언제 끝날 것인가? 이제 더 이상 그 어디에도 뛰쳐나가지 못하도록 대리석 기둥에 나를 묶고 싶었다. 그러나 다음 순간 그 눈물이 더 이상 서러운 눈물이 아니란 걸 알 수 있었다. 눈물이 내 입술을 적시는데 그것은 성숙한 맛이었다. 무용 너머의 다음 단계를 바라보는 느낌이었고, 가야 할 새로운 길이 보이는 것 같았다. 떨리는 마음 밑으로 벌써 무의식이 진동을 시작하고 있었다.

캘커타에서 돌아온 뒤로 나는 가끔씩 멍하니 하늘을 바라보곤 했다. 이유도 모르는 눈물은 왜 그리도 많은지 수도꼭지에서 물이 쏟아져도 울고, 회색 하늘에서 더운 열기를 느껴도 울고, 줄지어 행진하는 개미떼를 보아도, 길가에서 손으로 먹을 것을 입에 넣는 아이를 보아도, 마른 대나무처럼 앙상한 노인의 종아리를 보아도, 계산대에 앉아 파도처럼 출렁이는 배를 만지며 돈을 받는 아저씨를 보아도 눈물이 났다.

그러더니 2층에서 내려가는 계단에 일렁이는 불빛을 보고 눈물을 흘리다가 결국 계단에서 굴렀고, 허리를 다쳐 자리에 눕고 말았다. 필요한 것이 휴식이고 잠이었는가 보다. 꼼짝도 하지 못하니 친구들은 물론 마하라지까지 거의 매일 찾아와 누워 있는 내게 손풍금을 켜며 노래를 들려주시곤 했다. 스승님께 그날 공연 이후 마음에 병이 났다고 솔직하게 털어놓고 싶었다.

용기를 내어 "마하라지……" 하고 스승을 찾았다.

"마하라지, 저는 며칠 밤 어떻게 하면 다시 몸을 움직일까 생각하다가 허공에 상상의 그림을 그리기 시작했습니다. 그림을 그리며 아프고 불편한 이 상황을 잊고 싶었지요. 그런데 어젯밤에는 허공에 나 자신을 그렸어요. 자리에서 일어나는 것으로 시작해, 일어나면 어떻게 움직일까 그림을 그렸는데 그림이 위에서 나를 당기며 일으키는 거예요. 제가 그린 그림대로 일어나고 있었어요. 그 후 조금씩 나아져 이제는 일어나 앉아 있을 수도 있어요. 이 모든 것이 스승님의 가르침으로 알고 있습니다. 이제부터는 마음에 붓으로 그림을 먼저 그린 후에 동작으로 옮겨야겠다는 생각을 하게 되었어요. 마하라지, 저는 스승님의 제자가 된 인연에 깊이 감사하고 있습니다."

끝내 캘커타의 무용가 얘기는 꺼내지 못했다. 마하라지가 내 손을 잡고 머리를 쓰다듬으며 말씀하셨다.

"나는 네 이름을 가문의 책자에 오래 전에 올렸느니라. 명심하거라. 네가 원하기만 하면 언제든지 춤의 에너지가 너를 회오리처럼 휘감을 것이다. 그림을 그린 후에 움직이겠다고 하니 아주 많이 성숙하고 있구나. 그러나 네가 갈 길이 아직은 멀다. 꾸준히 정진하거라. 수면에 잠긴 듯이 굵고 깊게 울리는 마음으로 아주아주 느리게 땃가를 해라. 그러고 나면 몸과 마음이 훨씬 가벼워질 거야. 오늘 밤엔 아무것도 그리지 말고 푹 자거라."

혼자이고 깊은 밤, 나는 오랜만에 오랫동안 샤워를 하고 물속에 잠긴 듯이 깊게 굵게 울리는 마음으로 천천히 잠 속으로 빠져 들어갔다. 내 영혼은 자유롭게 과거의 시간으로 가고 있는 듯했다. 육체를 갖기 이전의 영혼이, 바람이나 안개처럼, 아니 마치 솜사탕 기계에서 올라오는 하얀 솜뭉치처럼 뭉게뭉게 피어오르며 회전하고 있었다. 언어는 없었지만, 자유롭게 소통할 수 있었다. 높은 곳에서 자유로운 하얀 영혼이 아래에서 소용돌이치는 회오리를 보고 있었다. 한 세대가 무너지고 새로이 떠오르는 화려한 소용돌이를 바라보며, 자유로운 하얀 영혼이 더 커다란 영혼에게 저곳에 내려가고 싶다고 간청을 하고 있었다.

높고 큰 영혼은 "때가 아니다. 내려갈 순번이 아니다"라며 때를 기다리라고 했다. 그러나 하얀 영혼은 자신의 의지로 순번에 상관없이 내려가기로 마음먹고 쏜살처럼 지상으로 내달았다. 그렇게 내려오는 것을 아무도 몰랐기에 막지도 않았을 것이다. 점점 지상으로 가까이 내려오는데 드디어 높고 큰 영혼이 제멋대로 떨어져 나와 빛을 내며 빠르게 내려가는 하얀 영혼을 보고 이를 막으려 했다.

그러나 하얀 영혼은 제재를 받기엔 지상에 너무나 가까이 내려와 있었고, 그 높고 귀한 영혼이 빨간 빛을 강하게 쏘아대며 하얀 영혼을 막고 있었다. 하얀 영혼이 비명을 지르며 피했지만, 탄생과 함께 육체를 받은 순간 빨간 불빛이 여기저기 파편처럼 튀어 하얀 영혼에 부딪쳤고, 하얀 영혼은 그 빛을 피하려고 얼굴을 안으로 파묻었다.

비명소리에 놀라 깨어보니 꿈이었다. 아직 때가 아니라고? 이상한 꿈이었다. 눈을 여러 번 감았다 뜨기를 반복하다가 갑자기 벌떡 일어나 옷을 벗어던졌다. 알몸이 되어 커다란 거울 앞에 섰다. 꿈속에서 하얀 영혼이 빨간 불빛을 피하던 모습 그대로 몸을 오그려보았다. 신기하게도 빨간빛이 파편처럼 덮친 부위에 빨간 점들이 박혀 있었고, 얼굴을 파묻고 몸을 오그려서인지 얼굴과 가슴과 허벅지에는 그런 점이 없었다. 몸을 오그려 심장을 감싸고 있어서 빨간 빛이 들어오지 않았고, 그 덕분에 생명을 갖게 된 것이 아닌가 하는 생각이 들었다. 가슴이 뛰면서 '나는 누구인가?' 물었고, 몸의 빨간색들을 바라보았다. 그 와중에도 캘커타의 무용가가 간절히 떠올랐다. 그가 바라보던 그곳을 바라보며 자리를 털고 일어났다.

5부

자유로운 영혼의 길

35. 결혼이라는 새로운 문

히피와의 결혼 생활이 시작되었다. 그것은 새로 태어나는 느낌이었다. 나는 더 이상 학교와 연습실에 머물지 않았고, 그렇게 안달하며 갈구하던 무용가의 의상도 곱게 접어 장롱 속에 깊이 넣어두었다. 새로운 문이 열리고, 나는 겁 없이 그 문에 들어서고 있었다. 두렵지 않은 것은 아니었으나, 그 두려움이 나를 흔들지는 못했다. 그 어디에도 고이지 않고 힘차게 흐르는 물이 되고 싶었고, 순간에서 순간으로 이어지는 것들을 온전히 받아들이고 싶었다. 나와는 아주 다르게 히피로 살아온, 마치 미지의 정글과도 같은 한 남자의 삶이 그런 나의 소망 속으로 파고들었다.

춤의 에너지는 흙 속에서 지렁이들과 엉키어 분해되고 있었다. 나는 이미 다른 씨앗을 품었고, 그것에 싹이 나고 줄기가 뻗어 또 다른 꽃이 필 것을 어렴풋이 상상했다. 그러나 춤의 에고는 흙과 잘 섞이지 않으려는 듯 도도했다. 람모한 스승과의 공연과 뉴욕 공연까지 모두 취소하고 난 뒤로 춤은 더 이상 내게 꽃이 아니었다. 에고는 반발을 하며 흙 속의 거름이 되지 않겠다고 몸부림을 쳤다. 아쉬움은 있었으나 에고가 거만하게 올라올 때마다 더 많은 양의 흙으로 덮어 눌렀다.

우리는 여행을 하기로 했다. 나는 태양의 사원과 카주라호 사원을 가고 싶다고 했고, 산드로는 리쉬케시와 락스만줄라에 가고 싶다고 했다. 우리는 우선 카주라호 사원부터 가기로 했다. 결혼 전 산드로의 음성 녹음을 들었던 곳이었다. 내가 카주라호 사원에 산드로와 함께 가길 바랐던 첫 번째 이유는 시바와 파르바띠의 모습이 하나의 몸에 반반씩 조각된 그 아름다운 석상을 함께 바라보며 현재와 미래를 함께할 것을 마음에 새기고 싶어서였다.

"산드로, 함께 보고 싶은 것이 있어. 우리 사원에 가보자."

우리는 손을 잡고 카주라호 사원으로 갔다. 그런데 아무리 찾아도 시바와 파르바띠의 모습이 반반씩 조각이 된 석상이 눈에 띄지 않았다. 사원 전체를 몇 바퀴 돌았는데도 없었다. 석상 대신 석단만 남은 곳에 '시바와 파르바띠'라고 씌어 있는 표석이 눈에 띄었을 뿐이다.

"산드로, 바로 여기에 석상이 하나 있었어. 그걸 넋을 놓고 바라보았어. 카메라로 찍으려다 말고 나중에 다시 찾아오겠다고 했는데, 석상은 없고 시멘트로 된 표석 같은 것만 남아 있으니 믿을 수가 없네."

"지아, 네가 잘못 기억하는 것 아냐? 혹시 다른 곳에……"

다음날 연구실장이라는 사람을 찾아 몇 달 전 여기에서 석상을 보았는데 어찌된 것이냐고 물었다.

"몇 달 전에요? 그럴 리 없습니다. 그것은 아주 오래 전에 영국인들이 가져간 작품이에요. 혹시 런던 박물관에 가보면 있을지 몰라도 이곳에서 보셨다는 건 납득하기 어렵습니다."

아주 오래전에 사라진 작품이라니!…… 네모난 석단을 만지는데 내 손이 떨리고 있었다. 나는 그 석상을 함께 바라보며 두 사람이 온전히 하나가 되었음을 확인하고 싶었다. 그런데, 나는 보았는데 산드로는 볼 수 없다니! 도대체 이건 무슨 의미인 걸까? 우리 두 사람의 결혼이 순탄치 않을 것이라는 암시인가? 아니면 우리가 살아가면서 매 순간 정을 대고 두 사람만의 석상을 완성해 가야 한다는 뜻인가? 생각이 꼬리에 꼬리를 물고 이어졌다. 하나된다는 것이 무엇인지, 남자와 여자가 어떻게 해야 완전히 한 몸이 되고 한 마음이 될 수 있는 것인지, 함께 볼 수 없는 게 둘 사이에 어떤 카르마가 있기 때문인 것인지……

우리는 사원 밖으로 나와 차를 타고 폭포가 있는 곳으로 갔다. 격정적인 물소리와 함께 폭포수의 어마어마한 에너지가 전해져 왔다. 하지만 바위는 폭포수를 거부하는 듯 이리저리 물방울을 튕기며 커다란 물보라를 일으켰다. 주변을 걷는데 다리가 후들거렸다. 물보라 앞에서 들릴 듯 말 듯 혼잣말을 했다.

"나는 석상을 보았습니다……"

사라진 석상과 폭포수를 거부하는 듯한 바위, 둘은 왠지 연관성이 있는 듯했다. 무섭고 두려웠다. 그 떨림과 불안 속에서 나는 결혼에 꼭 성공할 것이라고, 시바와 파르바띠 석상이 내게 던진 의문의 답을 반드시 찾겠다고 다짐했다. 다짐과 동시에 내 마음속 손에는 어느새 정이 들리고, 벌써부터 석단의 네 모퉁이를 깎아내기 시작했다. 그러나 여전히 다리가 후들거렸고, 나는 산드로의 손과 허리를 잡고 몸을 의지했다.

카주라호를 떠나기 전 혼자 사원에 달려가 기도했다.

"신지아입니다. 이유가 무엇인지 지금은 모르고 떠납니다. 하지만 당신이 제게 뭔가 가르치려 한다는 것은 알겠습니다. 사원이 생기던 그 옛날로 돌아가 제가 착란을 했을지 모르나 어떤 이유에서건 저는 진실로 그것을 보았습니다. 제가 석상을 바라보았듯이 석상의 두 눈도 저를 보았을 것입니다. 마치 다음에 돌아오면 숨었던 자태를 벗고 태연히 그 자리에 있을 것만 같습니다. 제가 본 그 아름다움을 절대로 잊지 않을 것입니다."

합장을 한 채 '시바와 파르바띠'라고 적힌 표석의 글자를 오래도록 바라보며 가슴에 담았다.

태양의 사원이 있는 오리사 지방으로 향했다. 태양의 사원에는 금성, 수성, 목성, 화성, 토성, 태양 등 아홉 행성의 신상을 모신 곳이 있었다. 행성의 신들에게 말했다.

"저는 지아라는 아주 작은 행성입니다. 저 또한 우주와 연결되어 있습니다. 아름답고 자유롭고 또한 항상 변화하는 제가 이 자리에서 행성 신들 앞에 꽃과 향을 바칩니다. 우주의 에너지로부터 보호를 받고 싶습니다. 두려움을 완전히 떨칠 수 있도록."

눈을 감고 합장을 한 뒤 한참 동안 서 있었다. 잠시 후 정수리에서

부터 뜨거운 빛이 흘러내리며 내 몸을 감싸는 것이 느껴졌다. 완전하게 소통이 이루어졌다는 느낌이 들면서 입가에 미소가 지어졌다.

"지아, 너 혼자서 뭐라고 중얼거리고 있어?"

"대화를 하고 있었어."

"대화라니, 누구랑?"

"행성의 신들과. 우리는 인간이라 언어로 말하지만 그들은 빛으로 말을 하거든."

"그래? 빛으로 뭐라고 하던데?"

"빛으로 듣는 것이 아니라 빛을 느끼는 거야. 궁금하면 너도 행성의 신들과 소통을 해봐. 사람들은 그것을 기도라고도 하는데, 나는 기도라기보다는 소통이라고 말하고 싶어. 그것이 자갈이든, 바위든, 흙이든, 먼지든, 바람이든…… 언어로는 충분한 대화가 힘들 수 있어. 너와 나도 마찬가지야. 말도 한국 말과 이탈리아 말로 다르고. 하지만 그게 문제가 돼서는 안 된다는 게 내 생각이야. 언어로 소통이 안 될 때는 마음으로 느끼도록 하자고."

그는 장난스럽게 눈썹을 치켜 올리며, 느낌에 충만해 감전됐다는 듯한 시늉을 해보였다.

우리는 다시 히말라야의 물줄기가 한데 모이는 리쉬케시와 락스만줄라로 갔다. 그가 나를 데려간 곳은 숲속의 작은 폭포였다. 사람들 눈에 띄지 않는, 마치 비밀스러운 장소처럼 귀하게 느껴지는 곳이었다. 그는 아무 거리낌 없이 옷을 훌훌 벗어던지고 폭포 밑으로 들어가더니 몸으로 물줄기를 받으며 내게 들어오라고 손짓을 했다. 망설이다가 나도 대담하게 옷을 벗고 폭포 속으로 들어갔다. 마치 아름답게 매를 맞는 기분이었다. 몸을 억누르고 숨기려고만 했던 고정 관념과 습관이 자연에게 두들겨 맞는 것 같았다. 자연이 나를 꾸짖고 야단치는 방법이 사랑스럽고 아름다웠다. 웃음이 나고 홀가분했다. 자유로웠다.

그 순간 나는 다시 마음속 정으로 카주라호의 석단을 조금 더 깎아냈다. 폭포 가에 벗어놓은 옷들이 석단에서 떨어져나간 부스러기들처럼 보였다. 에너지 넘치는 물소리는 밤에 더욱 크게 들렸다. 온갖 묵은 것들이 폭포수에 쓸려가고 새로운 물의 에너지가 내 몸에 가득 채워지는 것 같았다. 내가 마치 물이 되는 느낌이었다. 혼과 육체가 새로운 기운으로 충만해지고 눈빛은 자유로움 속에서 더욱 밝게 빛나고 있었다. 나는 양손을 포갠 채 천천히 심장의 소리에 귀를 기울였다.

델리로 돌아온 뒤 나는 이번에는 산드로 쪽의 모서리를 깎아낼 차례가 되었음을 알았다. 델리에 돌아온 며칠 뒤부터 그의 친구들이 집에 찾아오기 시작했는데 하나같이 테라스에서 파이프 담배를 볼이 쑥쑥 패이도록 피워댔다. 그것도 보통 담배가 아니라 마리화나였다. 도저히 견디기가 어려웠다.

"다들 나가!"

내가 소리를 버럭 질렀다. 어쩔 줄 몰라 하는 산드로에게도 손가락을 들이대며 "너도 나가. 한번 나가면 다시는 못 돌아와" 하고 소리쳤다. 친구들을 보내고 들어와 눈치를 보며 베란다를 물로 닦고 향을 피우고 녹차를 끓이는 등 소란을 피우는 그에게 내가 말했다.

"허구한 날 친구들과 함께 더러운 몰골로 마리화나만 피우며 허송세월하는 꼴을 더 이상 볼 수 없어. 이것이 너의 삶이고 이런 것이 히피라면 지금도 늦지 않았으니 네가 이 집을 나가는 것이 좋겠어. 네 삶이 바뀌지 않는다면 우리 결혼은 지나간 공연에 불과해. 내가 너처럼 바뀌길 바라는 거야? 격 없는 히피로? 내가 아는 히피란 자유롭게 사는 건데, 타락하는 것과 자유로운 것은 구분해야 되지 않겠어?"

시간이 필요하다는 그에게 수건과 함께 산달향의 비누를 주며 "3주 이상은 기다리지 않을 거야"라고 말했다. "우리 몸은 우리의 신전이야. 귀하게 여기고 깨끗하고 소중하게 다뤄줘. 신을 모시는 장소니까."

집안 여기저기에 향을 피웠다. 그때서야 그의 라스타 머리가 보이기 시작했다. 그는 히피이자 집시였다. 순간 카주라호 석상을 생각했다. 산드로가 시바가 아니고 나 또한 파르바띠가 아니란 것을 알게 되었다. 이 더러움을 벗고 저 무거움을 덜고자 거듭 태어났음을 상기하며 나는 손에 정을 들고 어떻게 저 단석을 조각해야 할지 생각하기 시작했다.

한동안은 찾아오는 친구가 없었다. 그 무렵 동생이 한국에서 '인도 이야기'라는 이름으로 인도 물건을 수입해 파는 일을 시작해서 내가 동생을 도와 물건을 납품해 주고 있었는데, 이탈리아에 물건 납품 일을 하던 산드로가 그 일을 도와주겠다고 했다. 납품에 필요한 서류와 절차를 그가 맡아서 해주었다.

그러던 어느 날 늦은 저녁, 한 친구가 부인과 어린 딸과 함께 찾아왔다. 다과를 들고 얼마 안 있어 그들 부부가 '연장'이란 걸 꺼내더니 마리화나를 피우려고 준비하기 시작했다. 산드로는 눈치를 보며 말이 없었고, 나는 차분히 그들의 손놀림을 바라보았다. 준비가 다 된 도구에 불을 댕기며 나에게도 권했다. 정중히 사양하자, 그들은 서둘러 피운 뒤 도구를 싸 짐 속에 넣으면서 산드로에게 말했다.

"넌 행운아구나. 어떻게 이런 마하라니(왕비)를 만났어? 내가 오늘 여기 온 게 자네의 그 라스타 머리를 자르러 온 것 같네. 마하라니 같은 여인과 살아가려면 일단 머리카락부터 잘라야 할 것 같아."

산드로는 양손으로 머리카락을 움켜쥐면서 안 된다고 소리쳤다. 나는 가위와 오일과 촛불을 들고 나왔다. 가위를 촛불에 덥히고 나서 오일을 적신 솜으로 가위를 닦아낸 뒤 내가 말했다.

"산드로, 이 일은 오로지 나만이 할 수 있는 일인 것 같아. 네 머리카락에서 수십 년 수백 년의 번뇌가 썩고 있는 냄새를 내가 거두어 내겠어. 저쪽 작은 방, 나만의 신전에서 기다릴게."

나는 시바 상 앞에 촛불을 켜고 향을 피운 뒤 가위를 시바 상 앞에 올려놓았다. 잠시 후 방문이 열리며 친구가 산드로를 데리고 들어왔다. 친구에게 잠시 밖에서 기다려달라고 했다. 나는 산드로를 신상 앞에 앉힌 뒤 가위를 과감하게 머리카락 깊숙이 넣고 자르기 시작했다. 가위로 머리카락을 싹둑 자를 때마다 나는 작은 목소리로 "옴 나마 시바"를 외었다. 산드로는 울고 있었다. 잘라낸 머리카락을 집으려는 산드로의 손을 제지하며 말했다.

"우주의 에너지가 우리를 보호할 거야. 그러니 두려워하지 마."

산드로는 눈물을 흘리며 방을 나갔다. 나는 잘라낸 머리카락을 빨간 천에 돌돌 말아서 간수했다. 사원에 갖고 가서 태우려고 말이다.

손님들은 자신들의 운명도 구해달라고 농담 같은 진담을 하며 떠났다. 산드로는 이틀 동안 베란다 한쪽의 해먹에 누운 채 꼼짝 않고 있었다. 먹지도 않았다. 나 또한 말 한 마디 건네지 않고 그대로 내버려두었다. 나흘째가 되어 그물 속에서 나왔고, 남은 머리카락을 면도기로 밀어내더니 락스만줄라에 가자고 했다. 나는 말없이 짐을 챙기고 그를 따라나섰다. 얼음같이 차가운 강가에서 목욕을 하는데 완전히 밀어버린 머리가 햇살에 빛나고 있었다. 밝게 웃으며 다시 태어난 것 같다고 말하는 그의 음성이 차분했다.

델리에 돌아온 산드로는 함께 이탈리아의 부모님께 가자고 했다. 이참에 이탈리아에 인도 물건도 납품하겠다며 물건을 고르기 시작했다. 큰 마진 없이 넘기고 약간의 돈을 챙긴다고 했다. 어차피 돈이란 자유롭게 움직일 수 있을 정도만 있으면 된다면서. 나는 아무 말도 하지 않았다. 돈 또한 태양, 바람, 물과 같은 에너지에 불과하기에. 물건 구입을 마친 그는 비행기 표를 구입하러 갔고, 나는 집으로 돌아왔다.

36. 산드로의 가족, 나의 가족

이탈리아에 도착한 뒤 우리는 기차를 타고 아주 작은 역에서 내려 한참을 걸어갔다. 집은 기찻길 옆에 있었다. 3층에 산드로가 꾸몄다는 작업실이 있었다. 닥종이로 만든 작품이 많았는데 솜씨가 훌륭했다. 그림 그리는 도구도 많았다. 작업실 중앙의 계단 위에 나무로 만든 공간이 있어서 그곳에서 잠도 자고 차도 마신다고 했다. 천장이 손에 닿고 창문을 열면 하늘이 그대로 보였다. 밤하늘을 바라보며 잠에 들 수 있다니 기뻤다. 순간 이렇게 좋은 집을 두고 왜 히피가 되어 떠도는지 의아했다.

아래층으로 내려와 벽난로에 불을 지피는데 현관의 벨이 울렸다. 하얀 피부에 곱슬머리를 한 부인과 통통한 남자분이 서 있었다. 산드로의 어머니와 아버지였다. 한국인들보다도 더 흥분한 표정으로 포옹을 하며 반가워하는데 웃음이 났다. 어머니는 저녁을 준비할 테니 건너오라고 하셨고, 아버님은 이 집은 너희 집이라고 여러 번 강조하셨다. 강조해서 말씀하는 이유를 잘 몰라 그저 감사하다며 주억거리는데, 산드로가 부모님은 바로 옆집에서 살고 계신다고 했다.

이 집이 우리 집이라니 넘치는 선물이라 생각하며 천천히 집안을 둘러보았다. 2층 방에는 잘 정돈된 침대와 커다란 거울이 달린 벽장이 있었다. 안에는 몇 벌 안 되는 산드로의 옷이 걸려 있었다. 침대 옆에는 장식장이 있고 그 위에 앨범이 하나 놓여 있었다. 마치 누군가 내가 보기를 바라며 놔둔 것 같았다. 앨범을 들추어보니 계속해서 같은 여자가 등장했다. 산드로와 다정하게 찍은 사진들만 골라놓은 것 같았다.

앨범을 들고 3층으로 올라가니 오래된 옷장이 보였다. 그 안에는 여자 옷이 몇 벌 걸려 있었다. 누군가 자기 살림을 제대로 정리하지 못한 채 남겨놓은 것 같았다. 여기서도 앨범 속의 여자 사진이 나왔다. 시아버지가 이 집이 네 집이라고 강조하신 까닭을 어렴풋이 알 것 같았다. 부모님 댁에 갔더니 만찬이 준비되어 있었다. 간단히 차렸다는데도 식탁이 화려했다.

"지아, 우리 집은 요리사 집안이야. 큰아버지는 이탈리아 음식 명인 중 한 분이셨어. 유명 인사들이 식사를 하려고 로마에서 여섯 시간을 달려오곤 했으니까. 지금도 집안 식구들이 여기저기서 호텔과 레스토랑을 경영하고, 와인만 전문으로 다루는 분도 계셔. 우리 부모님도 평생 음식 만드는 일을 하셨고 지금은 가족들을 위해 요리하는 걸 유일한 낙으로 여기고 살고 계셔. 어서 먹어봐."

바라만 봐도 풍성하고 군침이 돌았다. 해물 파스타와 채소 샐러드,

특이하게 생긴 버섯과 치즈를 넣고 오븐에 구워낸 생선, 여러 종류의 빵, 살짝 삶아 올리브기름을 두른 아스파라지…… 새로운 맛에 혀가 춤을 추고 있었다. 식사가 끝난 뒤 후식으로 쌀로 만든 케이크를 과일과 함께 내놓으시는데 그 맛이 놀라웠다. 그 사이 가끔씩 기차 소리가 들려왔다. 베니스로 가는 기차라고 했다.

시아버님은 말수가 적고 성격이 유순한데, 시어머니는 목청이 크고 우렁차 집안을 보호하는 높은 담장 같은 느낌을 주었다. 시동생 파울로는 늦둥이로 철없는 청년처럼 보였고, 산드로의 형은 고집과 욕심이 많아 보였다. 동서 형님은 이름이 파울라라고 했는데, 몸은 마르고 얼굴은 역삼각형으로 뾰족했다. 외모에 관심이 많아 보였고 자기 중심적이라는 인상을 주었다. 시어머님께 인도에서 가져온 전통 문양의 24K 금귀고리를 선물했는데 그녀는 자기 것과 비교해 보더니 시어머니께 바꾸자고 했다.

다음날 늦은 오후, 벽난로 앞에 앉아 산드로에게 앨범을 보여주며 말했다.

"내가 알아야 하는 일이라면 지금 아는 것이 좋겠다."

"오랫동안 함께한 친구야. 내가 너와 결혼하게 돼 짐을 옮겨갔는데 아직 다 정리되지 않았다는 거 나도 알고 있어."

"지금은 어떤 상황인데?"

"그 친구가 돈과 보석을 원하고 있어. 내가 갖고 있는 전부를. 그렇게는 안 된다고 했지만, 어쨌거나 고민이 되네."

"두 번 세 번 상처 주지 말고 원하는 걸 다 줘. 이 집에 내 짐을 풀기 전에 정리해야 할 것이 있다면 빠르게 정리하면 좋겠다. 지나간 과거는 중요하지 않아. 하지만 오늘 이 시간을 놓치는 건 싫어."

그때 다시 베니스 행 기차 소리가 들렸다. 내가 벽난로 앞에서 잠을 자는 사이 산드로는 혼자만의 번뇌를 벽난로에 던지며 태우고 있는 듯했다. 그는 밤새 부스럭거리며 상자에 뭔가를 가득 담더니 다음 날 들판에 들고 나가 휘발유를 뿌리고 불을 질렀다.

밤에, 기차 소리가 왈칵 덮쳐 잠을 이루지 못하겠다며 베니스를 가자고 했다. 말로만 듣던 그 수상 도시를 칠흑 같은 밤에 달려갔다. 모두가 잠이 든 도시를 밤새 걸어 다니며 그는 그대로 나는 나대로 상념과 무거운 짐들을 물 속에 내려놓았다. 그렇게 밤을 지새고 집으로 돌아왔다.

매 시간 달리는 기차를 물끄러미 바라보며 또 다음 기차가 지나길 기다리는 나날이 계속되었다. 어디론가 떠나고 싶은 마음이 기차가 지날 때마다 간절함이란 통장에 쌓여갔다. 동네를 한 바퀴 돌기도 했지만 여기저기 집은 많아도 사람은 보기 힘들었다. 가끔 지나치는 사람도 무심코 지날 뿐 아무런 표정이 없었다. 식탁은 매일 만찬이었고, 나는 새로운 맛에 감탄하고 찬사하는 것으로 하루를 보내곤 했다. 덕분에 내 혓바닥은 깨어나기 시작했다. 매일 점심때면 형님 내외도 식사를 하러 왔다.

하루는 언제나처럼 멋지게 차려입은 파울라 형님이 문 앞에서 인사하는 내게 검정 쓰레기봉투 하나를 건넸다. 얼떨결에 쥐고 표정으로 물어보니, 본인이 쓰던 것인데 아직 쓸 만해서 가져왔다고 했다.

봉투 안에는 헌 신발들이 가득했다. 나는 잠시 어찌해야 할지 몰라 난감한 표정으로 현관에 서 있었다. 헌 신발을 받기 싫어서라기보다 아무런 양해도 구하지 않고 내던지듯 주는 것에 당황스러웠다. 나중에 산드로에게 이야기하니 아버님이 듣고 장애인 단체에 주겠다며 들고 나가셨다. 그분은 일주일에 한 번씩 장애인 단체에 나가 음식 봉사를 하신다고 했다.

파울라가 내민 봉투는 많은 생각을 하게 했다. 다음날 집안에 있는 그릇이며 주방 도구, 이불, 수건 등등 무감각하게 받아들이던 모든 것이 내 눈에 띄는 대로 쫓겨나고 있었다. 새로운 종교가 일어나면 사원부터 허물어진다더니 나 또한 그 비슷한 일을 하고 있구나 싶었다. 시아버님은 내가 내다놓은 것을 차에 싣고 어디론가 떠나셨다. 그날 저녁 시부모님은 새로운 주방 도구와 침대보 등 많은 것을 내게 선물하셨다. 본래 시집을 가면 여자가 준비하는 것을 내 경우에는 시부모님이 눈치를 보며 장만해 주신 셈이었다. 내가 행복하게 살기를 바랐기 때문에 그랬을 것이다.

시아버지께서는 이 기회에 장롱이나 침대 같은 가구도 바꾸자며 이 모든 것을 결혼 기념으로 선물하고 싶다고 하셨다. 나는 가구보다는 바닥을 나무로 바꿔 신발을 벗고 지내고 싶다고 했다. 그러면서 현관 열쇠도 바꾸고 싶다고 덧붙였다. 시부모님은 인자한 표정으로 내 청을 들어주셨고, 대공사를 하게 될 텐데 이참에 여행을 다녀오라고 하셨다.

우리는 간단한 짐을 챙겨 차를 몰고 길을 나섰고, 산드로는 나를 곳곳의 친구들에게 데려갔다. 대부분 마리화나를 하는 친구들이었다. 여행 마지막 날 나는 산드로를 향해 "바스따!" 하고 소리를 지르고 말았다. 그것은 이탈리아 말로 "그만해!"였다. 그러고는 "네가 아는 사람은 모두 마리화나를 하고 있으니 이런 삶과 이런 만남을 공유해야 한다면 난 인도로 돌아가겠어" 하고 소리를 지르고 말았다.

집에 돌아오니 마룻바닥이 깔려 있었고 가구들도 새로운 것으로 바뀌어 있었다. 산드로의 여자 친구가 남은 옷가지를 가지러 왔다가 현관문 열쇠가 바뀌어 있는 바람에 우리의 새 공간에 들어오지 못하고 그냥 돌아갔다고 했다. 옷은 시어머니가 대신 전해주었다고 했다.

어느 날, 전화기 속에서 친정어머니가 울고 계셨다. "글쎄, 아버지가 관을 사오셨다." 그때 나는 임신 8개월째였다. 배가 불룩한 몸으로 나는 산드로와 함께 급히 한국을 방문하게 되었다. 살과 뼈가 맞붙은 모습을 보는 순간 아버지를 잃게 될 거라는 직감이 들었다. 그런데 아버지의 얼굴은 무엇인지 모를 기쁨에 넘쳐 있었다. "지금껏 살아오면서 이렇게 보람된 일이 어디 있겠니? 나도 땅을 살 수 있다니. 아주 중요한 일을 위해서 말이다. 내일 보여주고 싶구나." 죽어서 당신 몸이 누울 작은 땅, 산소 자리에 가보자는 것이었다.

그 땅을 보여주며 자랑스러워하는 아버지의 모습에 눈시울이 뜨거웠다. 돌아오는 길에 식당에 들렀다. 아버지는 물만 드시고 나에게는 냉면을 사주셨다. "이것이 내 딸이 좋아하는 음식이 아니더냐. 외국에 살면서 냉면은 먹어봤냐?" 냉면 먹는 모습을 보며 기뻐하셨고 계산을 하면서 뿌듯해하셨다. 이제는 할 일을 다 했다고 혼잣말을 하셨다.

아버지는 암이었다. 평생 경찰서와 병원은 갈 일이 없어야 한다며 이제껏 치과 한 번 안 가던 분이 아프다고 누워 계셔 어렵사리 달래서 병원에 데려갔단다. 검사 결과 몸 안에 암이 퍼져 있었고, 당장 병원에 입원해야 한다는 의사에게 아버지는 이렇게 대답했다고 한다.

"의사 선생님, 공부를 많이 하셔서 벽면에 이 자격증 저 자격증 많으나 아직도 모자라는 자격증이 있구려. 나더러 병원에 입원을 하라니, 그것은 틀린 처방전이요. 겁준다고 겁먹을 나이도 이제는 아니오. 생과 사는 하늘의 뜻이고 자연의 순리요. 고통을 당하는 것은 누구나 거쳐야 하는 과정이라는 걸 공부하지 않은 이 사람도 알고 있소. 다음에 나 같은 환자가 또 오거든 입원하라고 하지 마시오. 상태가 위험하다며 사람을 겁주지도 마시오. 아픈 게 겁먹을 일이요? 죽음도 마찬가지고. 말기 환자는 집에서 쉬면서 준비해야 할 일들이 많으니 그럼 이만 가보겠소."

아버지는 그 다음날 하수구를 청소하고 전기선들을 바꾸고 보일러 수리도 했다. 당신 손으로 그렇게 일에만 집중하시기에 기적이라도 났는가 했더니, 땅을 사러 간다고, 그게 사람들이 생각하는 부동산이 아니라 당신 몸 하나 누일 산소 자리를 찾으셨단다.

어머니는 울고 계셨다. 아버지는 죽을 드시다가 어느 순간부터는, 국그릇에 가득한 얼음을 수저로 떠서 드셨다. 히말라야 산이 떠올랐다. 뜨거운 고통을 식히려면 눈 덮인 흰 산을 자주 보면서 살아야겠다는 생각이 들었다. 아버지께 하얗게 눈 덮인 히말라야의 아름다움을 말씀드렸더니 그곳에 가고 싶다고 하셨다. 몸 안에 타는 불꽃이 있는데 그 불길이 점점 치솟고 뜨거워지니 계속해서 히말라야 얘기를 해달라고 하셨다. 높이는 얼마나 되며 하늘색은 어떻고 바람과 공기의 향기는 어떠냐고 물으시더니 이내 잠이 드셨다. 아마도 히말라야 산을 보러 떠나셨는가 보았다.

하루가 다르게 고통이 더 심해져가는 아버지를 바라보기 힘들어 "주사라도 맞으실래요?" 하고 물었으나, 아버지는 "태어날 때 힘들다고 누가 내게 진통제를 주었더냐? 되돌아가는 길이 오던 길과 무엇이 다르다고 주사를 맞아. 어서 얼음국이나 가져오너라" 하셨다. 매일 심하게 조여오는 고통을 통째로 껴안고 견디는 아버지를 바라보며 아버지도 나의 스승이셨구나 하며 머리를 조아렸다.

다음날 아버지가 꿈을 꾸셨단다. 꿈속에서 누군가 이름을 크게 부르는데 그 소리가 하늘에서 들리기에 쳐다보니 꽃잎이 마치 눈 내리듯 황홀하게 쏟아졌다고 했다. 그 말씀을 듣던 어머니가 서두르셨다. 잠시 후 "얘들아, 아버지 사진이 하나도 없구나. 아마 전부 다 태우신 모양이다. 장례에 쓸 사진 한 장이 없으니" 하셨다. 아버지가 눈을 살며시 뜨고 깨어나자 동생이 사진을 어디에 두셨냐고 물었다.

"사진은 뭐하게? 내가 죽으면 형체가 없어지는데 사진은 남아서 뭐하냐? 아무한테도 내 뒷일 맡기고 싶지 않아 다 태웠다. 그래도 설령 보고 싶거든 눈을 감고 나를 찾거라. 내 너희에게 찾아가마. 나는 너희의 속눈썹과 눈꺼풀 사이에 있으련다."

그날 밤 아버지는 가장 큰 소리로 고통을 털어내셨다. 진통제를 권

하자 그것을 벽에 내동댕이쳤다. 다음날 아침 얼음국을 드리니 그것마저 거절하고, "5년 후에 니들 엄마 데리고 갈 테니 그동안 잘하고 있거라" 하셨다. 감은 눈이 마치 무엇인가를 바라보고 계신 듯했다. 그러고는 잠시 눈을 떴다가 이내 눈을 감으셨다. 누워 계신 그 모습이 편안해 보였다. 육체와 영혼의 분리 작업을 마지막으로 할 일을 모두 끝마치신 듯 평화롭고 고요했으며 입가에는 미소마저 흘렀다. 그리고 "땅은 이런 날을 위해서 사야 한다"며 자랑하시던 그 땅으로 가셨다.

37. 화려한 유배지, 이탈리아

한국에서 출산하길 바라는 어머니와 이탈리아에서 출산을 원하는 시어머니, 국적이 다른 두 어머니 사이에서 출산을 놓고 갈등하다가 무엇인가 미래를 내다보며 판단을 내려야겠다는 생각이 들었다. 세상엔 무슨 일이 생길지 모르니 미리미리 준비해서 대처해야 한다고 하신 아버지의 말씀이 기억났다. 무슨 일이든 올 것은 오게 되어 있으니 말이다. 비록 지금은 느끼지 못하지만 장차 있을지 모를 문화적 갈등을 피할 만한 곳이 어디인지 그곳을 찾아 아이를 낳고 싶었다.

마음속에는 오래전부터 인연이 있던 멕시코를 떠올리고 있었다. 당장은 아니더라도 훗날 정착해서 산다면 그곳은 멕시코라는 데 우리는 의견이 일치했고, 그래서 함께 멕시코로 향했다. 하지만 그 다음부터는 나와 산드로 사이에 의견이 엇갈리고 있었다. 산드로는 대도시에서는 못 산다고 했고, 나는 도시에서 살고 싶다고 했다. 시바와 파르바띠의 조각상을 만들어가는 수업이 앞으로도 만만치 않겠다는 느낌이 들었다. 일단 멕시코시티를 벗어나 산드로가 찾아간 곳은 치아파스였다.

"산드로, 여긴 정말로 아름다워. 그런데 훗날 고국에 한 번씩이라도 다녀오려면 멕시코시티까지 무려 스무 시간 넘게 가야 해. 늘 항공편을 이용할 수도 없을 테고. 그리고 사람들을 자세히 관찰해 봐. 남자들이 술을 너무 많이 마시지 않니? 이곳은 아닌 것 같아."

조금 있으면 임신 9개월로 접어들 무렵이라 시간이 귀했다. 그날 밤 우리는 멕시코시티와 불과 한 시간 거리인 테포스트란으로 향했다.

"산드로, 여기도 정말 아름답다. 그런데 좀 칙칙하고 어둡지 않아? 저기 봐, 저 산들. 자세히 느껴봐. 무엇인가를 막고 있어. 햇빛은 있으나 습기가 많아. 에너지가 자유롭게 흐르지 않는 것 같아. 버섯이나 곰팡이가 번식하기 딱 좋을 것 같지 않아? 그리고 습기가 많은데 물이 귀하다는 것도 이상하잖아. 물이 흐르지 않고 스며든다는 얘긴데, 씨앗이 뿌리를 내리기도 전에 땅 속에서 지쳐버릴 테니 여기도 아닌 것 같아."

산드로는 한참 동안 말없이 나를 쳐다보고 있었다.

"지아, 똑똑한 것이니 까다로운 것이니?"

"한국말로는 유별나다고 하고, 고상하게 말하면 지혜롭다고 하지. 하하하."

차는 다시 고속도로를 달렸고, 이번에 찾아간 곳은 오아하카였다. 만약 거기도 싫으면 한국으로 돌아가겠다고 했지만, 다행히도 오아하카의 하늘이 더할 나위 없이 마음에 들었다. 어린 시절 도화지에 칠하던 그 하늘색 위에 구름이 뭉게뭉게 떠 있었다. 혼잣말로 '마음이 열리는 그런 하늘이야' 하고 속삭였다. 햇살도 감미롭고 사랑스러웠다. 멕시코시티에서도 다섯 시간 거리밖에 되지 않았다. 우리가 묵은 곳은 푸른 잔디밭이 딸려 있는 집의 별채였다. 집주인 루이스에게 얼마 전 아버지가 돌아가셨다고 하니, 지아의 아버지가 우리를 오아하카로 인도하셨고 이곳에 함께하실 거라며 위로해 주었다. 나는 그 말을 믿었다.

어머니가 아버지 49제를 마치고 해산을 도우러 오셨고, 이탈리아에서도 시부모님이 와서 함께 출산을 지켜보셨다. 딸을 낳았고, 이름은 아루나로 정했다. 오아하카의 눈부신 아침 하늘을 바라보며 병원에 가던 중 차 안에서 들은 음악에서 따온 이름이었다. 그 곡은 크리슈나 다스의 굵고 깊은 음성에 실려 "아루나찰라 시바 나마 시바" 하고 이어지는 시바 신 찬양곡이었다. '아루나찰라'라고 하면 인도 남부의 시바 신을 모시는 신성한 산의 이름이 되고, '아루나'라고만 하면 '떠오르는 태양'을 의미했다. 우리는 아이의 탯줄을 땅에 묻고 작은 나무를 심으며 아루나의 탄생을 감사했다. 아루나는 한국, 이탈리아, 스페인, 인도를 방문하면서 인사를 다녀야 했다.

그 후 '인도이야기' 사업이 번창하면서 나는 한국에 자주 드나들게 되었다. 수많은 인도 액세서리와 소품 중에서도 '지아 팔찌'가 엄청나게 판매되었다. 그것은 내가 직접 여러 색깔의 반짝이 가루를 혼합해서 만든 팔찌였다. 방송국 협찬에도 많이 들어갔고,《동아일보》

에 "돈, 명예, 나는 나. 하고 싶은 일 한다"라는 제목으로 기사가 나가기도 했다. 월간 잡지들에서도 기사로 다루어졌고 인터뷰 요청도 이어졌다. 그 여파로 내게 원고를 청탁하는 사람도 생겼고, 춤에 대한 특강과 공연을 하자는 제안도 들어왔다.

춤을 다시 하지 않겠느냐는 유혹은 사실 나를 설레게 하기에 충분한 것이었다. 어느덧 '인도이야기' 사업은 내팽개친 채 여기저기 다니는 모습을 어머니가 가만히 지켜보더니 어느 날 나를 부르셨다. 안방에 들어가는데 기분이 이상했다. 어머니께서 차분하게 한마디를 하셨다.

"이제는 때가 되었구나."

"그렇지요, 어머니? 이제 때가 되었나 봐요. 아직 결정을 못하고 있었는데, 어머니 말씀을 들으니 한국에서 무용 공연을 해야 할 것 같아요."

어머니는 내 눈을 고요히 바라보시며 다시 한 번 "정말로 때가 되었어" 하시는데 그 음성이 피부에 이상하게 와 닿았다.

"어머니, 무슨 때를 말씀하시는 건가요?"

"네가 떠날 때가 되었다는 말이다. 곧 짐을 챙겨 이 땅을 떠나거라. 여자가 결혼을 하면 남편을 따라 시부모 모시며 사는 것이 우리의 전통적인 삶이지. 세상이 달라져 너까지 국제 결혼을 하게 되었다고 네가 하고 싶은 일에만 매달려 정신없어하는 것을 차마 볼 수가 없구나." 어머니의 음성은 차갑고 냉정했다. "춤을 배우고 싶어서 일찍이 유학을 떠났고, 무용가가 되어 이 나라 저 나라 다니며 학생들을 가르쳤고, 공연을 해서 갈채도 받았지. 그런 욕구가 다 채워지자 다른 걸 하고 싶어서 결혼을 한 게 아니었더냐?"

"어머니, 하지만 한국에서는 그 뜻을 이루지 못했어요. 언젠가 멕시코로 워크숍하러 떠날 때 저에게 주신 편지를 지금도 잊지 않고 있어요. 제가 한국에서 워크숍을 하거나 가르치게 되면, 첫 번째 제자가 되고 싶다고 하셨잖아요. 이제 와 저더러 이 땅을 떠나라니요? 저는 그렇게 못해요. 공연을 하겠습니다."

"해본 걸 자꾸 해보고 싶어 하고 반복하는 것을 지혜롭다고 하지 않는다. 네 이름이 무엇이냐? 지혜롭고 아름답다 하여 신지연으로 개명을 해주었다. 네 이름을 마음속 깊이 새기거라. 더구나 어린 아루나를 뒷전에 두고 무대로 나가는 것은 옳지 않다. 다른 사람들이 어떻게 선택을 하고 살든지 그것과 상관없이 내 딸은 그런 선택을 하지 않길 바란다. 아이에 남편까지 뒷전에 놔두고 채워지지 않는 갈증을 채우려고 하는 건 너답지 않다. 여자에게는 아내와 어머니의 길이 먼저다. 어머니가 되는 길에는 내가 선배야. 훌륭한 어머니로서 성공하는 것도 세상에 떠도는 명성이나 갈채보다 더 큰 것이라는 걸 알 때가 올 거다. 여기 비행기 표를 사두었으니 떠나기 전에 준비할 것이 있으면 서두르도록 해라. 사흘 후에 떠나는 비행기 일정이구나."

어머니는 차갑게 등을 보이고 나가셨다. 나는 짐승처럼 울부짖으며 거리로 뛰쳐나갔다. 사람들 사이를 미친 듯 헤집고 다녔다. 눈물이 멈추지 않았다. 춤을 하기 전이나 지금이나 성숙하지 못한 모습이 남아 있는 게 견디기 어려웠다. 저녁때까지 그렇게 거리를 걷다가 지쳐 종로의 한 분식집에 들어섰다.

떡국을 시켰다. 손님이라고는 나 혼자였고, 약간 높은 선반 위에는 텔레비전이 켜져 있었다. 파 냄새와 참기름 냄새가 어우러진, 김이 모락모락 피어오르는 국그릇에 눈물이 계속 떨어졌다. 그때 "네가 아니면 안 된다는 것은 욕심이니라!"라며 누군가 큰소리로 꾸짖는 소리가 들렸다. 깜짝 놀라 수저를 놓고 두리번거리니 텔레비전에서 나는 소리였다. 화면에서 스님 한 분이 그렇게 말씀하고 계셨는데, 가만히 보니 〈태조 왕건〉이라는 드라마였고 그 스님은 무학대사였다. "내가 아니면 안 된다"는 것이 욕심이라니, 무학대사가 나를 꾸짖고 있다는 생각이 들었다. 더 이상 떡국을 먹을 수 없었다.

다음날 새벽 북한산의 사찰을 찾았다. 어머니의 말씀과 무학대사의 말씀을 번갈아 새기며 걸었다. '마하라지의 제자로 내가 이 일을 하지 않는다고 해도 그 누군가 하겠지. 내가 아니면 안 된다는 생각, 그게 욕심이야.' 사찰의 큰 문 앞에 섰는데 눈물이 계속 흘렀다. 발길을 돌려 근처 개울에 몸을 담갔다. 차가워 아찔한 순간, 눈물이 그쳤다. 내 몸에서 뜨거운 김이 솟아났고 온몸에서 물이 뚝뚝 떨어졌다. 그렇게 온몸으로 눈물을 내보내고 돌아와 짐을 챙겼다.

가족들의 대환영을 받으며 시댁에 도착했다. 언어와 문화의 차이를 느끼며 불편하지만 조금씩 적응을 해나가고 있었는데, 한 달쯤 되었을 무렵 아루나의 말투에서 악센트가 변하고 있는 것이 느껴졌다. 아루나한테서 한국말 억양이 사라지는 것이 서운하고 안타까웠다. 억양만이 아니었다. 집에서 신발을 벗고 지내는 게 버릇이 된 아루나가 남의 집에 가서도 신발을 벗었는데 사람들이 그것을 이상하게 바라보았다. 시어머니가 민망해하며 서둘러 신발을 신기자 아이는 신발을 내던졌다. 또 내가 아이에게 밥을 주면 시어머니는 밥보다 파스타를 먹으라고 아이에게 권하기도 했다.

이런 일들이 계속되면서 나와 시어머니 사이에 조금씩 간격이 생기기 시작했고, 그것은 내 가슴을 짓누르는 커다란 짐이 되었다. 모든 것을 이탈리아 문화에 맞추어야 한다는 것이 힘들었지만 무엇을 어떻게 해야 할지 답이 보이지 않았다. 거기에 나 역시 한국말을 할 기회가 없다 보니 언어 능력이 점점 퇴화되어 가는 느낌이었다.

길에 나가도 몇몇 노인들만 보일 뿐 사람들이 거의 없었다. 오후 2시부터 4시까지는 점심 시간이라 문이 닫혀 있고, 저녁 7시면 모든 상점이 일제히 문을 닫아 그나마 불빛조차 사라졌다. 여기저기 집들은 많은데 사람이 없었다. 그러다 보니 유일한 즐거움은 시어머니의 요리뿐이었다. 이탈리아 음식이 발달한 이유가 모두 집안에서만 지내기 때문이 아닌가 생각될 정도였다. 그렇게 몇 달이 지나니 숨이 막혀오기 시작했다. 밤이면 샤워를 하면서 울었다. "이곳은 나의 유배지야" 하면서.

그 와중에 짐을 정리하러 인도에 가야 했다. 그런데 생각지도 못한 일이 벌어졌다. 시어머니가 가지 못하게 막은 것이다. 아루나가 너무 어려 여행이 무리가 될 거라는 이유였다. 그 일은 나를 심각한 고통으로 몰아넣었다. 누군가 나를 막는다고 생각하니 더 가고 싶었다. 내게 인도는 소중한 곳이고, 더군다나 내 짐을 다른 사람이 정리하도록 맡길 수 없었다. 어머니의 반대는 점점 심해졌고 나는 저항할 수밖에 없었다.

시어머니는 그렇다면 병원에서 각종 예방 주사를 맞고 검진을 받은 후 의사가 허락하면 보내주겠다고 했다. 내 의지가 아니라 의사의 말을 따라야 하는 이유를 납득할 수 없었고, 왜 시어머니가 사적인 내 삶에 관여하는지 알 수 없었다. 산드로의 권유로 억지로 검사를 받았는데, 간의 수치가 너무 높아 위험하다며 당장 병원에 입원하라고 했다. 꼼짝없이 병실에 갇혔고, 팔에는 링거가 꽂혔다. 링거 주사액이 내 혈관에 들어가는 순간 눈물이 흐르더니 점점 울분으로 바뀌었다. 언제 어디서 습득했는지 나는 이탈리아 말로 나를 병실에 계속 가둬두면 국제 소송을 걸 거라며 당장 주사기를 뽑으라고 했다. 결국 의사는 인도에서 돌아오면 꼭 건강 체크를 받는다는 조건으로 나를 집에 보내주었다.

그러나 시어머니는 아루나가 자기 손녀이기 때문에 관여할 이유가 있다면서 여전히 인도 여행을 반대했다. 슬픔은 점점 깊어졌고, 눈물은 강이 되어 흘렀다. 며칠 후 경찰들이 집에 들이닥쳤다. 이곳을 지날 때마다 여인의 흐느낌 소리가 들려 조사를 나왔다고 했다. 그리고 며칠 후 인도행 티켓이 내 손에 쥐어졌다.

깨끗하고 세련된 그리고 고풍스러운 이탈리아가 아니라 냄새나고 더럽고 산만하고 시끄럽고 복잡한 인도가 내겐 완벽한 삶이 있는 곳처럼 느껴졌다. 그러나 인도는 내게 정리해야 할 삶이었다. 짐을 정리하는 내내 친정을 떠나는 느낌이었다. 소중했던 순간들의 기억이 나를 떠나지 않길 바라며 하누만 사원에 갔다. 나는 하누만의 눈동자를 바라볼 수 없을 정도로 심하게 떨고 있었다. 돈을 수북이 하누만 상 아래에 놔두고 얼른 사원을 떠났다.

이탈리아로 돌아온 뒤 나는 약속대로 병원에 가서 검사를 받았다. 지극히 정상이라는 결과가 나오자 의사가 깜짝 놀랐다. 웃으며 병원을 나서는데, "인도는 나에게 매직과 같은 곳이야" 하는 말이 나도 모르게 새어나왔다.

38. 명품 옷을 입은 과일 장수

"지아, 지아!" 산드로가 급하게 올라오며 나를 찾았다. "지아, 시장에서 누가 자리를 내놓았는데 자동차랑 함께 아주 좋은 가격에 나왔어. 우리, 시장에서 장사 해볼까? 치즈랑 햄을 판매하는데 아주 수입이 좋대."

"햄? 그런 일은 안 하고 싶어. 우리가 힘들어도 좋아서 하는 일을 해야 보람 있지. 직업에 귀하고 천한 것은 없지만 일하면서 웃음이 나는 일을 해야 하잖아. 나는 시장에서 과일을 보면 미소가 지어져도 햄을 보며 미소를 지은 적은 없으니까."

이런 대화가 있은 지 며칠 후 다시 산드로가 말했다.

"지아, 이제 정말로 우리에게 맞는 직업을 찾았어. 너도 좋아서 매일 웃으며 할 수 있는 일이야."

"그게 뭔데?"

"네가 지난번 그랬잖아. 너를 미소 짓게 하는 게 과일이라고. 이번에 나온 가게는 채소와 과일을 파는 노점이야. 당장 시작할 수 있대."

산드로는 자기가 새벽부터 밤까지 일할 수 있다고 했다. 그곳 노점은 좀 특이했다. 노점별로 정해진 장소가 있고, 관청의 허가를 받은 뒤 돈을 주고 노점용 자동차와 자리를 인수받을 수 있었다. 완전히 프로 수준의 노점이랄까? 그 가격도 수천만 원에서 억대에 이를 정도로 비쌌다. 냉장냉동고, 오븐을 비롯한 최신 주방용품과 햇빛 차단막까지 차에 구비되어 있고, 그 모든 것을 리모컨으로 작동할 수 있었다. 진열장도 앞뒤로 조절할 수 있었다.

일하는 시간은 아침 8시부터 오후 2시까지로 정해져 있고, 그 뒤엔 청소차가 자리를 깨끗하게 치워 그 시각 이후에는 언제 시장이 열렸나 싶게 다른 모습이 되었다. 그것은 다른 가게들도 마찬가지여서 커피나 술을 파는 카페만 빼고 모든 상점은 정해진 시간에 열고 점심 시간 두 시간을 쉬며 저녁때면 똑같은 시각에 문을 닫았다. 또 여름과 겨울에 보름씩 정기 휴가를 가졌다. 산드로가 한국에 왔을 때 한국인은 일만 하는 민족이라고 했던 말이 이해가 되었다.

우리는 그 일을 하기로 했다. 우리에게 노점을 넘겨준 사람이 한 달 동안 새벽 시장도 함께 가주고 단골손님들과 인사도 시켜주기로 했다. 첫날, 신이 나서 일을 한 산드로가 돌아온 시간은 오후 3시였다. 산드로가 식탁에 돈을 올려놓으며 세어보라고 했다. 300만 원에 가까웠다. 순간 이탈리아 사람들이 먹는 것을 참 좋아한다는 생각을 했다. 그 많은 과일과 채소를 하루도 안 돼 거의 다 팔았으니 말이다.

한 달 후 산드로는 혼자 일하기엔 너무 바쁘다며 나에게 도와달라

고 했다. 나는 언어 소통이 잘 안 돼 겁이 났으나 돕지 않을 수 없었
다. 앞치마를 입고 앉아 일단 과일과 채소의 이름부터 익혔다. 줄을
서서 물건을 구입하는 사람들로 정신이 없고 말을 다 알아듣지 못해
식은땀이 줄줄 흘렀지만 일일이 산드로에게 물어볼 경황이 없었다.
덕분에 언어 실력은 급속하게 늘었다. 몇 달 후 손님과 농담을 주고
받는 나를 발견할 정도였다.

리듬에 맞춰 춤을 추던 성스런 나의 모습은 어디로 가고 손가락은
채소 물이 들어 까맣게 변해갔다. 리듬이라고는 "250그램, 500그램,
1킬로그램, 3킬로그램, 어떻게 드릴까요?" 하는 말 속에 묻어날 뿐이
었고, 돈을 받으며 10유로, 20유로, 50유로, 100유로 하며 돈의 박자
를 느끼는 것이 다였다. 어느 순간부터는 내 손이 마치 저울처럼 정
확하게 그램 수를 잡아내는 것을 보고 스스로 놀라기도 했다.

일을 마치고 주변을 정리하다가 예쁜 방울토마토가 떨어져 있으
면 그것을 얼른 주워 하늘 높이 치켜들며 혼잣말을 하곤 했다. "이곳
이 어디라고 혼자 떨어져 있는 거야? 지나는 사람에게 밟혀 터지기
라도 하면 어쩌려고. 먼지 속을 굴러다니다가 혼자서 외롭게 말라버
리면 어쩌려고. 예쁘고 반짝이는 토마토야, 너는 나와 하나가 되자꾸
나. 너는 내 몸 속에 들어가 네 최선을 다해라. 너의 아름다운 에너지
가 나와 함께해 우리 지금보다도 더 자유롭길 갈망하자꾸나."

레스토랑에서도 채소와 과일 주문이 많아 가까운 곳은 카트에 실
어 배달을 가곤 했다. 레스토랑 주방이 얼마나 청결한지 내가 신고
있는 신발이 미안할 정도였다. 어느 겨울날 눈 녹은 길을 지나 배달

을 갔다 오는데, 길 한쪽으로 옅은 밤색, 노란색, 오렌지색 들이 눈에 들어왔다. 니트였는데, 카트를 끌며 볼 수 있을 정도로 매장의 낮은 자리에 진열되어 있었다. 눈이 내려 싸늘하고 축축한 날 그 화려한 색깔들은 나를 유혹하고도 남았다.

두 번 생각하지도 않고 카트를 세워둔 채 안으로 들어섰다. 몇 발자국 안으로 걸어가는데 직원들이 하던 일을 멈추고 놀란 눈으로 나를 쳐다보았다. 깨끗한 매장 바닥에 발자국이 크게 나 있었다. 거기에 냉기로 얼굴이 빨개진 동양 여자가 검은 잠바에 앞치마를 두르고 들어섰으니 놀라고도 남을 만했다. 그때서야 정신을 차리고 둘러보니 그곳은 예사로운 상점이 아니었다. 내 발자국이 선명하게 찍혀 있는 곳은 대리석 바닥이었고, 2층으로 올라가는 계단은 고풍스럽게 나무 조각이 되어 있었다. 옷들도 모두 고급스러웠다.

나는 몇 발자국 더 걷다가 멈춰 서고 말았다. 움직이는 대로 발자국이 찍혀서 더 움직이기가 민망했다. 손가락으로 밖에서 본 니트를 가리키며 한마디 물었을 뿐이다. "저 니트, 얼마나 하나요?" 한 여직원이 나를 아래위로 훑어보며 가격을 말해주었다. 돈의 개념이 잘 서지 않았으나 시장에서 주고받는 단위가 아니었다. "저걸 제가 구입하길 원합니다. 그러나 오늘은 돈이 준비되지 않았어요. 다음 주 장이 열리면 반드시 구입할 테니 다른 사람에게 팔지 말아주세요."

모두 아무 말 없이 나를 가만히 바라보기만 했다. 문을 열고 나오면서 한 번 더 부탁했다. "저 옷은 제가 구입할 거예요. 부탁입니다. 보관해 주세요." 역시 아무도 대답하지 않았다. 밖에 나와 다시 카트를 잡고 가던 길을 가는데 나를 쳐다보는 눈길이 뜨거웠다.

배달을 마치고 가게에 돌아와 산드로에게 말했다.

"산드로, 밀감이 빠졌더라고."

"뭐? 밀감이? 가장 좋은 걸로 2킬로그램을 제일 먼저 담았는데."

"실수했나봐. 추우니 그럴 수도 있지. 다시 담아줄래?"

고개를 갸우뚱하며 다시 밀감을 담은 봉투를 건네주었다. 나는 그것을 들고 쏜살같이 아까 그 상점으로 달려갔다. 문을 열고 들여다보니 내 발자국이 깨끗하게 치워져 있었다. 들어서지 않고 밀감 봉투만 건네며 말했다. "저는 저 아래에서 과일 장사를 하는데 정말 맛있는 밀감이에요. 저 니트는 제가 구입할 것이니 기억해 주세요. 다음 주에 들를게요." 봉투를 받는 여직원에게 나는 황금 같은 미소를 던지며 문을 닫았다.

얼마 후 나는 일을 하는 중간중간 검은 잠바 속을 들춰보곤 했다. 산드로가 왜 그러는지 궁금해 했다.

"나만의 비밀인데? 궁금해, 내 비밀이?"

잠시 일이 한가할 때 산드로가 내 검은 잠바 속을 들추어보더니 "니트, 정말 예쁘구나" 했다.

"그렇지? 시장 손님들이 까다롭고 힘들게 하면 이렇게 이 원색의 니트를 바라보며 나 혼자 즐기는 거야."

그 후 주말에 산드로가 옷장에서 청바지를 꺼내 입으면서 물었다.

"지아, 이 청바지 네가 산 거야? 무슨 천인데 이렇게 부드럽냐? 이거 청바지 맞아?"

"그렇지? 아주 부드럽고 몸에 닿는 기분이 다르지? 내 손이 옷감을 만질 줄 알거든. 그래서 구입한 거야."

그가 고개를 갸우뚱하며 상표를 확인하더니 깜짝 놀라서 물었다.

"지아, 너 이 옷 어디서 산 거야?"

"목요일에 배달 가는 길에 있는 상점에서."

"뭐? 너 그 상점이 어떤 상점인 줄이나 알고 들어간 거야?"

산드로는 내 니트도 뒤집어보더니 또 한 번 깜짝 놀랐다. 내 니트는 베르사체 제품이고 자기 청바지는 아르마니 것이라고 했다. 이른바 명품 옷들이었다. 산드로는 화를 내지 않았다. 그저 기가 막힌다는 듯 쳐다보며 다시는 그곳에 가지 말라고 했을 뿐이었다. 하지만 그 후에도 나는 레스토랑 주방을 더럽히지 않으려고 챙겨 간 걸레로 발을 닦고 작업복을 입은 채 가끔 그곳에 들르곤 했다. 보는 것만으로도 즐거웠다. 상점 직원들은 그런 나에게 익숙해졌으나 손님들은 몰래 훔쳐보곤 했다.

어느 날 나이가 지긋하고 점잖아 보이는 분이 그곳 소파에서 커피를 마시면서 나를 유심히 바라보는 것이 느껴졌다. 직원을 불러 얘기를 나누는 걸 보니 상점 주인인 것 같았다. 그분이 일어나더니 매장에서 옷을 몇 벌 가져와 내게 입어보라고 권했다. "구입하라는 건 아니고, 손님이 이 옷을 입은 모습을 한번 보고 싶습니다."

망설이다가 탈의실에 가서 갈아입었다. 거울 속 내가 다른 사람이 되어 있었다. 옅은 회색과 짙은 청색이 섞인 블라우스에 실크로 된 바지였다. 탈의실을 나오니 그분이 놀라며 "내 짐작이 맞았군. 이 옷이 잘 어울릴 것이라고 하지 않았소? 거울을 보시오, 당신 모습을."

거울 속 내 모습이 옷의 색감 때문인지 귀한 느낌이 묻어났다. 직원을 시켜 가져온 롱코트를 그 위에 걸치니 거울에 비친 내가 누구인지 알아보기 어려울 정도였다. 나는 얼른 벗으며 "저는 이렇게 큰 돈이 없습니다" 하고 그곳을 나왔다.

채소 물이 들어 까만 손가락을 바라보는데 좀 전에 본 옷의 청색 느낌이 살아났다. 그 청색은 히말라야의 호수 물과 같은 색이었다. 얼마 뒤 80퍼센트 세일 광고지가 붙어 있길래 들어가 그 옷을 구입하겠다고 하자 그분이 그 롱코트도 남아 있다며 건네주었다. 똑같은 세일 가격에 말이다. 나는 돌아와 산드로와 상의한 뒤 현찰 카드를 들고 가 지불하고 과일 바구니도 선물했다. 밤이 되어 곰곰이 생각해보니 뭔가 이상했다. 보통 80퍼센트의 세일 품목에는 내 몸에 맞는 사이즈가 남아 있지 않았던 것이 기억났기 때문이다.

다음날 형님네가 식사를 하러 왔는데 파울라가 나와 똑같은 외투를 입고 있었다. 그녀는 불쾌하게 자기 외투를 벗더니 시아버지에게 장애인 단체에 넘겨주라며 던졌다. 식사가 끝나고 나는 내 외투를 소중하게 걸쳐 입고 나가 자전거를 탔다. 남아 있는 사람들이 무슨 얘기를 나누는지 관심이 없었다. 긴 코트가 자전거로 다가오는 바람을 막아주니 그저 감사했다.

39. 자폐가 무엇입니까?

　어느새 내 배 속에서 둘째아이가 자라고 있었다. 시장에서 일하기가 힘들어졌고 하루에도 몇 덩어리씩 치즈를 먹어댔다. 배가 점점 불러오자 겁이 나기 시작했다. 첫째 낳을 때가 기억났다. 한국에 계신 어머니는 몸이 불편해 올 수 없다고 하셨다. 시어머니는 곁에서 도와달라는 나의 간청에도 불구하고 부활절 행사에 참석하기 위해 일주일이나 집을 비우게 되었다. 새벽에 진통이 시작되었고, 어느 순간 한 생명이 나보다도 더 크게 울며 내 품에 안겼다. 살결은 부드럽고 영혼에서는 향기가 나는 듯했다. 그렇게 태어나 나의 젖을 빨고 있는 그 영혼에게 우리는 '고빈다'라는 이름을 주었다.
　음악도 춤도 없이 시간을 견디는 것이 갈수록 힘들어 나는 아루나만이라도 발레 수업을 받게 하고 피아노 레슨도 시켰다. 엄마인 내가 해줄 수 없는 것을 그런 음악과 춤에서라도 얻고 교감하길 바랐다. 성격이 밝은 아루나는 뭐든 적극적이었다. 음악 선생님으로부터 모차르트의 피아노곡이 담긴 시디를 선물받아 운전하고 다닐 때마다 아이들과 함께 들었다. 귀에 익숙하지 않아 처음에는 별 감흥이 없던 클래식 선율이 점점 아름답게 들려왔다. 그래서 산드로에게 다양한 클래식 음악을 시디에 담아달라고 부탁했다. 여전히 나는 유배 생활이 언제 끝날지, 원하지 않는 공간에 얼마나 더 있어야 할지 몰라 힘들어하고 있었다. 그렇다고 인도로 되돌아가고 싶다는 생각은 하지 않았다. 무엇인가 앞에서 나를 기다리고 있을 것 같았고, 이 터널 속 과도 같은 시간이 어서 지나기만 바랐다.

어느 날, 그때도 클래식 음악을 들으며 운전하고 있을 때였다. 예술가들의 높고 자유로운 영혼을 이해하려고 귀를 기울이며 차를 몰고 있는데 한순간 앞의 신호등 불빛이 제대로 보이지 않았다. 눈이 흐려지고 내가 어딘가로 빨려 들어가는 느낌이었다. 차를 한쪽으로 세울 수밖에 없었다. 이게 무슨 일일까? 이 느낌은 대체 무얼까? 눈을 감고 음악에만 귀를 기울였다. 가슴이 두근거리고 강한 그리움이 일면서 나의 크라운 차크라가 흔들리고 있었다.

나중에 산드로에게 물었다.

"내게 준 시디에서 이 곡 좀 들어볼래? 이게 어느 음악가의 것이야?"

"세상에 그 음악가를 모르는 사람도 있니? 베토벤을 모른다니? 교향곡 9번이잖아. 나 피곤해서 쉬어야 하니 귀찮게 하지 마."

"베토벤……"

나도 그가 천재 음악가라는 것을 알고 청소년 때 그의 생애를 감명 깊게 읽기도 했지만, 그의 음악을 접한 건 그때가 처음이었다. 이렇게 내 심장을 크게 박동 치게 하는 그에게 존경스런 마음이 일었다. 그 후 3개월 동안 나는 매일 그 음악만 듣고 지냈다. 고빈다 역시 베토벤 음악이 나오면 선율에 맞추어 머리를 흔들어댔다.

그런데 그 고빈다가 자폐아라고 했다. 나는 믿어지지 않았고 인정할 수도 없었다.

"자폐가 무엇입니까? 고빈다가 눈을 맞추지 못하는 이유가 자폐 때문이라니요? 고빈다가 휴지를 뜯어서 갖고 논다고 자폐입니까? 고빈다가 머리를 벽에 박고 머리를 흔든다고 자폐입니까? 고빈다가 눈이 내린다며 밀가루를 사방에 뿌린다고 자폐입니까? 초콜릿을 가구에 바르고 혀로 핥는다고 자폐입니까? 말을 아직 못한다고 해서 자폐입니까? 대변을 벽에 문지른다고 자폐입니까? 사람들을 보면 피하고 나가라고 소리를 질러서 자폐입니까? 사람들이 만지고 쓰다듬으면 그 흔적을 털어낸다고 자폐입니까? 고빈다는 베토벤의 음악을 듣고 몸을 움직일 수 있는 아이입니다. 그런 애가 왜 자폐입니까?"

걷잡을 수 없는 슬픔에 나는 소리치고 울부짖었다. 그때부터는 마리아 칼라스와 세실리아 바르톨리 같은 성악가의 소리가 깊은 진동으로 울려왔고, 그들의 소프라노 음성에 나의 슬픔을 실어 보내곤 했다. 병원을 다니고 전문가 상담을 받았다. 의사가 바뀔 때마다 마치 법정에 선 죄인처럼 질문에 답을 해야 하는 것이 고문을 받는 것처럼 괴로웠다.

그 무렵 나는 아주 작은 한인 교회에 다니고 있었다. 교회에는 음악을 공부하러 온 유학생들이 많았다. 주일이 되면 돌아가며 점심을 준비했는데, 내 차례가 되었고 마침 고빈다의 생일이기도 했다. 시어머니께서 아주 푸짐하게 이탈리아 요리와 케이크를 만들어주셨다. 식사 시간, 고빈다가 케이크 앞에 앉아 있는데, 피아노 반주가 울리더니 성악을 전공하는 유학생들이 웅장한 소리로 생일 축하 노래를 부르기 시작했다. 가만히 귀 기울여 듣는 고빈다의 표정에 마치 전율이 흐르고 있는 듯했다. 내 피부가 떨리도록 감명 깊은 순간이었다.

그날 밤 고빈다는 처음으로 화장실 변기에 앉아 대변을 보고 스스로 휴지를 뜯어 뒤를 닦았다. 나는 깜짝 놀라 그 광경을 지켜보았다. 그 후로 대변을 벽에 바르는 일이 없어졌다. 바로 이것이구나 싶었다. 고빈다에게 필요한 것은 보통의 소리가 아닌 선별된 소리, 즉 음악이었다. 고빈다는 우리가 미처 느끼지 못하는 아름다움을 민감하게 알아차렸다. 고빈다에게는 섬세한 관심과 깊은 이해, 그리고 넉넉히 받아주는 사랑이 필요했다. 눈물을 흘린다고 해결될 일이 아니었다.

그해 연말에 멕시코에서 신년 카드가 왔다. 아루나를 낳고 심은 나무가 잘 자란다고 했다. 그 카드를 받는 순간 온몸에 전율이 일었다.

"산드로, 아루나의 나무가 잘 자라고 있대. 이게 무슨 뜻인 줄 알아? 이것은 메시지란 말이야!"

"메시지라니?"

"나무가 잘 자라는 곳으로 가자."

"떠나자고?"

"아니, 생각해 보자고. 우리가 집을 내놓고 1년 안에 팔리면 떠나는 것으로. 만약 안 팔리면 내가 이곳에서 제대로 정착해서 살아갈 방법을 찾을게."

"끌리긴 한데 왠지 두렵구나. 아이들이 둘이나 있고 그곳에 가면 무엇을 하고 살지?"

"산드로, 도박을 할 땐 너무나 많은 것을 생각하면 안 돼. 일단 도박을 하기로 했으면 잃는 것을 두려워해서는 안 돼. 그러니 1년 안에 집이 팔리면 가는 것이고, 안 팔리면 이곳에 계속 머무르는 거야. 이 내기를 할 건지 아닌지 그것이 알고 싶어. 떠난 후의 일은 그때 생각하자. 지금부터 생각할 필요 없어. 두려움만 없으면 돼. 도박을 할 때는 두려움은 절대 금물이야."

"좋아. 이 집이 팔리면 떠나자. 안 팔리면 이대로 사는 거고."

"산드로, 채소 장사하면서 하루에 다섯 시간 이상 잠을 잔 적이 없어. 그렇게 일을 해왔는데 우리가 무슨 노동을 못하겠어? 일단 마음을 편하게 갖자. 누구에게도 이 사실을 얘기해서는 안 돼. 당장 내일 복덕방에 집을 내놔. 이제 도박이 시작이다. 어떤 운명이 우리를 기다리는지 두고 보자고."

"좋아. 내일 집을 내놓자."

그리고 봄, 여름, 가을이 지났지만 누구 한 명 집을 보러 오는 사람이 없었다. 눈이 내리고 크리스마스를 맞는 나는 기운이 빠져 있었다. 운명을 받아들이고 이곳에서 어떻게 살아갈지 생각해야 했다. 크리스마스가 지나고 한 부부가 집을 보러 왔으나 부인이 별로 마음에 없어했다.

12월 30일 오후 6시에 전화가 왔다. 산드로였다. 복덕방에 있는데 빨리 오라는 것이었다. 자전거를 타고 가보니 며칠 전 집을 보러 온 부부가 흥정을 원하고 있었다. 가격을 깎아달라는 그들에게 내가 말했다.

"당신들은 이 집으로 이사를 오면 끝이지만, 우리는 이것을 팔고 이 땅을 떠나 연고도 없는 곳에 가게 돼요. 무엇을 해야 할지 정해진 것도 없이 가는 것이라 우리는 돈이 필요해요. 가격은 내릴 수 없으나, 원하시면 에어컨이며 텔레비전, 가구 등을 드리겠습니다. 그러니 돈은 깎지 말아주십시오."

동양 여자의 어설픈 이탈리아 발음이 한 자 한 자 사무실에 울렸다. 그들은 몇 번 더 흥정을 시도했으나 나는 물러서지 않았다. 이 집을 내놓은 것 자체가 내기였던 만큼 그들과 하는 게임에도 지고 싶지 않았다. 부부가 흔들림 없이 미소 짓고 있는 나를 가만 바라보더니 마침내 서류에 사인을 해주었다. 볼펜을 쥔 남자의 손이 서명을 끝내고 펜을 놓을 때까지 꼿꼿하게 바라본 뒤 산드로에게 말했다.

"나는 자전거를 타고 왔으니 먼저 갈게."

복덕방을 나와 자전거로 질주하면서 외쳤다. "나는 자유다! 이제 다시 멕시코로 가자!" 우리 아들의 미래를 위해서 그날 밤의 하늘엔 소프라노가 축제의 노래처럼 울렸고, 내게 출구를 내어준 그들의 높은 음성에 감사했다.

얼마 후, 나는 채소 물이 들어 까만 손가락을 만지며 조금 있으면 착륙하게 될 멕시코 땅을 내려다보고 있었다. 그날이 양력으로 2월

10일, 내 생일이었다. 멕시코 땅에 발을 디디는 것으로 생일을 자축하고 싶었다. 멕시코에 인연이 많다는 생각을 하는데 내 안에서 어떤 소리가 들려나왔다. "갓 블레스 유!"(God bless you!)

이탈리아를 떠나기 며칠 전 거리에서 만난 한 흑인이 있었다. 그는 수요일이면 장이 서는 도로 입구에서 다리를 약간 벌린 채 단단한 동상처럼 서 있곤 했다. 수요일만 되면 늘 그를 지나쳐야 하는데 왜 그러고 있는지 궁금했다. 구걸을 하는 것도 아니고, 사람들에게 무엇을 요구하는 것도 없었다. 그렇게 꼼짝 않고 서서 정면만 바라보고 있었다. 그날 나는 이것으로 그를 지나치는 것도 마지막이라는 생각에 마침내 그에게 다가갔다.

"나는 이제 이 땅을 떠나네. 그대 또한 자유를 얻기를 바라네" 하면서 100유로를 건네주었다. 그는 그것을 받더니 내 눈을 똑바로 쳐다보며 큰소리로 외쳤다. "갓 블레스 유!" 백인 사회에서 흑인이 그렇게 서 있는 것이 강한 메시지처럼 느껴졌다. 두 눈을 꼭 감고 그가 우렁찬 목소리로 던져준 그 문장을 떠올리는 순간 쿵 소리를 내며 비행기가 활주로에 내렸다.

밤에 도착해 아무것도 제대로 보이지는 않았으나 무질서하고 혼란한 가운데 사람들의 정겨운 목소리가 들렸다. 아, 얼마나 그리웠던 사람들의 목소리인가! 택시 기사의 수다스러움, 라디오에서 흐르는 격 없는 노랫소리, 교통 혼란마저도 정겨웠다. 예약된 호텔에서 아이들은 신나하고 산드로와 나는 둘 다 약간의 긴장감을 감출 수 없었다. 집을 나온 청소년들처럼 말이다.

오아하카를 향해 달리는 차창 밖을 유심히 바라보았다. 뜻밖에 나는 그곳 사람들의 피부색을 확인하고 있었다. 그들은 나보다도 약간 짙은 색을 갖고 있었다. 나도 모르게 안심이 되고 미소가 지어졌다. 사람들은 아무렇게나 편하게 옷을 입었고, 몸의 움직임에는 여유가 있었으며, 아무데서나 거리낌없이 먹고 마시고 웃고 떠들고 있었다. 자연스러운 그들의 모습을 바라보며 긴장감이 풀어졌다. '바로 이런 것들이 그리웠어.'

고빈다에게 '올라'('안녕'이라는 뜻)라는 스페인 어를 가르쳐주었다. 아이는 따라하지 않았으나 계속 차창 밖을 바라보며 어디론가 가고 있다는 걸 느끼고 있었다.

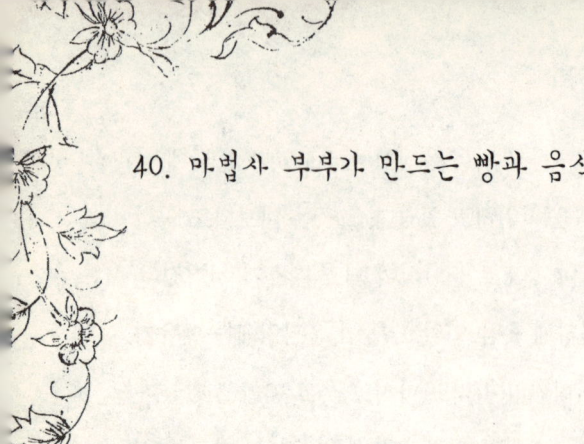

40. 마법사 부부가 만드는 빵과 음식

 빵 굽는 냄새가 밤새 진동을 하고 주변의 개들이 집 앞에서 향기로운 꿈속을 헤매는 듯한 새벽, 아프리카 음악에 이어 인도 음악이 들리면 산드로가 "지아, 새벽 네시야" 하고 나를 깨웠다.
 "응, 알고 있어."
 잠시 후 나는 물이 가득 담긴 양동이를 가지러 테라스에 나간다. 밤하늘의 별과 달 그리고 우주의 에너지를 받은 그 물로 샤워를 하기 위해서다. 밭일에 주방 일까지 힘든 노동을 벌써 5년째 하고 있었다. 고단한 몸으로 새벽부터 몸을 놀리기가 힘들어 생각해 낸 방법이 냉수 샤워였다. 냉수로 샤워를 하면 혈액 순환에도 좋지만 무엇보다 힘든 하루를 정신 똑바로 차리고 시작할 수 있었다.
 "오늘도 좋은 하루를 보낼 수 있도록 도와줘."
 양동이의 물을 바라보며 말했다. 오늘은 유기농 주말 시장에 나가는 날이라 서둘러야 했다. 일단 김밥용 밥을 퍼서 약간의 소금과 참

기름을 넣고 비빈 뒤 식혀두고, 전날 준비해 둔 버섯과 시금치, 양파, 당근 등 잡채에 들어갈 준비물을 모아 참기름과 해바라기씨, 호박씨, 참깨, 호두를 썰어 갓 삶은 당면에 함께 넣고 버무려 잡채를 완성했다. 김밥 역시 나만의 재료들을 넣어 만드는데, 김 위에 밥을 깔고 그 위에 자주색의 자메이카 꽃을 간장과 약간의 설탕을 넣고 졸인 것, 시금치, 당근 채썬 것, 버섯 다진 것, 콩깍지 졸임, 빨간 피망 무침, 보라색 양배추 볶은 것을 종류별로 수북이 올려 정성껏 손으로 말아서 완성한다.

마하라지 스승님을 모시며 정성껏 올렸던 인도 전통 차이도 끓여 보온병 일곱 개에 담았다. 양념장도 만들어 가는데 나는 그것을 '지아 소스'라고 불렀다. 고추장을 구할 수도 없고, 설령 구한다 해도 나는 무언가 새로운 것을 만들기를 즐겼다. 그래서 멕시코에서 나는 재료들과 섞어 독특한 양념장을 만들었다. 녹색 토마토를 삶아서 갈아 놓은 것에, 불에 살짝 구운 마른 고추와 함께 마늘과 간장, 약간의 소금과 후추, 설탕, 참깨를 믹서에 간 것을 섞었더니 한국의 초고추장 맛과 비슷하면서도 독특한 맛이 났고 사람들도 아주 좋아했다.

나는 바구니를 들고 마야라는 꽃을 따러 밖으로 나섰다. 이른 아침에 꽃을 따며 하늘을 바라보면 하늘색이 그렇게 싱그러울 수가 없었다. 이 꽃은 김밥 케이스 안에 예쁘게 장식이 될 것이다. 산드로는 빵과 피자, 파스타와 라쟈냐, 잡곡빵은 물론이고 초콜릿과 크림에 산딸기쨈을 뿌린 온갖 빵을 차 안에 넣고 마지막으로 빠진 것이 없나 점검을 하지만, 늘 무엇인가를 빠뜨려 한 시간 후면 가지고 나오라고

통보를 할 것이다.

어느덧 중학생이 된 딸 아루나 역시 등교 준비를 한다. 피자와 코르니또라는 세 가지 초콜릿이 들어 있는 빵을 찾으며 아빠가 미리 남겨두지 않고 모두 포장해 버렸다며 투덜거리고, 산드로는 차 안의 짐을 뒤져 간신히 찾아서 건네준다. 그제야 환하게 웃으며 빵을 먹고 아빠 차에 올라타는데, 우리 일을 도와주는 정원사 아저씨도 주말 시장을 거들려고 함께 차에 오른다. 커다란 음악소리와 함께 쾅 하고 문이 닫히고 너무나 많은 짐으로 터질 듯한 차가 움직이기 시작한다.

나는 떠오르는 태양을 바라보며 몇 시간 동안 경황없이 흘려놓은 흔적들을 치우기 시작한다. 설거지를 하고, 내가 제일 좋아하는 손빨래를 해서 널고, 곤히 자고 있는 아들을 위해 아침을 만들어놓고…… 비로소 차 한 잔 마시려고 하면 아니나 다를까 전화벨이 울린다. 단 하루도 어기지 않고 무언가를 빼먹는 산드로의 전화다. "지아, 나무젓가락이 모자라고, 종이 냅킨도 충분히 챙겨서 빨리 나와. 올 때는 주유소에 들러서 잔돈을 넉넉하게 바꿔 와."

유기농 시장은 소치밀코의 성당 안 커다란 공간에서 주말마다 서는 장이다. 우리가 이 유기농 시장에서 일을 한 지도 근 5년이 되어가고 있었다. 멕시코에 온 초기에는 정말로 막막하기만 했다. 처음에는 아루나를 낳을 때 묵던 작은 집에서 머물다가 주인네 사정으로 집을 옮겨야 했다. 전에 만난 적 있던 미쉘이라는 사람에게 도움을 청하러 갔는데, 전날 그 집에 큰 파티가 있었는지 술에 취해 자고 있던 사람 중 한 명이 일어나 "집을 구한다고? 내게 집이 있으니 함께 갑시다" 해서 아직도 술이 덜 깬 사람의 말만 듣고 망설이다가 따라가 집을 보게 되었다.

땅이 3만 평이 넘었는데 산에서 흐르는 물줄기와 연결된 인공 호수가 있고 어디 하나 막힌 데 없이 탁 트여 전망도 좋은 곳이었다. 해가 뜨고 지는 것을 동시에 볼 수 있는 꿈같은 공간이었다. 그는 오아하카의 큰 부자였고, 그곳이 자기 별장이라고 했다. 그러잖아도 5년 동안 캐나다에 나가 있을 계획이라 집을 잘 간수해 줄 사람을 찾던 참이었단다. 산드로는 너무 크고 비싸서 돌아서려 했으나, 나는 고빈다를 위해서나 매일 호수를 바라보는 게 어려서부터 꿈이었던 나 자신을 위해서 이 기회를 놓치고 싶지 않았다.

적절한 선에서 계약을 했고, 우리는 넓은 땅의 일부를 개간해 유기농 채소밭을 가꾸었다. 온갖 종류의 채소와 상추를 심었다. 특별한 계획이 있었던 것은 아니었다. 어느 날 친구가 놀러 왔다가 채소밭을 보고, 오아하카의 한 유명한 화가가 유기농 활성화를 위해 자기 땅에서 주말 유기농 시장을 여는데 그곳에 이것들을 가지고 나가 팔아보라고 권했다. 그 지역에는 포초테라는 나무가 많은데 큼직한 가시가 많아 손으로 만지기 어렵고, 하얀색과 핑크색이 섞인 꽃이 피고 나면 씨앗을 감싸고 솜이 달리는 특이한 나무였다. 그 나무 이름을 따 포초테 유기농 시장이라고 불렀는데, 우리는 그곳 대표를 찾아가 장사를 하고 싶다고 부탁했다.

"유기농으로 무엇을 판매하실 건데요?"

"상추와 과자요."

우리는 아무 계획 없이 과자를 만들겠다고 했다. 혹시 상추만으로 허락이 안 나면 어쩌나 해서였다. 서류를 확인하고 곧 허락을 받게 되었는데 집에서 키우는 상추는 문제가 없으나 과자를 무슨 수로 만들지 걱정이 되었다. 순간 미국의 텍사스 농가에서 먹은 브라우니가 떠올랐다. 요리책을 뒤져 만들어보았으나 그 맛이 아니었다. 두 달 동안 매일 재료의 양과 비례를 바꿔가며 원하는 맛을 찾아갔으나 좀처럼 그 맛이 나지 않았다. 어느 날 차를 타고 이동하는데 산 위로 석양이 몹시 아름다웠다. 우리는 잠시 차를 멈추고 석양을 바라보았다.

'석양님, 아름다운 석양님. 당신은 혹시 브라우니를 만들 수 있나요? 제가 그 맛을 꼭 재현하고 싶은데 어찌해야 하나요?'

순간 "지아, 브라우니 만드는 비법을 알려주면 자네는 무엇을 내게 보여줄 것인가?" 하는 소리가 들리는 듯했다. 침묵 속에서 내가 대답했다. "개인적으로는 카일라스와 마나사로바에 도달할 수 있도록 노력하겠습니다. 또 자폐 아동을 위해 무엇이라도 도움되는 일을 하겠습니다." 지는 석양을 바라보며 나는 양손을 포갰다.

다음날 수십 년 동안 케이크와 빵을 만들어온 엘레나 어머니의 도움으로 나는 특별한 비법을 전수받을 수 있었다. 그것은 뜻밖의 일이었다. 엘레나의 어머니는 그 비법을 가족들에게도 말하지 않았다고 했다. 그 중에는 브라우니 만드는 법도 있었다. 그 뒤로 석양을 바라볼 때면 나는 양손을 포개 잡은 채 그날 한 약속을 지키겠다고 침묵으로 다짐했다.

포초테 유기농 시장에 내놓은 브라우니는, 그 당시 물가로 빵 하나가 백 원이라면 그보다 열 배나 비싼 천 원을 받았다. 최상급 재료여서 가격이 높을 수밖에 없었다. 브라우니만이 아니라 이탈리아에서 시어머니께 배운 것들도 만들어 내놓기 시작했다. 처음 몇 주는 커다란 브라우니를 과자 판째 들고 가서 시식도 하게 하고 집에도 가져가게 했다. 가격이 비쌌지만 그들은 곧 내 브라우니 맛에 폭 빠지고 말았다.

나중에는 산드로가 피자를 만들어 유기농 시장에서 팔았다. 산드로 역시 새로운 피자를 만들어냈는데, 커다란 신발 모양에 토마토소스와 각종 채소, 버섯과 치즈를 듬뿍 올린 피자였다. 우리 부부는 모방하는 것보다 창의성을 살리는 것에 재미를 느꼈다. 나 또한 채소에 당면이나 김치를 넣어 만두를 만들고 감자와 당근을 삶아 으깬 것에 호박꽃을 넣고 볶는 등 산드로와 경쟁을 해가며 어린 시절부터 익혀온 요리 솜씨를 발휘하기 시작했다. 그뿐 아니라 인도에 있을 때 눈에 익혀둔 사모사(인도식 만두)는 물론 채소전, 또 찬밥을 모아 채소와 계란을 섞어 만든 채소 버거를 내놓기도 했다.

시장에서 우리는 마법사 부부라는 소문이 났다. 사람들의 관심을 끌고 사업이 번창하자 몇몇 상인들이 시기하기 시작했다. 그들은 어떤 구실이라도 내세워 우리를 쫓아내려고 안달을 했다. 결국 멕시코 음식만 팔고 한국 음식은 팔지 못하게 했다. 마하라지 스승의 "시기하지 말라" 강의를 듣지 못한 시장 사람들이었다.

우여곡절 끝에 우리는 그곳을 나와 소치밀코의 성당 안 빈 공간에서 주말에 유기농 농산물과 음식을 팔게 되었는데, 이때 우리 말고도 몇몇 상인들이 우리와 함께 새 공간으로 옮겼다. 우리 일을 계기로 결국 유기농 시장이 두 군데로 갈라서게 된 셈이었다. 우리는 소치밀코의 새 공간에 포초테 나무를 심었고, 그동안 유기농 시장의 심한 텃세로 쫓겨난 상인들을 초대했다. 시간이 흐르고 시장의 대세는 우리 쪽으로 기울었다.

마법사 부부의 빵과 음식을 찾는 손님들도 우리를 따라왔다. 우리 음식은 오아하카뿐만 아니라 샌프란시스코나 캘리포니아까지도 소문이 났기 때문이다. 이탈리아 남자와 한국 여자가 인도에서 결혼을 하고 멕시코 오아하카에서 유기농 식품을 판다는 것만으로도 사람들은 호기심을 가졌다. 막상 우리의 음식 맛을 보고 히피 생활을 한 산드로와 인도 무용을 한 나의 독특한 사연을 듣고 나면 그들은 마술에 걸린 듯 우리 부부를 개인적으로 방문하고 싶어 했다.

그 당시 우리는 집에서 예약제 레스토랑도 운영하고 있었다. 꿈같이 아름다운 공간에서 호수를 바라보며 이탈리아 요리를 즐길 수 있었다. 우리 집에는 메뉴판이 따로 없었다. 산드로가 손님들과 사전에 "채식, 해물, 육류 요리 중 어느 것을 원하십니까?" 묻고 손님들이 그중에서 선택을 하는데, 어떤 음식이 나오게 될지는 그날 산드로의 느낌에 달려 있었다. 그것이 소문이 나서 많은 사람들이 산드로의 요리를 즐기고 싶어 했다. 오아하카의 유명 인사나 관광객들의 예약 주문이 많았다. 하지만 좋은 음식과 서비스를 위해서 여섯 명에서 많아야 스무 명 안팎으로 인원을 제한했고, 스무 명이 넘을 경우는 한 달 전에 예약을 받았다.

레스토랑을 이용하려는 예약 손님 외에도 우리 집에는 다양한 손님들의 방문이 끊이질 않았는데, 편하게 찾아오는 그들에게는 몇 가지 규칙이 있었다.

첫째, 그 누구도 환영합니다.
둘째, 방문시 차와 음식은 무료입니다.
셋째, 자폐 아들 고빈다를 안아주세요.

아들 고빈다가 자폐아임을 알리기가 처음부터 쉬운 일은 아니었다. 고빈다는 방문객이 찾아오면 나가라고 소리를 질렀고, 사람들이 앉아 있는 의자를 뒤집고 테이블을 엎었다. 그 누구도 편한 시간을 보내기 어려웠다. 손님들은 충분히 이해하고 많은 방법으로 고빈다와 안아보려고 노력을 했다. 이제는 익숙해져서 손님들이 안아주려고 하면 고빈다는 뒤로 돌아 엉덩이를 들이민다. 사람들과 포옹하는 것에도 익숙해졌다.

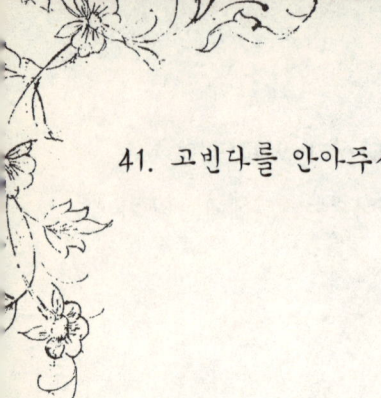

41. 고빈다를 안아주세요

고빈다가 열한 살이 되었을 때, 고빈다가 가위로 오려 만든 공룡 그림들을 모아 전시를 하게 되었다. 별들이 총총한 밤, 나는 오랫동안 연못의 달 그림자를 바라보며 소리 없이 울었다. 고빈다를 통해서 내가 걸어야 했던 혼돈의 시간들이 주마등처럼 스쳐갔다.

벌써 7년 전, 오아하카에 자리를 잡고 며칠 안 되었을 때다. 동네를 산책하는데 아이들 세 명이 자전거를 끌고 지나가길래 불러 세웠다. 아이들은 처음 대하는 낯선 동양인을 바라보며 멈칫했다.

"애들아, 나는 며칠 전 여기로 이사 왔어. 우리 집에도 아이들이 있는데 함께 친구하지 않을래? 내일 너희를 집에 초대하고 싶구나."

아이들은 이미 내가 누군지 알고 있다고 했다. 동네에 벌써 소문이 나 있단다. 다음날 집에 아이들이 몰려왔다. 김밥과 국수를 만들어주자 신기한지 키득거리며 먹었다. 아루나는 금방 아이들과 친하게 어울렸지만, 고빈다는 끝내 방에서 나오지 않았다. 그 후로 아이들은 매일같이 놀러 왔고, 나는 아이들을 데리고 수영장이며 영화관, 산과 들로 도시락을 싸들고 놀러 다녔다. 고빈다가 아이들 속에 자연스럽게 어울리기를 바랐다. 그러나 그러기까진 몇 달이 지나야 했다. 그저 차 안에 가득한 아이들 속에 고빈다가 말없이 앉아 있는 것만으로도 나는 행복했다.

동네의 가게들에도 고빈다를 데리고 들어가 인사를 시키고 스스로 물건을 골라 돈을 지불하도록 시켰다. 돈이 뭔지도 모르고 계산도 할 줄 몰랐지만 가게에서 물건을 사보는 경험도 필요하고, 특히 가게 주인들에게 고빈다를 인식시키는 것이 중요했다. 혹시 길을 잃거나 무슨 일이 생겼을 때 고빈다가 그들로부터 도움을 받을 수 있기를 바랐기 때문이다.

유치원을 보냈으나 아이는 문 앞에서 울기만 하고 들어가려 하지 않았다. 우는 아이를 놔두고 멀리서 몸을 숨긴 채 훔쳐보곤 했다. 아이는 문을 발로 차며 한 시간, 두 시간, 세 시간이고 계속 울었다. 그런 아이를 매일 숨어서 지켜보기가 쉽지 않았다. 어쩌다 선생님을 따라 들어가는 날에도 하루 종일 종이만 찢을 뿐 아이들과 어울리지 못했다. 선생님은 다른 아이들에게 방해가 되니 특수 학교에 보내라고 했다. 그러나 특수 학교에서는 바닥에 엎어져 뒹구는 등 상태가 더 심한 아이들의 행동을 따라했다.

마침 자폐아를 받아주는 보통 학교가 있다는 소식을 듣고 반가운 마음에 그 학교를 찾아갔다. 교장 선생님은 입학을 허락하는 대신 전문의의 상담과 검사를 받아야 한다고 했다. 다음날 고빈다를 데리고 병원에 갔다. 긴 상담 끝에 의사는 약물을 복용시켜 보자고 했다. 나는 선뜻 수긍이 안 되고 불안해서 반대를 했다. 그러나 교장 선생님은 의사의 진단서를 첨부하지 않으면 입학할 수 없다고 했다.

　나는 과연 내 생각이 옳은 것인지, 다들 약물을 복용한다는데 내 고집으로 고빈다의 치료를 가로막는 건 아닌지 많은 생각을 하지 않을 수 없었다. 결국 의사를 찾아가 약을 받아왔다. 약값은 꽤 비쌌다. 고빈다의 혓바닥에 처음엔 여섯 방울을, 다음날은 여덟 방울을 떨어뜨리고, 점점 방울 수를 늘려가라고 했다. 떨리는 손으로 약을 떨어뜨리고 나오면 아이는 곧 잠이 들었다. 잠을 이루지 못한 것은 나였다. 의사는 '꾸준히' 약을 복용해야 한다고 했다. 언제까지라는 기한이 없었다.

　"그냥 '꾸준히'라는 말은 약물 중독이 될 수도 있다는 말 아닙니까?"

　"그냥 믿고 복용시켜 보십시오."

　내가 과민한 것인가? 아니면 내 가슴의 느낌을 따라야 하는가? 자신이 없었다. 다음날 또다시 고빈다의 혓바닥에 약물을 떨어뜨리는데 떨리는 내 손이 보였다. 나는 약병을 들고 밖으로 뛰쳐나왔다. 그리고 흙 속에 약을 부으며 말했다.

　"대지의 신이여, 저는 이것을 감당하기 어렵고 원하지도 않습니다. 저에게서 이 고통을 거두어주세요. 저는 아들에게 더 이상 약물을 권할 수 없습니다. 학교에 갈 수 없다면 학교를 포기하겠습니다. 이 약물은 오로지 대지의 신인 당신만이 흡수하실 수 있을 거라 믿습니다."

 그 후 고빈다는 학교에 가지 않았고, 나는 매일 숫자와 알파벳을 가르쳤다. 하지만 고빈다는 눈에 초점이 없었고, 내가 하는 말을 알아듣지 못하는 듯했다. 1에서 10까지 숫자를 쓰는 데 몇 시간이 걸렸고, 알파벳의 다섯 글자를 쓰는 데는 하루 종일이 걸렸다. 이번에는 숫자와 알파벳을 익히라고 강요하는 내 행동이 올바른지 고민하기 시작했다.

 그렇게 몇 달이 지났다. 끊임없는 반복 끝에 마침내 고빈다가 공책에 숫자와 알파벳을 가득 채웠다. 그것을 보자 '고빈다가 왜 학교에 갈 수 없는 거지? 할 수 있어' 하는 욕심이 다시 생겼고, 곧 동네의 초등학교로 달려갔다. 처음 뵙는 교장 선생님께 고빈다의 공책을 보여주면서 애걸하다시피 말했다.

 "이것이 그동안 저와 집에서 공부한 것입니다. 한 번만 기회를 주십시오. 저는 그저 고빈다가 아이들과 함께 어울릴 수 있기만 바랄 뿐입니다. 그랬는데도 도저히 안 되겠다고 하면 언제고 학교에 오는 걸 중단하겠습니다. 그리고 제가 교실에서 고빈다와 함께 있을 수 있도록 허락해 주십시오. 단 몇 주만이라도……"

 며칠 뒤부터 나는 고빈다와 함께 학교를 다니기 시작했다. 긴 책상에 고빈다와 함께 앉았다. 아이들 속에서 마치 거인 소녀가 된 기분이었다. 아이들은 고빈다에게 관심을 갖고 어울리고 싶어 했지만 고빈다는 아이들과 눈조차 마주치지 않았다. 점심 시간에 아이들이 줄을 서서 음식을 받는데도 고빈다는 아무 관심을 보이지 않았다. 색칠

하기 시간에도 고빈다는 멍하니 다른 곳만 바라보거나 고개를 내젓고 색연필을 부러뜨릴 뿐이었다. 어쩌다 색칠을 다 마치기도 했지만 대부분은 휴지를 찢는 일만 반복했다.

고빈다가 그네타기를 좋아해 나는 쉬는 시간이 되면 다른 아이들이 그네를 차지하기 전에 얼른 주변을 치우고 고빈다를 데리고 뛰어나갔다. 어느 날은 한 아이가 그네를 타고 싶다고 줄을 잡아당기는데 고빈다는 고개를 저으며 절대 양보하지 않았다. 떨어져서 그 모습을 바라보는데 만약 고빈다가 혼자였다면 혹시라도 그 아이가 고빈다를 밀치지나 않았을까 싶어 심란했다.

몇 달 후 학교에 특수 교사가 왔다. 특수 교사와 면담을 하게 되었는데, 이러쿵저러쿵 전문 지식을 뽐내는 듯한 교사의 말투가 어찌나 차갑고 오만한지 더 말을 붙이고 싶지 않을 정도였다. 나는 그저 침묵 속에 그 긴 잔소리를 죄인처럼 듣고 있었다.

다음날 색칠 공부 시간에 특수 교사가 교실에 들어와 고빈다에게 말을 걸었다. "나는 오늘부터 너를 지도할 특수 교사란다. 그러니 잘 지내보자. 그런데 네 이름이 뭐지?" 고빈다는 손으로 종이만 찢었고 그녀는 똑같은 질문을 계속 되풀이했다. 마침내 그녀가 책상에 얼굴을 가까이 대고 다시 한 번 이름을 물으며 고빈다가 찢는 종이를 만지려 했다. 고빈다가 고개를 흔들며 만지지 못하게 했다. 그러자 다시 그녀가 "이름이 뭐지?" 하고 물었다. 그때서야 고빈다가 "알아서 뭐하게?"라고 대답했다. 그녀가 어쩔 줄을 몰라 하고 있는데 마침 종이 울렸다.

특수 교사와 고빈다 사이에 간격이 좁혀지지 않은 채 몇 주가 흘렀다. 마침내 학교측에서 나를 부르더니 아들에게 문제가 있으니 뇌 검사를 받아보라고 했다. 그러지 않겠다고 하자 나를 마치 무지한 여인네인 양 몰아붙이며 강요하고 달래기 시작했다. 그 일로 산드로와 다투게까지 되었다. 결국 내가 예민한 반응을 보이는 것으로 결론이 내려지고, 나는 고집을 꺾어야 했다.

며칠 후 고빈다와 병원에 갔다. 머리 위에 전선이 가득한 모자를 쓰고 3분 정도 꼼짝 않고 검사를 받아야 한다고 했다. 그러나 무슨 수로 고빈다를 가만있게 한단 말인가? 밤에 아이가 잠든 상태에서 검사를 하면 안 되겠느냐고 물었다. 밤에는 자기네가 일을 하지 않으니 마취를 시키자고 했다. 나는 마취로 몸에 충격을 주고 싶지 않아 눈물을 글썽이며 "왜 이런 과정을 거쳐야 하는지 모르겠다"고 하소연을 했다. 그러자 의사가 마취보다 몸에 피해가 덜 가는 가스 투입법이 있다며 나를 설득했다. 결국 내가 검사실에 함께 들어가는 조건으로 수락했다. 하얀 가운을 입은 그들 사이에서 나는 벌써 하얗게 지쳐 있었다.

드디어 고빈다가 아무것도 모른 채 좁은 침대에 누웠다. 얼굴에 마스크가 씌워졌고, 간호사가 고빈다의 다리에 손을 얹으며 나에게도 다리를 붙잡고 있으라고 했다. 의사는 나에게 고빈다를 쳐다보지 말라고 했다. 순간 왜 아이를 쳐다보지 못하게 하는지 의아해하는데 손으로 고빈다가 심하게 몸부림치는 것이 느껴졌다. 불안한 마음에 그만 고빈다의 얼굴을 보게 되었다. 허우적대는 아이의 입술이 파랗다 못해 보랏빛으로 변해 있었고, 금방이라도 숨이 멎을 것처럼 보였다. 순간 나는 엄청나게 큰 소리로 멈추라고 고함을 치고 말았다.

의사가 멈칫하는 사이 고빈다가 마스크를 벗어던졌다. 나는 의사와 간호사를 밀치고 고빈다를 침대에서 끌어내렸다. 고빈다를 안은 순간 기운을 잃고 바닥에 쓰러지고 말았다. 고빈다는 나를 꽉 껴안고 있었다. 나는 고빈다에게 다시는 엄마가 이렇게 무지한 짓을 하지 않겠다고, 용서해 달라며 울었다. 나의 심장은 분노로 벌떡 일어섰으나, 다리가 휘청거렸다. 손가락으로 그들을 가리키며 뭐라고 소리를 질렀지만, 입 밖으로는 아무 소리도 나오지 않았다. 말을 하고 싶은데 말이 터지지 않았다.

아이를 끌어안고 병실을 나오는데 대기실에 한 꼬마와 엄마가 순서를 기다리고 있었다. 그 엄마에게 이런 짓을 시키지 말라고 말하고 싶었으나 역시 말이 터지지 않았다. 병원을 나와 햇빛이 잘 드는 곳으로 갔다. 고빈다를 껴안은 채 말했다.

"고빈다, '나는 빛이다. 나는 사랑이다. 나는 고요하고 평화로운 영혼이다'라고 따라해 봐."

아주 작은 목소리로, 아니 심장의 소리로 고빈다가 소리를 내었다.

"나는 빛이다. 나는 사랑이다. 나는 고요하고 평화로운 영혼이다."

나는 말이 잘 나오지 않았는데, 고빈다가 어떻게 내 말을 알아듣고 그렇게 소리를 내었는지 모르겠다. 우리는 눈물범벅이 된 채 부둥켜안고 원을 돌면서 서로의 볼을 비볐다. 고빈다도 많이 놀랐는지 나를 안고 계속 "사랑한다"고 했다.

그 후 거의 보름 동안 나는 말을 할 수가 없었다. 충격으로 몸이 이상해지고, 사물과 초점도 맞출 수가 없었다. 시야 속의 사물들은 흐릿하고 사람들은 허우적대는 것처럼 보였다. 내가 마치 강물 속에 잠겨 있는 듯했다. 나는 세상과 아무런 소통도 하지 못하고 멀리 저 너머의 다른 세상을 바라볼 뿐이었다. 나의 이런 상태가 바로 자폐아들의 상태인가 싶은 생각이 들었다.

보름이 지나고 몸이 조금씩 회복될 즈음, 학교에서 다시 병원 진단을 받은 뒤 고빈다를 학교에 보낼 것을 요구했다. 나는 청량 음료를 좋아하는 고빈다에게 물었다.

"고빈다, 학교에 가야 해. 네가 좋아하는 청량 음료를 줄 테니 학교에 갈래? 청량 음료 대신 물을 마신다면 학교를 보내지 않으마."

"엄마, 학교 가기 싫어. 물 마실래."

고빈다는 그렇게 좋아하는 청량 음료를 마시지 않고 물을 달라고 했다. 나는 고빈다를 학교에 보내지 않기로 했다. 학교 교육을 포기하는 대신, 나는 고빈다에게 여러 색깔의 종이와 가위를 선물하고 마음껏 종이를 찢고 가위질을 하며 놀게 했다.

몇 주 후 고빈다가 오려놓은 종잇조각을 치우려는데 그 가운데서 작은 공룡 조각들이 보였다. 어찌나 섬세하게 오렸는지 신기할 정도였다. 종이를 더 주자 고빈다는 그것들도 모두 공룡 모양으로 오렸다. 연필로 밑그림을 그리는 것도 아니었다. 머릿속에 떠오른 형태를 순식간에 오려내는 솜씨가 놀라웠다. 집을 방문하는 친구들도 고빈다의 공룡 작품을 보고 모두 깜짝 놀랐다. 몇몇 친구들과 오아하카의 예술가들로부터 도움을 받아 그것들을 전시하기로 했다.

예상한 일이었지만, 전시가 있을 어린이 도서관에 고빈다는 들어가지 않으려고 했다. 굳이 싫다는 걸 억지로 데리고 들어가지 않고, 도서실에서 공룡 책을 보며 놀게 두었다. 이곳 도서관은 매일 오는 곳이라 그렇게 혼자서 책을 보고 있어도 마음이 놓였다.

시간이 흐르면서 많은 사람들이 전시장을 방문했다. 그러던 차에 방송국 기자 한 사람이 고빈다와 인터뷰를 하고 싶어 했다. 인터뷰를 할 수 없다고 내가 말하는 순간, 갑자기 고빈다가 전시장 안으로 들어왔다. 깜짝 놀랄 새도 없이 기자 한 명이 마이크를 대고 고빈다에게 뭔가를 물었고, 고빈다는 자신만의 언어로 책 속의 공룡들을 하나하나 소개하기 시작했다. 뜻밖의 상황이 벌어진 것이다. 그러더니 고빈다가 가위를 달라고 했다. 가위를 건네주자 고빈다는 카메라 앞에서 서슴없이 종이를 오려 공룡을 만들더니 사람들에게 나누어주기 시작했다. 고빈다의 공룡을 받으려는 사람들로 줄까지 생겨났다.

나는 이 엄청난 변화 앞에서 그저 놀랄 뿐이었다. 무엇이 고빈다를 이처럼 변화시켰을까? 오늘 이후로는 또 얼마나 변화할 것인가? 고빈다만 변한 것이 아니었다. 나 역시 그런 아들로 인해 많은 것을 배웠고 또 달라졌다. 내 아들이 남들과 소통하지 못하는 자폐아임을 인정하기까지 많은 시간이 걸렸고, 내가 원하는 쪽으로 억지로 이끌어보려고도 해봤다. 그러나 고빈다는 언제나 자기 안의 평화로움 속에서 하루하루를 즐기고 행복해했다. 그런 아이를 보며 나는 고빈다가 무엇 때문에 나에게 왔는지 조금씩 알게 되었다.

주어진 상황을 바꾸려 하기보다 있는 그대로를 인정하고 받아들이는 법을 나는 배워야 했다. 미래를 걱정한다고 답이 나오지 않았다. 미래에 대한 걱정이나 두려움에서 벗어나 오늘 하루 주어진 일을 하며 감사하고, 지금 이 순간에 만족하고 행복할 줄 아는 것이 무엇보다도 중요했다. 이것을 알게 되기까지 나는 엄청난 눈물을 쏟고 고뇌를 겪고 몸부림을 쳐야 했다. 그러나 어떤 상황에서도 변하지 않는 것이 하나 있었다. 바로 고빈다에 대한 나의 사랑이었다. 그리고 고빈다를 향한 나의 인내와 노력이었다. 고빈다는 나와 그런 관계를 경험하기 위해 태어난 아이였다. 아주 특별한 인연임이 분명했다.

고빈다가 마치 자기 세계에만 머물며 소통할 줄 모르는 아이 같지만, 돌아보면 그 아이는 나로 하여금 많은 것을 깨닫고 많은 일들을 이루게 했다. 오아하카까지 와서 농사를 짓고 지금의 삶을 이루게 한 것도 고빈다였고, 유기농 빵을 만들기 시작한 것도 고빈다에게 건강한 음식을 먹이기 위해서였다. 그 빵은 지금 '자폐빵'이라는 이름으로 사람들에게 파는 제품이 되었다. 그뿐인가? 말없이 있는 아들을 통해 침묵의 중요함을 배우고 남의 말을 들어주고 관찰하는 일의 중요함을 깨우쳤으니 아들은 사실 나의 스승이나 다름없었다.

어느 날 오후 우리에게 피아노가 배달되었다. 우리 집에 왔던 한 외국인 부부가 고빈다에게 보내준 선물이었다. 아들은 지금도 가끔씩 공룡 책을 올려놓고 피아노 건반을 두드린다. 다양한 종류의 공룡을 보면서 건반을 두드리는 모습은 아주 인상적이다. 우리는 무심코 바라보지만, 아들은 그 공룡들에서 각기 다른 음을 찾아 건반을 두드릴 생각을 한다. 어쩌면 고빈다에게는 우리보다도 더 섬세한 느낌의 세계가 있는지도 모른다. 오래 전 촛불 명상을 하면서 나는 우리가 각자 하나의 개체로 존재하면서 자신의 자리에서 홀로 회전하고 있다는 강렬한 느낌을 받은 적이 있다. 우리는 그렇게 각자 회전하는 동시에 서로의 회전 모습을 바라보며 공존하고 있었다. 우리와 고빈다의 관계도 마찬가지라는 생각이 든다.

42. 명상 속에서 나를 다시 만나다

일과 잠, 두 가지 사이에서 매일처럼 왔다 갔다 하던 어느 날, 장터에 가져나갈 물건을 준비하기 위해 새벽 일찍 깨어난 나는 어리둥절한 기분으로 앉아 있었다. 돌아가신 어머니가 꿈속에 나타났기 때문이었다. 어머니가 돌아가신 후로 꿈에 찾아오기는 처음이었다. 꿈속에서 어머니는 나에게 왜 보석을 몸에 두르지 않느냐고 물으셨다.

"보석이라니요?"

"일본 공연을 마치고 구입한 그 아름다운 수공예 꽃목걸이 말이다."

"어머니도 참! 제가 나가 일하는 곳이 장터인데, 보석을 두르고 나갈 수는 없잖아요."

그것이 대화의 전부였다. 무슨 의미가 있는 걸까 궁금했지만, 나중에 천천히 새기기로 하고 자리에서 일어나 바쁘게 몸을 움직이기 시작했다. 아무 일 없이 하루가 지났다. 다음날 새벽 나는 다시 깜짝 놀라서 깨어났다. 어머니가 또다시 나타나 어제와 똑같은 말씀을 하신 것이다.

분주한 아침 일을 끝내고 오랜만에 보석함을 꺼내보았다. 열려는 순간 느낌이 이상했다. 누군가 열쇠 없이 열려고 한 흔적이 역력했다. '누구지?' 집에서 함께 일하는 사람들은 다들 소박하고 정직한지라 그런 짓을 할 만한 사람이 없었다. 고개를 갸웃하며 서랍을 열어 보니 뭔가 허전했다. 공연 출연료로 모은 많은 보석 가운데 금으로 된 것들이 눈에 띄지 않았다. 묵직한 순금 목걸이도, 다이아몬드가 박힌 금팔찌도 보이지 않았고, 어머니가 말씀하신 그 꽃목걸이도 보이지 않았다.

잠시 다리가 휘청거렸다. 보석을 잃어버린 아쉬움보다 왜 내게 이런 일이 생겼는지 의아한 마음이 먼저 들었다. 내가 뭔가 소홀히 하거나 삶에 충실하지 않고 있다는 경고를 받은 느낌이었다. 나에게 제일 중요한 문제가 무엇인지 들여다보기 시작했다. 뭔가 중요한 것을 놓치고 있다는 메시지 같았지만, 그것이 무엇인지 도통 감을 잡을 수 없었다.

몇 주가 훌쩍 지난 어느 날, 손님 한 분이 내게 호흡 명상 프로그램이 있는데 참석해 보지 않겠느냐고 물었다. 사흘 동안 아침 8시부터 밤 10시까지 강의를 듣고 호흡 명상을 하는 과정이었다. 그러나 일과 잠 말고는 아무런 여유도 낼 수 없는 나로서는 결정하기가 쉽지 않았다. 그것도 제일 바쁜 주말에…… 고민이 되었다. 그러다 문득 이 역시 어떤 메시지가 아닌가 하는 느낌이 들었다. 명상 프로그램에 참석하기로 결정했다.

　잠재 의식을 건드려 과거의 탄생 기억으로 되돌아가는 것이 이번 명상 프로그램의 목적이었다. 많은 사람들이 명상 홀에 작은 카펫을 깔고 눈을 감은 채 편하게 누워서 호흡을 시작했다. 처음에는 코로 들이마시고 내쉬며 10분 정도 호흡을 하다가 다음에는 입으로 숨을 들이마시고 내쉬었다. 그러다가 깊은 호흡을 20여 분 정도 끊이지 않고 했다. 보석을 잃은 덕분에 이 자리에 와 있고 지금 이 순간 진짜 보석을 얻고 있다는 느낌이 들었다. 그러면서 갑자기 지나온 삶 속에서 인상 깊었던 장면들이 눈앞에 떠오르기 시작했다.

　맨 먼저 보인 것은 캘커타에서 마지막으로 본 공연의 한 장면이었다. 그날 하얀 옷자락을 바람에 흩날리며 무대를 걸어와 계단 위에 사뿐히 앉던 그 나이 든 무용가…… 깜짝 놀랐다. 내 기억에서 그분이 이렇게 크게 자리를 잡고 있을 줄은 생각도 못한 일이었다. 놀란 눈으로 그분을 바라보았다. 춤, 내가 잊고 살았던 것이 바로 춤이었다. 내 마음속에 춤이 얼마나 크게 자리 잡고 있는지 그 순간 알 수 있었다. 망연히 춤을 다시 그리워하며 눈물이 흐르려는 순간, 명상 지도자의 낭랑하고 선명한 음성이 들려왔다. 이제부터 어머니의 뱃속에 있던 기억으로 되돌아간다고 했다. 뱃속에서 1, 2개월쯤 되었을 때 엄마가 무엇을 하고 있는지 느껴보라고 했다.

　엄마의 마음은 물론 아버지와 주변 사람들의 관심과 태도까지 어렴풋이 느껴졌다. 점점 내 모습이 형성되어 가다가 8개월, 9개월…… 드디어 내가 태어나는 순간이었다. 할머니, 고모, 큰어머니, 그 외 가까이 살던 친척들이 딸인지 아들인지 궁금해 하며 산모의 진통을 함께 느끼고 있었다. 나는 천천히 몸을 굴렸다. 익숙하지 않아 시간이 걸렸다. 내 눈은 감겨져 있고 빛이 느껴졌다. 선명하고 아름답고 편안한 빛이었다. 순간, 어떤 강렬한 느낌이 나를 밀어내는데 마치 내가 강물에 휩쓸려 떠내려가는 듯했다.

엄마 뱃속에서 나온 순간, 얼음처럼 차가운 공기에 부딪치며 놀라 울어대는 내 모습이 보였다. 그때 누군가가 따뜻한 물속에 나를 풍덩 빠뜨렸다. 그 사람이 할머니라는 것을 알았다. 할머니는 나를 안고 씻기며 핏물이 안 빠진다고 계속 더운물을 요구하고 계셨다. 아니, 핏물이 아니라 아기 피부가 빨갛다는 할머니의 외침, 주변 사람들의 한숨 소리와 걱정 소리가 들렸다. 세상에 나와서 춥고 어둡다는 첫 느낌에 이어 경험한 것은 세상이 시끄럽다는 것이었다. 그들의 소란이 너무도 견디기 어려워 나는 더 울어댔다.

그 와중에 내 몸속으로 무엇인가가 계속 채워지고 있었으나 그것이 무엇인지는 알 수 없었다. 이내 놀라움이 가라앉고 갈증이 나기 시작했다. 엄마와 연결되어 있던 탯줄이 끊기고 다시 연결된 것은 엄마의 젖이었다. 젖의 맛을 알고 빤다기보다는 무엇인가에 매달리고 있었다고 해야 할까? 그 접촉 덕분에 편하게 호흡할 수 있었다. 그것은 마치 숨 쉬는 법을 가르쳐주는 최초의 레슨 같았다.

어느 순간부터 무언가가 내 몸속을 비집고 들어오는 것이 느껴졌다. 그것은 나를 바들거리게 했다. 눈꺼풀이 열리려고 했으나 나는 힘에 겨워 다시 호흡에만 집중했다. 마침내 눈꺼풀이 어슴푸레 열리고 그곳으로 마치 소낙비처럼 무언가가 쏟아져 들어왔다. 오렌지 빛이 감도는 강렬한 빨간 빛, 그 따가우면서도 환하고 따뜻한 빛이 속눈썹 사이로 밀고 들어왔다. 빛은 내 몸속 구석구석에 들어서면서 자리를 잡고 있었다. 그 빛이 너무도 강렬해 눈꺼풀이 스르르 감기고 말았다.

 몸속이 빛으로 가득해지면서 나는 편안하고 풍족한 기분을 느꼈다. 동시에 빛이 내면만이 아니라 바깥세상에도 똑같이 가득한 것이 보였다. 가끔씩 들리는 소음 외에도 사랑과 안타까움, 슬픔으로 가득한, 그러나 맑고 곱고 선명한 소리가 들렸다. 그것은 내가 들은 소리 중 가장 편안한 소리였다. 바로 엄마의 음성이었다. 동시에 달착지근한 젖 냄새가 느껴졌고, 그때부터는 호흡을 위해서가 아니라 젖을 흡수하기 위해 빨기 시작했다. 젖은 내 몸 구석구석을 적시며 흘러 들어갔다. 눈으로는 빛을, 귀로는 소리를, 그리고 몸으로는 엄마의 젖을 빨아들이고 있었다. 거기에 살갗의 접촉은 온몸을 전율시켰다. 그러면서 눈과 귀, 입, 코의 구조와 그 감각이 이해되었다.

 나는 아주 편안한 상태에 있었지만, 주변 사람들은 그것을 전혀 알아차리지 못했다. 그들의 불안이 내 눈에 보이기 시작했다. 아버지는 계속 담배를 피우셨고, 뭔지 모르는 불안함 속에 술을 마시고 계셨다. 나는 온몸으로 아무 걱정 말라고 메시지를 전했지만 아무도 알아듣지 못했다. 아버지는 손이 크다는 이유로 나를 안아주기조차 거부했고, 할머니는 '저 아이가 크면 얼마나 상처를 많이 받을까?' 하며 한숨을 쉬었다. "할머니, 그런 생각은 아무 의미 없어요. 저는 이미 알고 태어났어요. 저는 아름답고 행복한 아이예요." 그렇게 온몸으로 말했으나 할머니는 듣지 못했다. 그러곤 "너를 위해 산에서 기도하마" 하며 봇짐을 싸 들고 지리산으로 떠나셨다. 할머니의 사랑 가득한 음성이 온몸을 타고 울렸다.

엄마도 가끔씩 혼자서 훌쩍이셨다. 어린 시절 피난길에서 당신 부모를 잃은 이야기며 서러운 이야기들을 하시는데, 갓난아기인 나에게 들으라고 한 이야기가 아님에도 그 한숨소리에 담긴 모든 것이 다 내게 전해졌다. 내 온몸이 열려 있기에 듣고 느낄 수 있었다. 그 순간 편안한 빛으로 가득하던 내 몸이 어두워지고 저리기 시작했다.

"엄마, 걱정 마세요. 저는 이 땅에 스스로 선택하여 온 것이니 걱정하실 이유가 없습니다. 당신에게는 아무런 잘못도 없으니 자책하지 마세요. 저를 보세요. 갸름한 얼굴과 목, 팔다리, 어느 한 군데도 나무랄 것 없이 당당하고 건강하고 예쁘잖아요. 단지 피부가 빨간 것뿐인데 그것은 당신 책임이 아닙니다. 정신적으로 육체적으로 아주 건강한 축복받은 영혼이에요."

나하고는 아무런 상관이 없었지만 엄마의 음성과 살갗의 접촉, 냄새, 호흡 소리를 통해서 엄마의 슬픈 운명이 내게 각인되고 있었다. 그것들은 나를 누르고 내 몸을 저리게 했다. 나는 눌리지 않으려고 더욱 강렬하게 젖을 빨아댔다.

그 순간 주변에서 함께 명상하던 사람들이 깜짝 놀랄 만큼 나는 큰소리를 지르고 말았다. "물을 주세요, 물! 더 이상 젖을 먹고 싶지 않아요!" 하고 소리를 친 것이다. 아주 크고 단호하게 그렇게 세 번을 외쳤다. 엄마의 젖을 통해 들어오는 부정적이고 어둡고 슬픈 감정을 더 경험하기 싫었다. 그 부정적인 것이 얼마나 강하게 내면으로 흘러드는지 나는 대응하여 싸울 힘을 잃고 있었다. 이 땅에 희망과 꿈을 갖고 행복을 누리려고 내려왔는데 그것들을 맛보기도 전에 차갑게 오염되고 있는 것이 느껴졌다. 차갑고 저리고 아득한 느낌에 놀라 나는 소리를 지르며 울었다.

그러자 엄마는 젖을 물리려 했고 나는 거부했다. 엄마가 강제로 젖을 물리려 하기에 나는 젖꼭지를 입술로 깨물고 말았다. 그것이 내가 할 수 있는 유일한 거부였다. 엄마는 또 울었다. 물을 마셔서 그 부정적인 감정을 씻어내고 싶었지만 엄마는 그것을 알지 못했다. 나는 몸부림을 쳤다. 피부로 공기 속의 습기라도 흡수하려고 버둥대던 나는 갑자기 내 손을 보게 되었다. 주먹을 꽉 쥐고 있는 손이 보였다. 그러나 그것은 겉으로 보이는 모습일 뿐 실은 온몸이 저리며 오그라드는 것이었다. 팔과 다리, 아랫배가 저리며 오그라들고 있었다.

그때 대천문大泉門(머리 앞쪽의 물렁한 부분. 숨구멍이라고도 하며, 보통 생후 12~18개월 사이에 닫힌다)이 닫히는 것이 두 눈에 보였다. 나는 허공에 양팔을 휘저으며 속으로 외쳤다. "나를 이렇게 놔두고 벌써 문이 닫히면 안 돼!" 대천문이 닫히자 그때까지 온몸으로 느끼고 듣고 냄새 맡던 기능이 사라지고, 나는 차갑게 내버려졌다. 빛을 받아들이던 대천문을 다시 열고 싶어서 허우적댔지만, 허우적대면 댈수록 더 기진맥진해질 뿐 문은 다시 열리지 않았다.

허우적대다가 지쳐 쓰러진 나에게 명상 지도자가 다가와 가슴과 양미간을 한참 동안 부드럽게 만져주었다. 나는 마치 바람 빠진 고무 풍선에 바람이 다시 들어가듯 호흡을 하기 시작했다. 슬그머니 눈을 뜨고 내 몸을 바라보니 가슴에 얹힌 두 손이 주먹을 꼭 쥐고 있었다. 손을 펴보려 했지만 펴지지 않았다. 팔을 허공에 휘저을 뿐 조절할 수가 없었다. 그 순간 긴 여행에서 돌아오라는 명상 지도자의 목소리가 들렸다. 뒤이어 성악가가 부르는 소프라노 음성이 들려왔다. 어느 순간 내 몸이 음악에 맞춰 춤을 추고 있었다.

나는 눈을 감은 채 내 동작들을 느끼고 있었다. 동작 하나하나가 소중하고 의미 있고 아름다웠다. 얼굴을 뒤덮던 머리카락을 쓸어내고 앞을 보니 아직 누워 있는 사람도 있고, 흐느끼는 사람, 웃는 사람, 신음하는 사람도 있었다. 그들을 놔두고 밖으로 걸어나와 따뜻하고 편안한 느낌에 몸을 맡긴 채 맨발로 걷기 시작했다. 내 존재가 참으로 신비하고 아름답다고 읊조리면서 하루 종일 내린 비로 축축해진 잔디밭을 하염없이 걸었다. 대천문이 닫힌 그날 이후 부정적인 기운들에 몸부림쳐 온 삶을 되돌아보며 이제는 스스로 그 문을 열 것이라 다짐했다. 보석을 찾기보다는 스스로 보석이 되기로 결심했다.

그날 이후로 나는 바뀌기 시작했다. 일과 일 사이를 왔다 갔다 하는 일상은 그대로였지만, 산책하기, 노을 바라보기, 밤하늘 응시하기, 자연과 대화하기 같은 새로운 습관이 생겨났다. 잠자는 시간이 줄었음에도 기운은 오히려 펄펄 났다. 열흘 동안 침묵 속에 자신을 들여다보는 위파사나 명상 코스에도 다녀왔다. 그 경험은 나를 전반적으로 바꾸는 계기가 되었다.

명상을 하면서 잠재되어 있던 병이 올라왔다. 참고 누르며 살아온 몸속 아픔의 덩어리들이 밖으로 터져 나오는 것 같았다. 온몸에 발진이 일어났고, 나는 마치 홍역을 치르듯 앓아눕고 말았다. 밤에는 통증으로 잠을 이룰 수가 없었고, 낮에도 매순간 조여오는 압박감 때문에 숨 쉬기가 힘들었다. 통증이 밀려오면 맨발로 연못에 달려가 온몸을 감싸고 몸속의 통증을 끄집어내 연못에 던졌다. 고요한 물들이 나를 바라보며 안아주었다. 그즈음 산드로는 완전히 일에 빠져 일 말고는 아무것도 생각할 수 없는 사람이 되어 있었다. 가끔씩 위로한다고 나를 찾으면 위로는커녕 아픔만 더해질 뿐이었다. 어쩌면 이렇게 눈에 드러나 보이는 고통조차도 함께 나누지 못하는 관계가 되었는가 싶어 야속하고 비참한 기분이 들었다.

어느 날 아침, 그때도 연못가에 앉아 눈물을 흘리고 있는데 속눈썹 사이로 빛이 들어오면서 눈물방울에 무지개가 어렸다. 나는 그제서야 눈물이 그치며 미소가 지어졌다. 거의 6개월 만의 일이었다. 나는 내 병이 약으로 치유될 수 없다는 것을 알고 오로지 명상에만 매달려 그 시간을 버텼고, 그러면서 몸과 마음 그리고 영혼의 통로를 씻어내었다. 고통이 나를 흔들어대지 못하도록 최대한 평정심을 유지하면서 고통을 달랬다. 그마저도 어려울 때 매달린 일이 바로 이 원고를 쓰는 일이었다. 나는 모국어에 얼마나 큰 위로의 힘이 있는지 원고를 쓰면서 깨달았다. 모국어로 글을 쓰는 동안 나는 호흡 명상 때처럼 아름다운 진동을 온몸으로 느낄 수 있었다. 꽃이 피어나듯 몸의 감각들이 깨어났고, 나는 그렇게 나 자신과 다시 연결되어 갔다.

무슨 일을 하건 자신과의 연결 고리를 잃지 않는 것이 중요하다는 것도 깨달았다.

일을 할 때도 그것과 나 사이에 영적인 교류가 이어지고 자연 속의 움직임 하나하나와도 교류하고 소통하기 시작했다. 매일 새벽이면 명상으로 하루를 시작하게 된 것도 이때부터다. 내가 없으면 그 무엇도 의미가 없다는 것, 나를 사랑하지 않거나 내가 자연의 일부임을 깨닫지 못하면 사랑을 안다고 말할 자격이 없다는 것도 이해하게 되었다. 또 춤을 추는 것이 나에게 얼마나 중요한 것인지도 느끼게 되었다. 내가 자연과 소통하고 우주와 연결됨을 유일하게 느낄 수 있는 순간이 바로 춤을 출 때이며, 춤을 통해서 가족이나 친구들과도 더 깊이 교류하고 살 수 있다는 것이 분명해졌다.

43. 춤추는 빵

아침나절 연못가에 앉아 새들이 물 마시는 모습을 보다가 하늘에 구름이 흘러가는 것을 무심코 올려다보는데 갑자기 눈물이 주르르 흘러내렸다. 소녀에서 처녀로, 여인으로, 어머니로 성숙해 온 과정이 마치 작은 나무가 비바람 맞고 자라 잎을 피우고 꽃을 피워내는 과정처럼 여겨졌다. 그런데 꽃처럼 활짝 피어 환하게 웃는 모습을 상상하려니 그 꽃봉오리가 보이지 않았다. 시련 속에서 줄기와 잎은 단단하고 무성해졌으나 아직 꽃봉오리가 맺히지 않고 있었다.

"지아, 거기서 뭐해? 아니, 울고 있어?"

옆집 친구 로시오가 들렀다가 나를 보고 물었다.

"응, 아무 일 없어. 그런데 그냥 눈물이 나네."

"이유도 없이 눈물이 흐르겠어? 왜 그러는지 생각해 봐. 눈을 감고 울어보렴. 그럼 혹시 보일 수도……"

눈을 감으니 눈물이 더 흘러내렸다. 로시오가 내 등을 어루만져주었다. 애써 호흡을 가다듬는데 감은 눈에 뭔가 떠오르는 것이 있었다.
"그분이 보여!"

캘커타의 야외 공연장! 내가 본 가장 아름다운 무용가! 야외 무대의 대리석 기둥 뒤에서 걸어 나와 계단에 앉아 달을 바라보던 그분!

"참 아름다운 기억이구나. 너 혹시 빵 만들고 살림하느라 지치고 힘든 것 아니니? 그리운 것이 있구나. 춤! 춤이 그리운 것 아냐?"

뜨거운 눈물이 흘렀다. 그랬다. 춤이 그리웠다. 그 아름다운 무용가의 눈빛과 자태가 그리웠다. 마치 춤을 잊고 살아온 16년 동안 그분이 내 가슴속에 함께하면서 말없이 나를 지켜봐준 스승처럼 느껴졌다.

"지아! 넌 다시 춤을 추어야겠다."

"춤! 10년 전 이탈리아에 살 때 혈관 수술을 받았는데 그때 오른쪽 다리 혈관을 조금 끊어내 이제 감각이 없어. 마음은 있지만 이런 다리로 어떻게 춤을 출 수 있을까?"

"그런 일이 있었구나. 가슴이 아프다. 그래도 마음으로라도 춤을 추면 안 되냐? 손동작이라도…… 지아! 부탁인데 내가 너한테 춤을 배우면 안 될까? 네가 훌륭한 선생님이라는 걸 직감으로 느껴. 인도에서 훌륭한 스승 밑에서 오랫동안 춤을 배운 것도 그렇지만, 긴 시간 그 아름다운 무용가를 가슴에 품고 살았다는 것만 봐도 알 수 있어. 부탁이다! 춤이 뭔지 알고 싶어. 그리고 네가 아는 춤은 뭔가 다른 것도 같고."

"그렇게 알고 싶어? 춤의 세계가?"

"네가 아는 그 춤의 세계가 무엇인지 느끼고 싶어."

"네가 정말로 그 세계가 알고 싶다면 일러줄게. 신발과 양말을 벗고 맨발로 땅을 디뎌봐. 그 느낌이 춤에 들어가는 문이야. 땅에 발을 딛고 있을 때의 그 느낌! 존재감! 그런 다음에 눈으로 하늘을 품어봐. 손으로 공기를 끌어안아 보고, 두 팔로 바람을 살짝 건드려봐. 그러면 공간이 네 몸을 껴안고, 잠시 후 너는 춤을 추게 될 거야. 자연이 움직이는 대로 따라가면서 그냥 그 느낌을 즐기는 것, 그것이 바로 춤이야."

"지아! 너 이렇게 연못에 앉아 눈물이나 흘리면 안 되겠다. 춤을 본격적으로 가르쳐봐라. 네 한 마디 한 마디가 감동이다."

"내가 조용히 느끼라고 했지? 조금만 더 들어봐. 이번에는 방향을 만나도록 해. 동쪽을 향해 정면으로 서서 그 방향을 느껴봐. 서쪽을 향해 정면으로 서서 또 그 방향을 느껴보고, 또 북쪽을 향해 정면으로 서서 그 방향을 느껴보고, 이번엔 남쪽을 향해 정면으로 서서 그 방향을 느끼는 거야. 방향마다 향기와 바람, 느낌이 완전히 다른데 그걸 감지하고 구분해 봐. 그러곤 손바닥으로 공간을 쓰다듬고, 심장소리에 귀 기울이면서 리듬을 느껴봐. 바람이 너를 휘감고 스칠 때, 몸을 움직이기 전에 먼저 느껴봐. 느끼기 전에 감사하고, 감사하기 전에 존중하는 것이 중요해. 다른 사람이 아니라 먼저 자신을 존중하고, 시간과 공간 속에서 함께함을 존중하는 거야. 몸의 왼쪽과 오른쪽이 경계를 넘지 않고, 앞과 뒤가 그 간격을 넘나들지 않는 것, 손만이 아니라 눈빛조차도 넘나들지 않는 것이 바로 춤이야. 춤을 추는 사람은 남에게 피해를 주지 않아. 존중하고 사랑할 줄 아는 것이 내가 알고 있는 춤의 세계란다."

로시오는 갑자기 합장을 하며 깊숙이 고개를 숙이고 내게 예의를 표했다. 나도 답례를 하면서 미소를 보내주었다.

"지아, 너의 제자가 되고 싶다. 내게 그런 춤을 가르쳐다오."

"네가 그렇게 춤이 알고 싶다면 천천히 일러줄게. 그나저나 아침 일찍부터 무슨 일로 찾아왔니? 울고 있는 내게 강의까지 하게 만들고."

"아참! 내 정신 좀 봐. 옥수수 빵 사러 왔어. 내가 아는 분이 거의 돌아가시게 되었어. 말기암인데 아무것도 드시지 못해. 혹시나 네가 만든 그 부드러운 옥수수 빵을 드리면 좀 드실까 해서."

"그럼 빵을 드실 수 없을 텐데. 음식보다 다른 것을 드리는 것이 어때?"

"음식을 드셔야 기운을 차릴 텐데……"

"임종을 앞둔 사람에게는 음식보다 영적인 선물이 필요하지 않을까? 예를 들어 춤 같은……"

"뭐라고? 너 지금 뭐라고 했니? 춤을 선물한다고?"

"나도 내가 무슨 말을 하는지 모르겠다. 내가 지금 그랬니?"

"정말 좋은 생각이다. 네가 그분에게 춤을 선물해 줄래?"

"내가 무슨 말을 하는 거지? 16년 동안 몸을 움직여본 적도 없는데. 그런데 그냥 그런 마음이 드네. 그분에게 내 마음을 전달해 드리고 싶다는 생각…… 이츠반이라는 헝가리 친구가 만든 힐링 음악이 있는데 그 음악으로 그분과 마음을 교류해 볼까?"

그렇게 해서 우리는 그분을 찾아갔다. 진통으로 밤새 힘든 시간을 보냈을 텐데도 그분은 우리를 미소로 반갑게 맞아주었다. 음악이 흐르고, 나는 음악에 몸을 맡겼다. 한 시간쯤 춤을 추었을까? 나 스스로도 놀라웠다. 그분도 눈빛이 달라지며 입가에는 따뜻한 미소가 번졌다. 가만히 나를 바라보는 그분을 보며 '이것이 바로 힐링이라는 것이구나' 싶었다. 가까이 다가가 손을 잡아드리는데, 그분이 눈물을 흘리고 계셨다.

"생전 처음으로 천사를 내 눈으로 보는구려. 정말로 아름답습니다. 감사해요."

"아니에요. 제가 오히려 감사드려요. 이제 아프실 때마다 제 춤을 떠올리며 가뿐하게 육체를 털고 일어나는 모습을 상상하세요. 고통으로부터 육체가 분리되는 연습이에요."

집밖을 나오는데 사랑의 진동이 내 몸에서 계속 분출되고 있었다. 로시오도 깊이 감동해 가끔씩 내 손을 꼭 잡을 뿐 말이 없었다. 그렇게 천천히 걸어서 집에 도착하니 직원들이 새 건물을 지으려고 갖다 놓은 공사 자재들을 몽땅 도둑맞았다며 소란을 피웠다.

"네, 그렇군요! 욕심이 과하면 남의 것을 훔치기도 하지요."

소란은 그렇게 한 마디로 정리되었다. 나는 아무 걱정근심도 들지 않고 그저 편안할 뿐이었다.

며칠 후 로시오가 어느 부인이 암으로 고통받고 있다며 춤을 선물해 주겠느냐고 했다. 스위스 출신의 화가인 그분에게도 나는 춤을 선물했다. 몇 주 후 그 두 분은 차례로 육체에서 분리되어 자유를 얻었다. 그 일은 내게 큰 영향을 미쳤다. 춤을 추고 싶은 충동이 더욱 강해졌다.

때마침 나는 어느 지인으로부터 루미의 시집을 선물받게 되었다. 루미의 시들은 나를 새로운 삶의 경험으로 이끌었다. 루미는 나를 페르시안 춤으로, 수피 춤으로 안내했다. 그 춤은 나에게 극치의 행복감을 선사했다. 나는 페르시안 춤을 배우기 시작했다. 하루의 많은 시간을 노동과 집안일, 그리고 명상에 귀하게 쪼개 써야 했기에 춤을 익히는 한 순간 한 순간이 소중하고 간절했다. 그러나 갈망이 큰 만큼 나는 농축된 순간에 그 춤을 빨아들였다.

16년 동안이나 춤을 추지 않고 지냈지만, 나는 이미 춤을 추며 살고 있었다는 것을 깨달았다. 몸은 모든 것을 기억하고 있었다. 그 어떤 속도와 박자, 동작에도 내 몸놀림은 정확하고 빠르고 유연하게 따라갔다. 춤을 추는 에너지가 바로 이런 것이구나 새삼 느꼈다. 행복한 미소가 저절로 번졌다.

수피 춤을 배운 지 석 달 만에 나는 첫 공연을 갖게 되었다. 공교롭게도 공연을 보름 앞둔 무렵은 모든 직원이 휴가를 가는 때라서 나는 춤을 연습할 여유가 없었다. 함께 공연하는 다른 사람들은 리허설을 하는 시간에도 나는 설거지며 빵 굽는 일, 집안일로 정신이 없었다. 그러나 머릿속에는 음악이 흘렀고 마음으로 춤을 추며 나름대로 리허설을 했다.

공연이 있는 일요일 아침, 겨우 시간을 내 친구의 연습실에서 그동안 마음으로만 움직이던 몸동작을 육체에 담아내고 있는데 갑자기 전화벨이 울렸다. 직원의 다급한 목소리가 전화기에서 울렸다. 근처에서 불을 질러 벌초하던 사람들이 잠시 자리를 비운 바람에 불길이 집 쪽으로 빠르게 번져오고 있다는 것이었다. 나는 서둘러 옷을 갈아입는데, 마음은 춤으로 가득하고 여유로웠다. 집에 도착해서 보니 말 그대로 코앞에서 불길이 거세게 일고 있었다. 물과 모래를 뿌려 간신히 불길을 잡았다. 마치 내가 춤을 추지 못하도록 누군가 나의 발목을 잡아끄는 것 같은 음산한 기운이 가시지 않아 얼음이 둥둥 뜬 찬물로 샤워를 했다. 그러고는 단정하고 곧은 눈빛으로 거울 속의 자신을 들여다보면서 지친 몸과 마음에 기운을 불어넣었다.

 공연은 예정대로 이루어졌다. 16년 만의 무대 위에서 나는 그보다 더 행복할 수가 없었다. 내가 누구인지 춤으로 표현할 수 있다는 것이 감사했다. 많은 갈채 속에 무대는 막을 내렸다. 늦은 밤 혼자서 공연장 앞 광장을 거니는데 가슴으로 무언가 뿌듯한 것이 차올랐다. 다시 춤을 출 수 있겠다는 자신감 같기도 했고, 내 안의 꽃봉오리를 피워 올리려는 생명력 같기도 했다.

 그렇게 춤은 다시 나의 일상 속으로 들어왔다. 덕분에 하루의 일정이 더 빠듯해졌지만 나는 춤을 포기하지 않았다. 그 대신 잠을 줄였다. 그럼에도 몸은 점점 더 가볍고 자유로워졌다. 몸 안에 쌓여 나를 저리게 하던 것들도 풀려나가고 있었다.

 금성 일식이 있던 날, 나는 태양을 지나는 금성의 에너지와 하나가 되어 우주의 춤을 추고 싶었다. 그것을 위해 나는 전날 두 시간을 운전해 한 산장에 올라갔다. 밤이 되어 담요로 몸을 감싸고 앉아 밤하늘의 별과 보름달을 바라보았다. 달빛 속에서 몇 시간을 꼼짝 않고 앉아 있다가 새벽녘, 해가 떠오르는 것을 보기 위해 동쪽으로 방향을 바꾸어 앉았다. 멀리서 아지랑이가 아주 느릿느릿 피어오르는 것이 보였다. 구름 또한 느리게 움직이고 있었다. 이내 나는 동서남북으로 방향을 바꾸어가며 대지의 영혼에게 기도를 올렸다. 모든 방향의 움직임에 자유로워지기를, 또 그 자유로움 속에서 사랑할 수 있기를 기도했다.

잠시 후 구름에 붉은 물이 들기 시작했다. 등 뒤로는 달빛이 내 몸을 통과하고 있었다. 달과 태양 사이에 내가 앉아 있었다. 눈을 감고 양미간을 주시하니 눈앞에 가득한 초록빛이 나를 응시하며 달래고 위로하는 듯했다. 곧 자세를 바꾸어 달을 바라보고 앉아 뒤에서 태양 빛이 나를 통과하는 것을 느끼고, 또 자세를 바꾸어 해를 바라보며 달빛이 등 뒤에서 나를 통과하는 것을 느꼈다. 어떻게 하면 자세를 바꾸지 않고 해와 달을 동시에 바라볼 수 있을지 잠시 궁금했다. 머잖아 금성이 태양 앞을 지날 것을 환영하며 산책을 시작했다. 금성 일식을 눈이 아닌 마음으로 느끼고 싶었다. 그렇게 몇 시간이 흐르고 말로 설명할 수 없을 정도로 아름다운 금성의 에너지가 느껴지면서 눈앞에 만다라가 보였다.

금성 일식이 있는 당일 밤에는 달은 보이지 않고 비가 내렸다. 밖에 피워놓은 장작불에서는 계속 연기가 피어올랐다. 잠시 잠이 들었다가 새벽 3시에 깨었다. 어느새 비가 그치고 달빛이 환했다. 금성이 태양 앞을 지나는 것을 마음으로 느끼며 금성을 위한 춤을 추기 시작했다. 우주 공간을 지나는 금성의 에너지에 휘감기면서 금성과 하나가 되는 느낌이었다. 대자연의 공간에서 우주의 에너지가 나를 통해 스스로 춤을 추는 듯했다. 내 평생 잊지 못할 아름답고 황홀한 춤이었다.

  요즈음 나는 '춤추는 빵'을 만들고 있다. 그것은 춤을 추고 살 수밖에 없는 영혼들에게 나눠주고 싶은 나의 사랑이기도 하다. 몇 년 전에 비해 나는 더 바빠졌지만 그렇다고 해서 쫓기며 살지는 않는다. 오히려 즐기며 살고 있다. 잠이 줄어서 생긴 시간만큼 명상을 하고 춤을 춘다. 그것 외에 생활이 달라진 것은 없다. 나는 여전히 장터의 여인으로 일을 하며 살고 있다. 그러나 나는 더 이상 나를 부정하지 않는다. 나 자신을 사랑하게 되었고, 내게 주어진 일과 상황을 감사히 받아들이게 되었다.

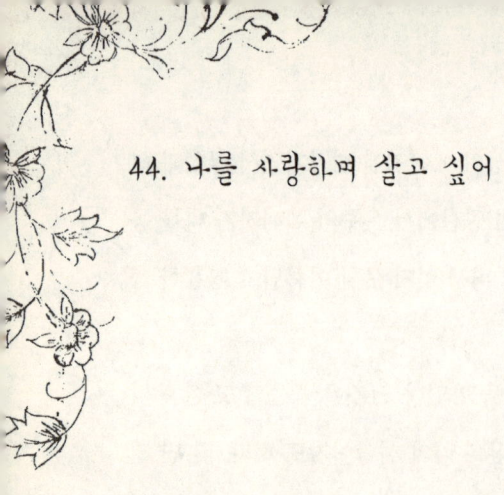

44. 나를 사랑하며 살고 싶어

　주방에서 아주머니들이 농담을 주거니 받거니 하면서 10킬로그램이 넘는 버섯을 썰고 있었다. 그들이 행복하게 일하는 모습을 보면 나 역시 행복해졌다. 그러나 가끔씩 그들이 상한 얼굴로 일할 때가 있었다. 그럴 땐 어김없이 남편과 문제가 있었다. 남편이 바람이 났다거나 술을 너무 마셨다거나 도박을 했다거나 혹은 남편에게 구타를 당했다거나…… 멕시코 남자들은 술을 심하게 마셨고 아내를 폭행하는 일도 심심치 않게 일어났다. 거기에 자기 아들만 싸고도는 시어머니와의 갈등도 심각했다.
　그래서인지 조금만 신경을 써줘도 그들은 크게 기뻐했다. 주방을 지나면서 등을 토닥거려주거나 미소를 지어주기만 해도 그들은 감사했다. 어려운 일로 청이 있을 때 나는 거절하지 않고 대부분 들어주었고, 매일 똑같은 일을 반복하는 그들이 안쓰러워 허드렛일을 함께 거들기도 했다. 그래서인지 그들은 내게 의지를 많이 했다. 그러나 동시에 이방인으로서 외롭게 살아가는 나를 자신들의 방식으로 위로하고 품어주기도 했다. 말없이 하늘을 바라보고 있으면 내 볼을 어루만져주기도 하고 슬그머니 차를 내오기도 했다. 내 방에 꽃이 떨어지는 일이 없었는데, 그것도 그들이 보내는 사랑의 표현이었다. 그렇게 서로 의지하며 함께 해온 지 벌써 7년째였다.

그에 반해 산드로는 너무 바빴다. 내가 무슨 생각을 하며 어떤 느낌 속에 있는지 눈치 채지 못했다. 그런 얘기를 하면 친구들은 산드로처럼 훌륭한 남편이 어디 있느냐며 웃었다. 주변 사람들과 비교하면 우리는 남들이 부러워할 만한 부부였다. 그런데도 나는 무엇인가가 늘 허전했다. 우리는 늘 일과 시간에 쫓겼고, 나누는 대화란 고작 음식 재료 같은 일에 관한 것뿐이었다.

26년 전, 아름다움이 무엇이고 춤으로 어디까지 깨달을 수 있는지 호기심과 갈망을 안고 인도로 유학을 떠난 뒤 갖가지 춤을 배우며 나 자신의 내면을 탐색하고 많은 것을 경험하게 되었듯이, 나는 결혼을 하고 나서 새로운 사람들과 관계를 맺고 하루 열 시간이 넘는 막노동에 집안일까지 혼자 감당해야 하는 시간들을 통해서도 삶에 관한 많은 것을 배우고 익혔다. 아이들이 어렸을 때는 그 모든 걸 혼자서 감당해 내기가 너무 힘들어 눈물로 달랜 적도 많았다. 그런 과정에서도 아름다움을 놓치지 않고 살아올 수 있었던 것은 바로 내 몸속에 흐르고 있는 춤의 에너지 덕분이었다. 여기에 아들 고빈다를 키우는 힘든 시간들도 나로 하여금 주어진 상황을 있는 그대로 받아들이고 오늘 하루에 감사하는 법을 깨닫도록 이끌어주었다.

결혼을 하면서 춤을 그만두고 소박한 행복을 느끼며 작은 것에 만족하며 살겠다고 결심했지만, 나는 정신적으로 많은 갈등을 겪어야 했다. 뭔지 모르지만 우리가 하나가 되지 못한 채 겉돌고 있다는 느낌이 계속되었고, 그 때문에 나는 늘 불안하고 조바심이 났다. 그러나 산드로는 아무런 앙금 없이 항상 행복하고 기쁘게 하루를 보냈다. 부부싸움을 하고 나면 나는 입을 막아야 하는 처지가 불만스러워 혼자 있을 때면 이탈리아에서 받은 반지를 빼 벽에 힘껏 내던지곤 했다. 그것이 벽에 부딪혀 뎅그렁 소리를 내며 구르는 것을 보면 기분이 조금 풀어지고 그때서야 겨우 잠들 수 있었다. 그러던 중에 춤의 에너지가 다시 내 안에서 화산 불처럼 솟구치기 시작했다. 마치 그동안 갇혀 있던 자아가 용트림을 하고 뛰쳐나오는 것처럼.

내 안에 숨죽이고 있던 춤 에너지를 꺼내 발산하기 시작한 뒤로는 춤을 향한 그리움이 더욱 솟구쳤다. 나는 매일 노을이 질 무렵이면 만사를 제치고 노을 앞에 앉아 망연히 사라지는 빛을 바라보곤 했는데, 산드로는 그런 나를 보고 어디를 보며 무슨 생각을 하고 있느냐고 묻기 시작했다.

"응! 그리워서."

"뭐가?"

"인도가 그리워. 춤과 음악, 또 매일매일 마치 영화를 보듯 다채롭게 펼쳐지는 인도 사람들의 삶도! 지금 나는 너무 멀리 떨어져 있다는 느낌이 들어서 그런지 자꾸 먼 곳을 바라보게 되네."

"지아, 정신 차리고 빵 준비해야 해. 지금 일손이 바쁘니까 도와줘."

그 말에 다시 일을 붙들지만, 나는 점점 더 주방 일에 관심이 없어졌다. 그러면서 자꾸 장롱을 열어 결혼 전 뉴욕 공연을 위해 만든 무대 의상을 만지작거렸다. 결혼하기 위해 취소했던 그 공연 의상이었다. 그 마음을 어찌 알았는지 힐링 음악을 하는 친구 이츠반으로부터 공연을 함께 하자는 연락이 왔다. 기쁨을 감추지 못하는 나를 산드로가 깊숙이 들여다보았다. 그 눈빛이 껄끄럽고 싫었으나 드러내지는 않았다. 그러나 조금씩 산드로와 나누는 대화가 엇나가기 시작했다. 어느 날 "지아, 너 요즘 이상해. 네가 변하고 있어. 춤이 너를 변하게 만들고 있어. 현실을 직시했으면 좋겠어"라고 한 산드로의 말이 마침내 심각한 대화로 번지고 말았다.

"내가 춤을 사랑하게 되면서 소홀해진 게 뭐지?"

"현실적이지 않다는 거야. 지금도 다른 세상에 가 있잖아?"

"늘 다른 세상에서 살고 있었는데 네가 그동안 눈치 채지 못한 건 아니고? 단지 그 다른 세상이 밖으로 흘러나온 것일 뿐이야."

"지아, 너는 춤을 통해서 네 에고를 세우려 하고 있어. 남들의 관심과 시선을 받기를 바라는 거지. 춤을 추며 행복하면 그뿐이지 꼭 무대가 필요해?"

"당연하지. 무대가 주어지면 그 위에서 춤을 추는 것이 무용가야. 그것이 에고와 무슨 상관이지? 주부 프로그램에서 요리를 하며 시청자들의 관심과 시선을 모으는 너도 그럼 에고가 강해서 그런 거니?"

순간 산드로는 화를 내며 더 이상 말하고 싶지 않다고 자리를 뜨려 했다.

"잠깐만, 산드로! 나도 하고 싶은 말이 있어. 네가 요리사로서 재능이 있고 그 일을 즐기듯 나 또한 무용가로서 나 자신을 드러내며 살고 싶어. 지금껏 춤을 추겠다고 나선 적 없이 모든 일에 최선을 다하며 살아왔지만 빈 껍질로 공허한 중년을 맞을 자신이 없어. 나에 대한 무책임을 스스로 용서할 수가 없어. 춤은 제대로 사랑받지 못하고 제대로 소통하지 못하고 고독하게 메말라가는 내 영혼에게 주는 생명수와 같은 거야. 나는 이츠반과 함께 공연을 할 거고, 춤을 통해 나 자신을 다시 표현하고 싶어. 나를 사랑하며 살고 싶다고. 내가 갈증으로 고갈되어 있다면 무슨 힘으로 사랑을 나눌 수 있겠어?"

산드로는 나를 마치 사춘기 반항아 보듯 바라보고 있었다.

"산드로, 나는 결혼한 뒤로 내게 주어진 어떤 일도 마다하지 않고 오늘날까지 지내왔어. 그동안은 아이들도 어리고 정신없이 일만 하느라고 내 자아의 문제에 등한한 채 살아왔지만 지금은 달라. 아이들도 컸고 일도 굳이 내 손이 닿지 않아도 직원들이 알아서 할 정도가 되었어. 이제 뒤늦게 자아를 찾고 싶다는 것인데 그걸 막는다면 그건 나를 숨 막히게 하는 것이지 나를 사랑하는 게 아니란 걸 알아줬음 해.

결혼과 동시에 가정에 묻히는 것이 여자의 삶이라고 한다면 나는 그걸 거부하겠어. 그렇다고 가정 일을 소홀히 하겠다는 것도 아닌데, 하고 싶은 일을 제지당한다고 생각하니 더 자유롭게 살고 싶다는 생각이 들어. 내가 지금 무슨 특별한 계획이 있어서 그걸 자유롭게 하고 싶다는 게 아니고 자유로운 영혼으로서 아름다움을 누리고 싶다는 것뿐인데…… 나는 이제껏 나 자신의 아름다움을 발견하려고 노력하며 살아왔지만, 표현하지는 못했지. 이제는 자유롭고 싶다는 말을 할 만한 시간이 된 것 같아. 너와 내가 만나 사랑하고 아이들 낳고 지금까지 훌륭한 삶을 이끌어올 수 있었던 것에 감사해. 하지만 이제부터는 너는 네 삶의 자유를 누리고 나는 내 삶의 자유를 누렸으면 해.

 가정을 파괴하지 않는 조건에서 부부에서 친구로 되어보는 것은 어때? 친구로서 서로 존중하며 자유롭게 배려하면서 살 수는 없을까? 우린 부부로서 16년을 살아왔지. 가정을 이루는 것에는 훌륭한 만남이었으나, 우리가 정말 사랑으로 하나된 것이 사실인가 하는 의문이 들기 시작했어. 뭔가가 부족한데 그것이 무엇인지는 잘 모르겠어. 왜, 무엇 때문에 완전한 하나라는 느낌이 들지 않는지…… 오늘 한번 솔직하게 얘기해 보고 싶어."

 "지아! 나는 한 번도 그런 느낌을 받은 적이 없어. 너와 함께한 그 모든 시간이 만족스럽고 행복했어. 너를 위해서라면 뭐든지 희생하고 희생당해도 상관없다고 느끼고 있어."

 "바로 그거야. 왜 나를 사랑한다면서 나를 위해 희생해야겠다는 생각을 하는 거지? 그것이 부담이 되고 불편해. 정말 네가 나를 위해서 그렇게 해야 할 무언가가 있다면 사랑으로 하면 돼. 희생이란 말 따윈 필요 없어야 한다고 생각해."

 "네가 늘 너무나 많은 것을 요구하고 지금 이 순간에도 만족해하지 않아서 그런 거야. 이 순간을 받아들이고 즐기라고. 생각하지 말고!"

 "너도 알다시피 나야말로 생각보다 느낌으로 살아. 그런 나의 느낌이 만족스럽지 못한데 어떻게 이 순간을 즐기지? 나는 대충 얼렁

뚱땅 사는 것이 싫어. 내 자아가 무엇을 원하는지, 내 영혼이 무엇을 갈구하는지 알고, 그것들을 채워주고 싶어. 불만족스러운데 어떻게 거짓으로 즐기지? 나는 배우가 아니야. 내 삶에, 나 자신에게 솔직하고 싶어. 정신없이 살다가 병이 들고 죽음을 맞긴 싫어. 진리를 모른 채로 떠밀리듯 살아간다는 것이 두려워. 그래서 병이 들고 의사에게 내 삶을 맡기기보다 스스로 나 자신을 돌보고 싶어.

　우리가 결혼해서 첫 여행을 떠났던 곳, 카주라호 사원에 갔을 때 생각나? 나 혼자만 보았던, 시바와 파르바띠가 한 몸에 반반씩 조각된 그 아름다운 조각상, 기억해? 그런데 우리가 함께 갔을 때는 그 조각상을 볼 수가 없었어. 그래서 내가 한없이 울었지. 산드로, 그날을 기억해 줘."

　"우리가 함께 보지 못한 그 조각상에 무슨 큰 의미가 있다는 거지? 그래서 너는 나와 결혼해 살면서 행복하지 않았다는 거야?"

　"아니, 행복해. 남들이 부러워하는 가정이고 성실한 남편이야. 아내만 사랑하고 늘 긍정적이고 활기차고 밝고 유쾌하고…… 늘 나에게 기쁨과 행복을 주려고 하고. 그래서 정말로 행복해. 하지만 그런 행복이 내 영혼의 허기까지 채워주지는 못해."

　산드로는 화가 나는 것을 참는 듯했다. "지아! 너는 정말 욕심이 너무 많아. 그런 너를 나 말고는 사랑할 만한 사람이 없어" 하면서 산드로가 침실로 혼자 들어가는 뒷모습을 나는 물끄러미 바라보았다.

45. 독립, 그리고 참 사랑

산드로의 뒷모습을 바라보며 나는 밖으로 나왔다. 보름달이 떠 있었다. 보름달을 보는데 눈물이 나면서 문득 루미의 시가 떠올랐다.

"물을 내려주시오. 목이 마릅니다. 달빛 비치는 그 물을 마시고 싶소. 저 아름다운 달을 마시고 싶소. 두 손에 가득 든 물에 달빛이여 내려와 주오. 그 물을 마시려 하오. 아름다운 달을 마시고 싶소. 목이 마릅니다."

이윽고 방에 들어와 컴퓨터를 켰다. 한국에 사는 누군가와 대화를 하고 싶었다. 인터넷상에서 만나 친해진 몇 사람에게 메시지를 보냈지만 아무도 답신이 없었다. '일요일이라 모두 바쁜가 보다' 하며 마지막으로 한 친구에게 메시지를 보냈다. 몇 주 전 인상적인 메시지를 보내온 사람이었다.

"거기 누구 있어요? 아무도 없어요?"

그런데 곧바로 "여기 있어요! 무슨 일 있어요?"라고 답이 왔다. 순간, 잘 알지도 못하는 친구에게 갑자기 그 질문이 적절하지 않았다는 걸 깨달았다. 목마르고 갈증이 난다는 방금 전 루미 시의 기분에 젖어서 나도 몰래 내뱉은 질문이었다. 나는 그저 보름달이 무척 아름다워서 그랬노라고 얼버무렸다.

"아, 거기는 밤이군요. 잠시만요, 눈을 감고 그 달을 바라볼게요."

눈을 감고 그 달을 느껴보겠다니, 순수한 마음이 전해져 왔다.

"참 아름답네요. 그런데 하고 싶은 말이 또 있나요? 오늘은 일요일이라 충분히 들어드릴 수 있답니다."

"아 네, 사실은 결혼 전 무용 공연을 하려고 준비해 둔 의상이 있는데 결혼과 함께 취소한 뒤로 그 옷을 한 번도 입어보지 못했어요. 요즘 자꾸 그 옷에 손이 가서 만지작거리는데 감히 옷 보따리를 열어볼 엄두가 안 나서요. 왜 그런지 모르겠어요."

"그냥 과감하게 열어보세요. 그리고 이왕이면 한번 입어보세요. 그리고 지금 그 아름다운 달빛 속에서 춤을 춰보세요."

"고맙습니다, 제게 힘이 되는 말씀을 해주셔서. 그럼 용기 내서 그것을 가져와 열어볼래요."

그리고 나는 16년 동안 장롱 속에 묻혀 있던 의상을 꺼내 입었다. 마침 그때 틀어놓은 수피 음악이 〈비상〉이라는 곡이었는데, 나는 실로 오랜만에 무대 의상을 입고서 그 곡에 맞춰 춤을 만들어나갔다. 순식간에 〈비상〉이라는 춤이 탄생했다. 나는 그 춤을 다음 달 수피 세미나에서 발표했다. 그와 동시에 내게도 모종의 '비상'이 숨어 기다리는 줄을 그때는 알지 못했다. 마침 세미나에 모인 사람들이 내게 수피 춤 연수가 있다는 얘기를 들려주었다. 마치 모든 계획이 준비되어 있었던 것처럼 하나둘 춤을 향한 문이 열리기 시작했다.

춤으로 깨달음을 얻을 수 있을까 갈망하던 26년 전의 내 모습이 떠올랐다. 다시 그 시절로 돌아가는 기분이었다. 흥분된 마음으로 짐을 챙기고 있는 나를 거들며 산드로가 말했다.

"지아! 그래, 춤은 네게 정말 중요한 건가 보다. 그렇게 밝게 웃는 것을 보니 나도 행복해. 좋은 경험 하고 돌아와."

"고마워. 뭔지는 모르지만 루미의 안내로 수피 춤과 인연이 닿고 있어. 그저 감사할 뿐이야. 아마도 수피 춤을 알기 위해 그동안 그 고된 과정을 거쳐온 것 같아. 그리고 나 요즘 정말로 행복해. 모국어로 글을 쓰고 사람들과 소통하고 있다는 것도 그렇게 좋을 수 없어. 내 삶을 죽 되돌아보니 반항하고 살아온 흔적이 여기저기 있어. 그런 사실을 인정하고 되돌아가 마주해야 할 게 있다는 느낌이 들어."

"무슨 말이야? 한국으로 돌아가고 싶다는 거야?"

"아니야. 그냥 내 마음 상태를 말하는 거야. 아무것도 결정한 것 없고 결정할 수도 없어."

"네가 요즘 친하게 소통하는 한국 친구 때문이니?"

산드로는 춤에 이어 내가 자기보다 더 사랑을 쏟게 된 존재가 생겨난 건 아닌지 의심이 가득한 눈으로 나를 바라보며 말했다.

"지아, 착각하지 말고 춤이나 추고 오렴. 수피 춤 연수, 그렇게 갈망하던 것 아냐?"

밤 버스를 타고 도착한 다음날 첫 수업이 시작되었다. 기뻤다. 그동안의 내 인생이 바로 이 수피 춤에 도달하기 위한 방편이었다는 것을 알 수 있었다. 수피 춤은 새롭고 낯선 것이 아니었고, 수업은 이미 알고 있던 것을 다시 기억하게 해주는 과정일 뿐이라는 생각마저 들었다.

수피 춤은 무소유를 표현하는 춤이었다. 이 춤에는 육체의 죽음을 맞기 전 자신의 에고의 죽음을 상징하는 깊은 뜻이 담겨 있었다. 수피 춤의 하얀 의상은 수의를 상징하고, 모자는 묘비를 나타낸다고 했다. 양팔로 자신의 어깨를 감싸 안는 기본 자세는 자신과 우주가 합일한다는 의미이고, 회전하기 전 마치 인사를 하듯 허리를 구부리는 것은 자신을 비우겠다는 의지를 나타낸다고 했다. 그 다음 자신을 안고 일곱 번에 걸쳐 천천히 움직이는데, 그것은 우리 몸의 일곱 차크라가 열림을 뜻한다고 했다. 그리고 오른손은 손바닥을 위로 해 하늘을 향하고, 왼손은 손바닥을 아래로 해 대지를 향한다고 했다. 그런 후 천천히 회전을 시작했다.

첫날, 회전을 하다가 쓰러졌다. 어지러움과 황홀함이 교차하면서 그 느낌을 견디지 못하고 쿵 소리와 함께 쓰러졌으나 아픈 것은 느낄 수 없었다. 마치 별이 떨어지는 것 같은 느낌이었다. 그렇게 쓰러진 나의 몸에서 수도 없이 많은 별들이 튀어나오는 듯한 느낌에 즐겁기까지 했다. 첫날만 쓰러졌을 뿐 그 후 끝까지 회전하는 연수생은 나 혼자였다. 나는 내가 동방의 빛이라는 느낌으로 회전을 했다. 그렇게 별이 되고 싶은 마음이 간절했다. 마지막 날 밤에는 야외에서 밤하늘을 바라보며 회전을 했는데 실내에서 하는 것보다 훨씬 힘들었다. 별들을 바라보며 회전을 하려니 아찔한 기분이 들면서 중심을 여러 번 잃었다. 그날 밤 나는 밤하늘을 바라보며 숲속에서 숄을 덮고 잠에 들었다. 가끔 눈을 뜨고 바라보는 별천지가 더할 나위 없이 아름다웠다.

수피 춤의 모든 것을 온몸에 흡수한 채 연수를 마치고 밤늦게 오아하카 터미널에 도착했다. 산드로가 전화를 받지 않아 나는 택시를 타고 집으로 향했다. 집에 도착하니 멀리서도 보일 정도로 온 집안에 불이 환하게 켜져 있었다. 이상한 느낌이 밀려왔으나 호흡을 가다듬고 문을 열고 들어서니 바닥에 온통 빨간 씨앗들이 흩어져 있었다. 마치 산 생명들이 피를 토하고 쓰러져 있는 것 같았다. 내가 소중히 간직해 오던 씨앗들이었다.

이 책의 원고를 쓰던 어느 날 밤 꿈에 어머니가 나타나 내 발밑에 빨갛게 생긴 씨앗들을 소복이 내려놓고 가셨는데, 나는 꿈이 하도 신기하여 실제로 그런 씨앗이 있는지 찾아보기 시작했다. 그리고 멕시코 사람들이 제사나 의식을 치를 때 꿈에서 본 것과 똑같은 빨간 씨앗들을 신전에 올린다는 사실을 알게 되었다. 이 씨앗에는 독이 들어 있는데, 싹이 나고 나무로 자라 꽃을 피울 때까지는 그 독을 지니고 있다가 꽃을 피우는 것과 동시에 그 독성이 사라진다 하여 신성한 씨앗으로 여겨지고 있었다. 그런 사실을 알고 나는 어머니가 꿈속에서 내게 뭔가 중요한 메시지를 전하려고 그 씨앗들을 주고 가셨구나 싶어서 그 빨간 씨앗들을 구해 소중히 간직해 왔다. 그런데 그 씨앗들이 사방에 흩어져 있는 것이다.

이 방 저 방을 둘러보는데 내 물건이며 옷가지 등 나와 관련된 것은 아무것도 보이지 않았다. 어수선하게 흩어져 있는 빈 방만 나를 외롭게 기다리고 있었다. 모든 것이 사라지고 비어 있는 방, 수피 춤에서 말하는 무소유가 이런 것인가 싶었다. 나는 이것 또한 사라지리라는 사실을 상기하며 바닥에 흩어져 있는 빨간 씨앗을 손으로 밀어내 자리를 만든 뒤 그 자리에 서서 수피 춤을 추기 시작했다. 나는 "모든 것은 사라진다. 이것 또한 사라진다"는 말을 반복하며 몇 시간 동안이나 춤을 추다가 침대에 쓰러져 잠이 들었다. 오로지 심장의 박동과 하나되고 우주와 하나됨을 느끼면서……

산드로에게서는 아무런 연락이 없었다. 직원들 말에 의하면 내가 연수를 떠난 사이 분노로 제정신이 아니었다고 했다. 모두들 내 눈치를 보며 걱정했으나 나는 불안한 마음이 들 때마다 수피 춤을 추며 심장과 하나가 되고 나 자신을 우주와 연결시켰다. 내 안의 질투심과 소유욕, 분노와 사랑을 세밀하게 들여다볼 수 있는 시간이었다.

내 물건들만 사라진 것이 아니었다. 인터넷도 끊겼고, 컴퓨터에 보관된 메시지들에도 손을 댄 흔적이 역력했다. 의지하고 기대하면서 기대한 만큼 되돌려 받으려는 마음은 결코 사랑이 아니었다. 그러나 나는 산드로를 미워하고 원망하기보다는 그의 분노와 시기와 질투의 색감들을 들여다보았다. 일단 그가 그렇게라도 분노를 쏟아낸 것에 감사했다. 그 분노는 산드로의 것이라기보다는 그 안에 축적된 오래된 영혼들의 분노였다는 것, 그 부정적인 에너지들을 알아차리지 못하고 오랫동안 그가 함께 살아왔다는 것을 깨달을 수 있었다. 철없는 아이의 광기처럼 자제되지 못한 악어 떼들이 그에게서 흉하게 쏟아져 나온 것 같았다.

열흘이 지나 그가 나타났다. 그때까지도 흥분이 다 가시지 않고 두려움에 떨고 있는 듯했다.

"산드로, 무슨 일인지 모르지만 깊은 분노를 털어낼 수 있게 된 것 일단 축하해. 그런데 연수 떠나기 전 우리가 서로 존중하며 친구 관계를 지속하자고 했던 건 뭐야? 나의 기쁨이 너의 행복이라고 한 것은 뭐고? 그리고 이건 뭐지?"

"배신감, 배신감 때문이야. 나는 결혼한 후 다른 누구도 사랑하지 않고 오로지 지아만을 사랑하고 위했어. 어떤 희생도 마다하지 않았고. 지금이라도 네가 잘못을 인정하고 돌아온다면 다 잊고 함께할 수 있어."

"내가 뭘 잘못했다는 거지? 모국어로 대화를 나눌 수 있는 친구가 생겼고, 그와 메시지를 주고받은 것 때문에 그래? 그 일에 대해 나는 속인 것도 감춘 것도 없어. 당분간 친구가 나를 위해 비워준 센터에 가 있을게. 그곳에서 네가 편안해질 때를 기다릴게. 지금은 시기가 아니니 더 차분해지면 대화하기로 해. 나는 시끄럽고 어수선한 게 싫고, 너 역시도 그렇잖아."

"지아, 지금 네가 아무리 그렇게 말해도 나는 배신감이 들어."

"지구 반대편에서 오는 메시지에 기쁘고 모국어로 소통해서 기쁜 내 마음을 이해하려고 해봤어? 참 사랑을 안다면 이런 식으로 나를 공격해서는 안 되지 않을까? 나는 그 무엇도 일부러 구하려 한 적이 없어. 그저 모든 게 자연스럽게 흘러가는 걸 지켜볼 뿐."

"참 사랑?"

"그래, 참 사랑! 기억나니? 지난번 내가 위파사나 명상을 마치고 돌아온 날 불교에서 금욕하는 것을 이해했다고 말했었잖아?"

"그래 기억나."

"명상을 하는 중에, 애욕과 집착과 소유욕을 벗지 못하면 가슴 차크라에 도달할 수 없다는 걸 온몸으로 느낄 수 있었어. 명상 도중 올라오는 수많은 번뇌를 지그시 누르고 반응을 보이지 않자 잠시 후 가슴 차크라에 도달하면서 아찔해지는 경험을 하고 나도 모르게 미소 지었다고 했잖아. 그 미소는 내가 지은 것이 아니야. 미소가 나를 찾아와 스스로 미소를 지은 거지. 그때 온몸에 전율을 느끼며 왜 금욕이 필요한지 알게 되었어. 그렇다고 억지로 욕구를 억누른다는 게 아니야. 자연스럽게 그렇게 되는 거지. 산드로, 나는 헛되게 시간이 가는 것이 제일 아쉬워. 매일 음식을 섭취하며 몸이 새롭게 태어나듯 마음도 새로운 것을 받아들이고 새로운 배움들로 채우고 싶어.

 만나고 헤어지는 건 우리의 뜻대로 되는 게 아니야. 누군가를 사랑하는 것도 아무와 아무 때나 생기는 일이 아니고. 지금 새롭게 나를 발견할 수 있는 이 기회를 부정하거나 숨기고 싶지 않아. 모든 것은 변화하고 그 변화를 받아들이지 않으면 우리는 고통을 겪게 되지. 소중한 시간들이 병들고 상처받고 아깝게 흘러가게 돼. 나는 변화를 받아들이기가 두려워서 그것을 피하거나, 그 결과를 감당하기 힘들어서 참 사랑을 잃고 싶진 않아. 너와 내가 부부의 인연으로 엮어졌다는 한 가지 이유만으로 진정한 나 자신과 참 사랑을 발견할 수 있는 기회를 거부할 이유가 없다는 말이야.

　나는 평생 동안 참 사랑이 무엇인지 알고 경험하기를 갈망했어. 하지만 지금까지는 네가 뭔가를 원하면 내 입을 막고 억지로 침묵해야 했지. 자신의 존재감을 잃고 살아왔다는 말이야. 이제 내가 준비되었고 자격이 있다면, 나는 제대로 된 사랑을 나누다 죽고 싶어. 웃음 속에 마지막 숨을 내쉬며 별이 되는 것이 내 소원이야."

　그런 대화를 나눈 며칠 뒤 내가 머물고 있는 곳으로 그가 찾아왔다. 그는 지쳐서 잠들어 있는 나의 등을 마사지해 주면서 따뜻한 정을 나눠주고 떠났다. 잠결에 산드로에게 고맙다고는 했지만, 무엇에 지쳤는지 잠에서 헤어나지 못하고 있었다. 몇 시간 후 일어나서 보니 식탁 위에 메모가 있었다.

　"지아! 오늘 집에서 기다릴게. 모든 것을 이해하고 따라가는 중이야. 매번 뒤늦게 따라가는 나를 놔두고 혼자서 너무 앞서가지 마. 잠시만 기다려줘. 가슴으로 이해하고 싶은데 생각이 아직도 지배를 하고 있으니…… 집에서 꼭 만나자!"

　천천히 읽으며 그가 만들어놓은 아침상을 받았다. 역시 그는 마술가의 손을 지닌 요리사였다.

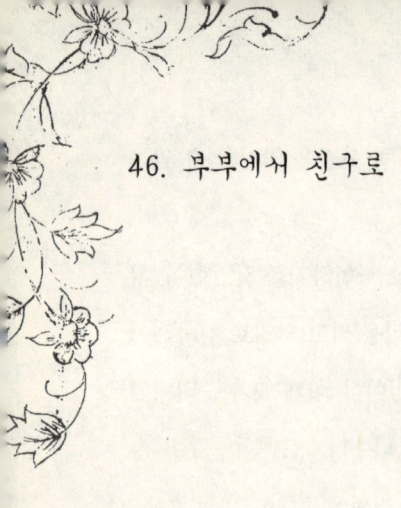

46. 부부에서 친구로

오후 늦게 택시를 타고 집에 들어서자 산드로와 직원들이 양팔을 벌리며 환영해 주었다. 집 안은 빵 굽는 냄새로 가득했다. 혓바닥을 허공에 내밀고 냄새만 사냥해도 배가 부른 풍요로운 집이었다. 마침 노을이 물드는 테라스에 앉아 산드로가 말했다.

"지아, 몇 주 전만 해도 나는 분노와 질투에 휩싸인 악어 중에서도 황제 악어였지. 지금 단식중이야. 끔찍한 에고에게 먹이를 주지 않고 일단 몸을 비워 신성하게 하려고. 아직도 완전히 죽지 못한 분노가 미세하게 남아 있지만 녹이고 있는 중이야."

"산드로, 힘들고 고통스러운 시간 잘 견뎌준 것, 정말 고마워. 그리고 우리가 참 사랑을 알아가는 과정에서 부부에서 친구가 되어 서로 돕고 이해하는 길로 들어설 수 있다는 게 정말 기뻐."

그러면서 나는 우리 두 사람이 결혼이라는 굴레에서 벗어나는 의식을 치르자며 주말에 산으로 가자고 제안했다. 우리가 간 곳은 라차

타오의 산장이었다. 피라미드가 부서지고 남은 자리에 독수리와 표범 등이 여러 색깔의 흙으로 그려져 있었는데, 산드로가 몇 주 전 분노를 참지 못하고 이곳에 와서 그린 것이라고 했다. 우리는 그 중앙에 불을 지피고 재만 남았을 때 재 위에 올라서서 우리가 다시 피어나자는 다짐을 했다. 그리고 옆으로 나란히 서서 서로를 존중하고 친구로서 이해하고 사랑할 것을 약속했다. 돌아오는 길에는 산 속의 흐르는 물에서 목욕도 했다.

돌아와서는 잔디에 카펫을 깔고 밤하늘을 보며 잠이 들었다. 카펫 위에 누워 눈을 뜬 채 하늘을 바라보니 엄청난 별들이 우리를 내려다보고 있었다. 잠을 자다가도 기분이 좋아 눈꺼풀을 올리면 쏟아질 듯한 별들이 보였다. 새벽이 되자 산드로는 명상을 하고 있었고, 나는 다시 별들에게 눈을 주었다. 잠시 후 내가 입을 열었다.

"산드로, 별들을 바라보며 순수한 소년과 소녀가 되어 잠이 든 지난밤이야말로 산드로와 함께한 최고의 밤이었어. 아름답고 그림 같은 밤을 함께해 줘 감사해."

산드로는 만족스러워했고 행복하게 미소를 지으며 내 손을 잡았다. 그렇게 산드로와 나는 독립과 자유를 위하여 큰 걸음을 내디뎠다. 나는 자유로운 영혼으로 되는 길목에서 친구가 되어준 산드로에게 진심으로 감사했다.

우리는 서류상으로도 독립을 하기로 했다. 그러나 완전히 갈라지는 것은 아니었다. 또 아이들의 교육과 일상, 정서적인 모든 것, 그리고 경제적인 책임까지도 각자 합당한 의무와 책임을 다하기로 했다.

그런 대화 끝에 산드로가 웃으며 물었다.

"지아, 올해에 무슨 계획이라도 있니?"

"응. 계획이라기보다 8월에 키르기스스탄에서 수피 춤 연수가 한 달 동안 열리는데 그곳에 참석하고 싶어."

"지아가 바라고 갈망하던 것 중에 이루지 못한 것도 있나? 하하하, 지아는 매직 같은 여인이야."

그리고 서류를 주고받기로 약속한 날, 우리는 가정법원으로 갔다. 변호사와 담당 남자 직원이 자리를 함께해 주었다. 결혼이라는 테두리를 유지하고 아이들과 가정을 보호하면서도 각자의 인격을 존중하고 서로의 독립과 자유를 인정한다는 데 동의하는 자리였다. 직원이 우리에게 질문을 시작했고, 합의 사항들을 하나씩 정리해 갔다.

심각하다면 심각한 자리였음에도 나는 문득 어린 시절 교장실에 끌려가 꾸중을 듣던 기억이 떠올랐다. 대화를 나누면서도 머릿속에서는 학교 담을 넘어 인왕산에 올라가 진달래꽃을 꺾던 장면들이 교차했다. 나는 이게 무슨 까닭인가 싶어 눈만 깜빡거리고 앉아 있었다. 직원이 내게 뭔가 질문했나 본데 딴생각을 하고 있다가 되물었다.

"네?"

"그러니까 아이들 교육비와 양육비를 어떻게 결정하셨나요? 산드로 씨, 몇 대 몇으로 부담을 하실 건가요?"

"꼭 몇 대 몇으로 구분을 해야 합니까? 그렇다면 제가 7을 부담하고 지아가 3을 부담하죠."

"아니에요. 꼭 몇 대 몇으로 해야 한다면 반반으로 해요."

"아 네, 그럼 반반으로 결정되었습니다."

순간, 머릿속에서는 '무슨 경매를 하는 건가?' 하는 생각이 들었다. 마치 '당첨되었습니다. 다음으로 넘어가죠' 하는 것처럼. 그러자 산드로가 허겁지겁 큰소리로 말을 잘랐다.

"아닙니다. 제가 다 부담하겠어요. 결혼해서 살다 보니 여자들은 돈을 쓰면서 즐거워하더라구요. 저는 특별히 필요한 것이 없으니 지아가 양육비보다는 다른 곳에 돈을 쓰며 행복하기를 바랍니다."

산드로가 나를 쳐다보면서 말했다.

"맞잖아. 너는 지나가다가도 장사하는 사람들 보면 그날 수입의 기쁨을 줘야 한다면서 물건을 사잖아. 또 그렇게 구입한 것들을 이 사람 저 사람에게 나눠주며 행복해하고. 나보다 네가 더 돈이 필요해."

우리 두 사람의 눈을 번갈아 쳐다보던 직원이 말했다.

"그럼 그렇게 수정합니다, 지아 님."

나는 대답하지 않았고, 다음 문항인 부동산 문제로 넘어갔다. 부동산은 모두 내 이름으로 되어 있고 내가 죽으면 아이들에게 상속된다는 내용이어서 마치 유서를 보는 듯한 느낌이었다. 이어서 해외로 여행을 할 때는 몇 달 전에 상대방에게 계획을 알리고 그때 집에 남아 있는 사람이 아이들을 돌본다는 항목이었다. 다행히 우리에게는 집안일을 돌봐주는 아주머니들이 있고, 특히 고빈다를 챙겨주는 분도 계셔서 그것이 산드로에게 크게 곤란한 일은 아니었다.

그 다음 항목은 산드로나 내가 헤어져 다른 곳에서 살기로 선택할 경우 아이들이 누구와 동행할지 자신들의 의사에 따라 자유롭게 결정할 수 있다는 내용이었다. 그 다음은 산드로가 제안한 것으로, 이제 우리는 아내와 남편이라는 신분에서 자유로워졌으므로 만약 서로에게 사랑하는 사람이 생길 경우 그 사람의 인격과 성품이 인정되고 아이들의 교육적인 측면이나 가정에 해가 되지 않는다고 판단된다면 두 사람의 합의에 따라 집에 초청해 식사를 할 수도 있고 함께 머물 수도 있다는 항목이 첨가되었다.

이렇게 모든 서류가 정리되었다. 직원이 우리를 보며 "이런 경우는 처음입니다. 대부분 이곳에 오면 큰소리를 지르거나 서로 하나라도 덜 부담하려고 다투는데, 두 분은 정말 현명하게 합의를 해나가시니 참 아름답네요." 하며 고개를 갸웃거렸다.

산드로가 내 변호사에게 말했다.

"가만 생각해 보니 지아는 26년을 타국에서 여러 나라 말을 하고 살면서 그 문화와 환경에 적응하려고 최선을 다했고 힘든 상황에서도 매사에 성실하고 부지런히 임해왔어요. 그런데 그런 지아에게 제가 결코 해줄 수 없는 게 하나 있었어요. 바로 지아의 모국어와 한국인의 정서에 맞게 대화를 할 수 없었고 앞으로도 그렇게 해줄 수 없을 거라는 겁니다. 그런데 나중에라도 누군가 그런 것을 해줄 수 있는 사람이 나타나 지아에게 사랑을 주고 잃어버린 정서를 되찾게 해 지아가 행복해질 수 있다면 제가 그것을 가로막거나 시기해선 안 된다는 것을 알게 되었어요. 지아가 더 행복할 수 있다면 도와주어야 한다는 것, 그것이 참된 사랑이라는 것을 깨닫게 해준 지아에게 진심으로 감사하다는 말을 하고 싶어요."

변호사가 산드로의 말을 듣고 말했다.

"산드로 씨도 좋은 인연이 기다리고 있을 수도……"

"네, 그럴 수도 있겠죠. 그러나 지금 이 나이에 아름다운 소녀로 있을 수 있는 사람은 오직 지아뿐이에요. 참 사랑은 애욕도 아니고 집착이나 소유도 아님을 지아를 통해 배우게 돼 감사할 뿐이에요."

우리는 서로에게 감동받으며 진정한 사랑으로 하나된 포옹을 주고받았다.

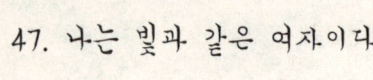

47. 나는 빛과 같은 여자이다

밤에 도착한 산장, 아이들과 산드로는 산장 안에서 잠이 들었다. 나는 차가운 바람에 코가 시린데도 밤하늘과 별, 벌레 소리에 피곤한 몸과 마음을 맡기고 하늘의 커다란 품에 안겨 잠을 청했다. 새벽이 되자 산이 온통 안개로 뒤덮였다. 내 몸이 안개와 하나가 되어가는 것을 보면서 나는 그저 감사하다는 말을 되풀이했다.

안개가 서서히 걷히고 닭이 선명한 목소리로 자신의 존재를 표현했다. 곧이어 새들의 합창 소리가 들려왔다. 나는 자연의 모든 소리들을 세밀히 듣고 싶은 욕심에 귀를 열고 또 열었다. 새소리며 온갖 자연의 소리들, 그 부지런하고 행복한 분주함이 몸속에 차곡차곡 쌓여가는 듯했다.

산드로의 뛰어난 솜씨로 빚어낸 예술 같은 음식에 내 눈과 입이 놀라며 아침 식사가 시작되었다. 단식을 하겠다고 마음먹은 딸 아루나도 음식 앞에서 천천히 무너졌다. 나는 맛있다는 소리를 연발하며 음식을 먹는 아이들 모습을 흐뭇하게 바라보았다. 아침 식사가 끝나고 우리는 곧바로 점심 때 먹을 코즈믹 스프를 만들기 위해 밭에서 따온 싱싱한 재료들을 손질하기 시작했다.

나는 나 자신은 물론 모든 사람들이 버리고 싶어 하는 과거의 악습, 분노와 슬픔, 아픔, 미련, 고통, 시기와 질투, 용서하고 싶은 것들을 눈으로 마른 나뭇가지에 쓴 뒤 그 나뭇가지를 수프가 끓고 있는 아궁이의 불속으로 던져 넣었다. 이제 솥에서는 새로운 다짐과 소망, 나누고 싶은 사랑이 수프와 함께 끓고 있었다.

다 끓은 코즈믹 수프를 우리는 먼저 대지의 신에게 바쳤다. 산드로는 물론 우리 모두 새로 태어나기를 바라는 마음을 담아서. 우리는 매 순간 새롭게 태어나고 있고, 지난 슬픔과 아픔과 고통도 기쁨과 즐거움과 행복으로 얼마든지 다시 태어날 수 있다. 우리는 슬픔과 아픔과 고통을 모두 불 속에 넣고 태워버렸다. 그리고 새로 태어나기를 바라는 마음을 담아 만든 수프를 함께 나누었다.

산에서 돌아온 뒤 어느 이른 새벽, 나는 지붕에서 수피 춤 명상을 했다. 저 멀리 발밑으로 도시의 불빛이 흐르고, 위에서는 별들이 아름답게 빛을 내고 있었다. 오른손 바닥을 하늘로 향하고 왼손 바닥은 대지를 향한 채 빙글빙글 회전을 시작했다. 아름다웠다. 잠시 후 어둠이 대지에 스며들고, 아지랑이인지 안개구름인지가 땅 위로 올라오는데 내가 마치 솜사탕 한가운데의 막대 같고 하얀 구름들이 나를 휘감고 있는 것처럼 느껴졌다. 이윽고 여명의 빛이 나타나면서 나는 하양과 붉음이 섞인 솜사탕이 되어갔다. 그렇게 아름다움에 젖어 아침을 맞았다. 이제 내일 장터에 나갈 빵과 브라우니를 만들어야 할 시간, 부드럽고 행복한 솜사탕의 마음으로 빚은 반죽이 춤을 추더니 매직처럼 빵으로 태어났다. 많은 이들에게 행복을 심어줄 것을 생각하니 노동이 그저 기쁘고 즐거웠다.

  마침내 산드로는 명상 센터에서 음식을 만들고 유기농 밭을 일구는 일을 하기로 마음을 정리했다면서 서서히 장터를 떠나겠다고 했다. 내가 할 일은 아직 선명하게 떠오르지 않았다. 우선은 아이들을 돌보고, 비록 규모는 줄겠지만 장터의 일도 내가 해야 할 일로 남으면 하게 될 것이다. 어떤 현실 속에서도 내 꿈을 잃는 일은 없을 것이다. 인도에서 찬트를 배우며 아름다운 시간을 보내고 싶은 마음도 있지만, 어쨌든 내게 주어진 책임을 소홀히 하지 않고 나 자신이 갈구하는 것도 외면하지 않으면서 자유롭고 당당하게 살아갈 것이다. 지금껏 그래왔듯 어떤 순간에도 춤을 놓지 않으면서.

  춤은 나를 매번 새롭게 태어나게 했고 아름다운 인간으로 성숙하게 만들었다. 다양한 고통과 슬픔을 춤으로 표현함으로써 비록 눈에 보이지는 않지만 함께 공존하는 세상에 기운으로 내 뜻을 전할 수 있었으며, 동시에 그 보이지 않는 세상으로부터 무한한 사랑과 보호를 받을 수 있었다. 그렇게 나와 자연과 우주가 합일하는 것을 나는 내 심장 소리를 들으며 알 수 있었다.

  내가 만난 많은 춤들! 그 중에서도 내 피를 뜨겁게 달군 플라멩고는 참 사랑을 알기까지 우리는 삶과 죽음을 무수히 반복할 수밖에 없다는 사실을 애절하게 일깨워준 춤이었다. 그 후 마하라지 스승을 통해 만난 카탁은 내게 북극성처럼 움직이지 않는 중심 안에 머무를 수 있도록 하고 절제와 한계의 선을 알고 지키게끔 해준 소중한 춤이었다. 오로지 만행을 통해서만이 도달할 수 있는 수피 춤은 16년 동안 노동과 결혼을 통해 나 자신과 하나가 되어보려고 노력해 온 나로 하여금 당당하게 설 수 있도록 최고의 충격을 가한 결정적인 춤이었다.

춤에도 나이가 있었고, 성장을 위한 시련과 눈물이 필요했다. 동시에 춤은 사랑으로 나를 보호해 주고 나 자신과 온전히 하나가 되는 길로 말없이 나를 안내해 주었다. 그렇게 춤은 친구처럼 나와 마주하며 자유로움의 향기를 전해주었다. 춤과 함께 성장하면서 나는 누구라도 아름답게 용서하고 격려하며 그들의 온갖 부끄러움까지 함께 끌어안을 수 있었으며, 사랑만이 유일하게 진보해 가는 것임을 알게 되었다. 춤은 꺼지지 않는 생명의 불꽃이었다.

나는 혼자서 라차타오의 옛 피라미드 터에 올라가 하룻밤을 보냈다. 보름달이 떠 있어서인지 별들이 많이 보이지 않았다. 살짝 발끝을 세우고 팔을 뻗으면 하늘에 닿을 것 같은 느낌이었다. 나는 달빛의 안내를 받아 잠자리를 펴고 누웠다. 하늘과 달과 나 셋이서 약속이나 한 듯이 서로를 마주보며 침묵 속에 많은 대화를 나누었고, 그 침묵의 소리들이 은하수로 흘러 들어가는 것을 보았다.

새벽에 일어나 달과 해를 사이에 두고 명상을 시작했다. 시간이 흐르고 여명을 느끼며 즐기고 있을 때였다. 누군가 나의 발끝을 건드리는 것 같았다. 주변에는 아무도 없었다. 그때 다시 누군가 흐느끼는 듯한 소리가 들렸다. 그것은 다른 누가 아닌 나의 오래된 영혼들이었다. 피라미드가 무너지기 전 그 앞에서 제사를 지내며 심장을 바쳐야 했던 희생자들…… 눈을 감고 시간을 과거로 돌렸다. 산 사람의 심장을 바쳐야 했던 그 시대로. 피라미드는 무너지고 이제 흔적만 남은 터에서 나는 가슴으로 나의 옛 영혼들을 만났다. 제사 의식은 피라미드와 함께 사라졌지만, 지금도 하늘과 만나기 위해서는, 그리하여 참된 자유와 사랑을 경험하기 위해서는 자신의 심장을 온전히 바치지 않으면 안 된다는 생각이 들었다.

잠시 눈물이 흘렀다. 그리고 그 자리에서 일어나 회전을 시작했다. 오른손은 하늘을 향하고 왼손은 땅을 향한 채 수피 춤을 추었다. 피는 혈관을 타고 흐르고, 물은 물줄기를 따라 흐르고, 사람들은 자유와 사랑 속에 흐르는 상상을 하면서 나 자신에게 한없이 말을 했다.

나 신지아는 빛과 같은 여자이다.

나 신지아는 아름다움을 아는 여자이다.

나 신지아는 허드렛일을 잘하는 여자이다.

나 신지아는 흐르는 물과 같은 여자이다.

나 신지아는 회오리 같은 여자이다.

나 신지아는 자신의 존재를 죽여 희생하지 않는 여자이다.

나 신지아는 시간을 아끼고 부지런하고 성실한 여자이다.

나 신지아는 눈물을 많이 흘리는 여자이다.

나 신지아는 분별할 줄 아는 여자이다.

나 신지아는 번개와 같고 천둥과 같은 여자이다.

나 신지아는 무지개와 같은 여자이다.

나 신지아는 빗소리와 같은 여자이다.

나 신지아는 물살에 빛나는 자갈 같은 여자이다.

나 신지아는 철새들을 바라보는 여자이다.

나 신지아는 물을 만지는 여자이다.

나 신지아는 바람을 만지는 여자이다.

나 신지아는 흙을 만지는 여자이다.

나 신지아는 사람들을 어루만지는 여자이다.

나 신지아는 후회를 하지 않으며 그 시간에 다음을 위해 노력하는 여자이다.

나 신지아는 매순간 배우며 그 배움이 작용케 하는 여자이다.

나 신지아는 모든 고통과 어려움을 반드시 의미 있게 넘어서는 여자이다.

나 신지아는 혼잣말하기를 좋아하는 여자이다.

나 신지아는 혼자서 우는 여자이다.

나 신지아는 자신의 얼굴을 한참 동안 바라보는 여자이다.

나 신지아는 혼자서 양손을 서로 잡으며 뿌듯해하는 여자이다.

나 신지아는 달무리를, 석양을, 해를, 시간을, 자신을, 때를 기다리는 여자이다.

나 신지아는 노을을 바라보는 여자이다.

나 신지아는 강아지풀과 같은 여자이다.

나 신지아는 히말라야의 눈송이와 같은 여자이다.

나 신지아는 호수와 같은 여자이다.

나 신지아는 매순간 자신을 들여다보는 여자이다.

나 신지아는 스스로 보물임을 아는 여자이다.

나 신지아는 스스로를 사랑하는 여자이다.

나 신지아는 사랑을 제대로 아는 여자이다.

나 신지아는 감사할 줄 아는 여자이다.

나 신지아는 용서할 줄 아는 여자이다.

나 신지아는 재스민 향기가 나는 여자이다.

나 신지아는 장미꽃을 좋아하는 여자이다.

나 신지아는 이렇게 소통을 갈망하며 많은 시간을 기다려온 여자이다.

나 신지아는 우주를 바라보며 우주와 내가 하나로 연결되어 있음을 느끼고 사는 여자이다.

샨티 회원제도 안내

샨티는 사람과 사람, 사람과 자연, 사람과 신과의 관계 회복에 보탬이 되는 책을 내고자 합니다. 만드는 사람과 읽는 사람이 직접 만나고 소통하고 나누기 위해 회원제도를 두었습니다. 책의 내용이 글자에서 머무는 것이 아니라 우리의 삶으로 젖어들 수 있도록 함께 고민하고 실험하고자 합니다. 여러분들이 나누어주시는 선한 에너지를 바탕으로 몸과 마음과 영혼에 밥이 되는 책을 만들고, 즐거움과 행복, 치유와 성장을 돕는 자리를 만들어 더 많은 사람들과 고루 나누겠습니다.

샨티의 회원이 되시면

샨티 회원에는 잎새·줄기·뿌리(개인/기업)회원이 있습니다. 잎새회원은 회비 10만 원으로 샨티의 책 10권을, 줄기회원은 회비 30만 원으로 33권을, 뿌리회원은 개인 100만 원, 기업/단체는 200만 원으로 100권을 받으실 수 있습니다. 그 외에도,

- 추가로 샨티의 책을 구입할 경우 20~30%의 할인 혜택을 드립니다.
- 신간 안내 및 각종 행사와 유익한 정보를 담은 〈샨티 소식〉을 보내드립니다.
- 샨티가 주최하거나 후원·협찬하는 행사에 초대하고 할인 혜택도 드립니다.
- 뿌리회원의 경우, 샨티의 모든 책에 개인 이름 또는 회사 로고가 들어갑니다.
- 모든 회원은 아래에 소개된 샨티의 친구 회사에서 프로그램 및 물건을 이용 또는 구입하실 때 할인 혜택을 받을 수 있습니다.

- 문성희의 '평화가 깃든 밥상' 요리강좌 수강료 10% 할인
  070-8814-9956, http://cafe.daum.net/tableofpeace
- 오늘 행복하고 내일 부자되는 '포도재무설계' 재무설계 상담료 20% 할인
  http://www.podofp.com
- 대안교육잡지 격월간 《민들레》 정기 구독료 20% 할인
  http://www.mindle.org
- 부부가 정성으로 농사지은 설아다원의 유기농 녹차 구입시 10% 할인
  http://www.seoladawon.co.kr

회원제도에 대한 자세한 사항은 샨티 블로그 http://blog.naver.com/shantibooks를 참조하십시오.

샨티의 뿌리회원이 되어
'몸과 마음과 영혼의 평화를 위한 책'을 만들고 나누는 데
함께해 주신 분들께 깊이 감사드립니다.

뿌리회원(개인)

이슬, 이원태, 최은숙, 노을이, 김인식, 은비, 여랑, 윤석희, 하성주, 김명중, 산나무, 일부, 박은미, 정진용, 최미희, 최종규, 박태웅, 송숙희, 황안나, 최경실, 유재원, 홍윤경, 서화범, 이주영, 오수익, 문경보, 최종진, 여고운, 조성환, 김영란, 풀꽃, 백수영, 황지숙, 박재신, 염진섭, 이현주, 이재길, 이춘복, 장완, 한명숙, 이세훈, 이종기, 현재연, 문소영, 유귀자, 윤흥용, 김종휘, 이성모, 보리, 문수경, 전장호, 이진, 최애영, 김진회, 백예인, 이강선, 박진규, 이욱현, 최훈동, 이상운, 이산옥, 김진선, 심재한, 안필현, 육성철, 신용우, 곽지희, 전수영, 기숙희, 김명철, 장미경, 정정희, 변승식, 주중식, 이삼기, 홍성관, 이동현, 김혜영, 김진이, 추경희, 물다운, 서곤, 강서진, 이조완, 조영희, 이다겸, 이미경

뿌리회원(단체/기업)

회원이 아니더라도 이메일(shantibooks@naver.com)로 이름과 전화번호, 주소를 보내주시면 독자회원으로 등록되어 신간과 각종 행사 안내를 이메일로 받아보실 수 있습니다.

전화: 02-3143-6360 팩스: 02-338-6360
이메일: shantibooks@naver.com